MANUAL DE AIRE ACONDICIONADO Y CALEFACCIÓN

Cálculo y diseño

Ing. Néstor Quadri

Graduado como Ingeniero en la Facultad de Buenos Aires de la Universidad Tecnológica Nacional (UTN).

Se ha desempeñado como docente universitario en las Facultades de Arquitectura de la Universidad de Buenos Aires y Belgrano y en las de Ingeniería de la Universidad de Morón y UTN Buenos Aires y Avellaneda, así como profesor de Sistemas de Aire Acondicionado en el Curso de Post-grado de la Universidad Católica Argentina.

Como profesional de ingeniería se desempeñó como especialista en instalaciones de edificios en ENTEL y luego en TELECOM SA.

Actualmente es consultor en instalaciones de aire acondicionado y dicta cursos de especialización y perfeccionamiento en la Cámara Argentina de Aire Acondicionado, Calefacción y Ventilación y en Carrier SA.

Nota de la Editorial

Como complemento de este libro recomendamos consultar en Internet la *Página de Acondicionamiento* confeccionada por el autor, que contiene artículos y enlaces de divulgación técnica, con objeto de propender a la difusión de la necesidad del ahorro energético y el uso de las energías alternativas, así como el mejoramiento del confort, la calidad del aire interior y el cumplimiento de las normas de seguridad, en la dirección: www.acondicionamiento.com.ar

NÉSTOR P. QUADRI

MANUAL DE AIRE ACONDICIONADO Y CALEFACCIÓN

Cálculo y diseño

LIBRERÍA Y EDITORIAL ALSINA
Paraná 137 – (C1017AAC) Buenos Aires
Telefax: (54) (011) 4371-9309 / (54) (011) 4373-2942
info@lealsina.com   www.lealsina.com
ARGENTINA

2012

Queda hecho el depósito que establece la ley 11.723

Impreso en Argentina

ISBN 978-950-553-031-1

Diseño de tapa
Luciano García

Maquetación y armado de interiores
Gráfica del Parque

Quadri, Néstor
   Manual de aire acondicionado y calefacción. - 1a ed. - Buenos
Aires : Librería y Editorial Alsina, 2009.
   350 p. 23x16 cm.

   ISBN 978-950-553-031-1

   1. Aire Acondicionado. 2. Calefacción. I. Título
   CDD 664.92

ÍNDICE GENERAL

75; Enfriamiento del aire, 77; Enfriamiento y deshumectación del aire, 78; Enfriamiento adiabático, 80; Condición del aire de mezcla, 81; Condición del aire de impulsión. Factor de calor sensible, 83; Caudal de aire a circular, 86; Temperatura de impulsión y factor de by-pass del serpentín; 87; Proceso del acondicionamiento al introducir aire exterior; 89; Cantidad de calor total a extraer por el equipo, 90; *Ejemplo práctico,* 91; Proceso de selección de los equipos de aire acondicionado, 95.

CAPÍTULO III. CARGAS DE ACONDICIONAMIENTO............................   97

Confort térmico, 97; Variables individuales, 97; Variables ambientales, 98; Condiciones de diseño interior, 100; Condiciones de diseño exterior, 102; *Estudio de las cargas de acondicionamiento,* 105; *Cálculo de las cargas de verano,* 106; Unidades de cantidad de calor, 106; Clasificación de las cargas de verano, 107; *Cargas externas del local acondicionado,* 108; Ganancia de calor a través de paredes y techos, 109; Ganancia de calor a través de vidrios, 111; Ganancia de calor sensible en conductos y ventilador equipo, 114; *Cargas internas del local acondicionado,* 114; Ganancia de calor de las personas, 114; Disipación de calor por artefactos eléctricos, 115; Ganancia de calor total del local, 117; *Cargas del sistema de aire acondicionado,* 117; Aire exterior, 117; Otras cargas del sistema, 121; *Carga total de refrigeración,* 121; Variabilidad de las cargas de aire acondicionado, 122; *Ejemplo de cálculo de las cargas de verano,* 123; Cálculo a las 15 horas, 124; Ganancia de calor interna, 125; Caudal de aire a impulsar al local, 125; Ganancia de calor del equipo por el aire exterior, 125; Ganancia de calor sensible total, Ganancia total de calor, *Cálculo a diversas horas del día,* 126; A las 10 horas, 126; A las 12 horas, 128; A las 17 horas,129; *Datos para la selección del equipo,* 131; Representación del proceso con el ábaco psicrométrico, 131; *Cargas de calefacción,* 135; Pérdida de calor total por transmisión, 135; Pérdida de calor sensible por el aire exterior, 138; *Ejemplo de cálculo de las cargas de invierno,* 139; Desarrollo del cálculo, 140; Cargas totales y zonales, 142.

CAPÍTULO IV: TEORÍA DEL ESCURRIMIENTO DE FLUIDOS............   143

Presión, 143; Presión hidrostática, 143; *Escurrimiento de fluidos,* 144; Gasto o caudal, 144; Presión en las canalizaciones, 145; *Pérdidas de presión en tuberías rectas,* 147; Circulación de un fluido real, 147; Gradiente hidráulico, 148; Ecuación fundamental de la circulación, 151; *Pérdidas de presión en accesorios,* 152; Longitud equivalente de canalizaciones, 153; Características de las bombas o ventiladores, 155; Simplificación del cálculo, 157; Leyes físicas de los ventiladores o bombas circuladoras, 158; Montaje de bombas o ventiladores en serie o paralelo, 158; *Relación del ventilador o la bomba con el sistema de conductos o cañerías,* 160; Construcción de la curva del sistema, 160.

PRÓLOGO

El propósito de este manual es efectuar una descripción global de los equipamientos y los procedimientos prácticos para el diseño y cálculo de las instalaciones de aire acondicionado y calefacción, destinada a profesionales, técnicos o estudiantes de esta especialidad.

De esa manera, se han analizado los conceptos de transmisión de calor, propiedades del aire y cálculo de las cargas de acondicionamiento, así como los principios de selección de los equipos.

Se detallan los métodos de cálculo de cañerías de agua fría o caliente y de refrigeración y se explica el dimensionamiento de conductos de aire acondicionado, rejas, difusores, persianas y sistemas de ventilación.

Además, entre otros temas tratados que seria largo de enumerar, se efectúan los diseños de radiadores, pisos radiantes, tanque intermediarios y baterías.

Para la confección de los distintos Capítulos se han tenido en cuenta las reglamentaciones vigentes en la materia, como las Normas IRAM del Instituto de Racionalización de Materiales, Código de la Edificación de la Ciudad de Buenos Aires, Ley de Higiene y Seguridad en el Trabajo, Reglamentaciones de Gas y Obras Sanitarias, etc., así como datos del Servicio Meteorológico Nacional.

Para el diseño se han considerado las recomendaciones establecidas en la bibliografía existente, de fabricantes de materiales y equipamientos y de la experiencia personal surgida en la práctica de los proyectos y ejecución de estas instalaciones

Debe aclararse, que los gráficos o tablas para los materiales y equipos utilizados en este manual son los típicos o más usuales y se han incorporado con objeto de explicar la metodología general del cálculo o diseño, debiéndose tener en cuenta en las aplicaciones prácticas, las caracterís-

ticas particulares de cada equipamiento o material a emplear y las especificaciones técnicas de ingeniería que suministra cada fabricante para su producto.

Por último considero conveniente indicar que he publicado en esta misma editorial el libro INSTALACIONES DE AIRE ACONDICIONADO Y CALEFACCIÓN, que es el complemento didáctico y descriptivo de ese manual y para los que quieran información técnica más especializada, pueden consultar el libro SISTEMAS DE AIRE ACONDICIONADO.

EL AUTOR

INTRODUCCIÓN

OBJETIVO DEL AIRE ACONDICIONADO

El propósito del *sistema de aire acondicionado* es crear condiciones ambientales para el confort de las personas en viviendas, oficinas, comercio, restaurantes, salas de espectáculos, etc., y en el caso de las *industrias* lograr los parámetros atmosféricos para satisfacer los requisitos particulares de los procesos.

Dispositivos de refrigeración

El método de refrigeración que se utiliza generalmente es el de *compresión mecánica*, que consiste en la realización de un proceso cíclico de transferencia de calor del interior del edificio al exterior, mediante la evaporación de substancias denominadas *refrigerantes* que no deben afectar el medio ambiente y la capa de ozono, como ser el R134-a, R407-C o el R 410.

El fluido refrigerante se encuentra en estado líquido a baja presión y temperatura en un serpentín denominado *evaporador*, vaporizándose mediante la cesión de calor del aire del interior del local que retorna más caliente, como se indica en el esquema de la figura 1.

Luego, ya en estado de vapor se lo succiona y comprime mediante un *compresor* aumentando su presión y *consecuentemente su temperatura*, condensándose en un serpentín denominado *condensador,* mediante la cesión de calor al aire exterior más frío. De esa manera, el refrigerante en estado líquido a alta presión y temperatura vuelve al evaporador

mediante una *válvula de expansión* o eventualmente en equipos pequeños con *un restrictor o tubo capilar*, originándose una brusca reducción
de presión, con una repentina vaporización de una pequeña parte del líquido (flash-gas) que provoca la disminución de la temperatura de su
masa, ingresando al evaporador en las mismas condiciones iniciales de
temperatura y presión del ciclo.

Se puede emplear *agua* como medio de enfriamiento para provocar
la condensación en vez del aire exterior, la que es enfriada mediante una
torre de enfriamiento.

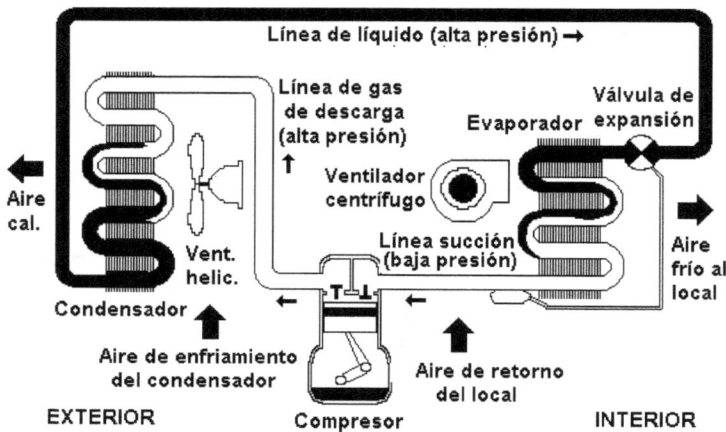

Figura 1. Ciclo frigorífico por compresión

Los compresores más usados son los *alternativos o a pistón* y los de
tipo espiral llamados *scroll* que son más silenciosos y permiten regular su
velocidad. Para equipos pequeños se emplean eventualmente los *rotativos*
y en grandes instalaciones en enfriadoras de agua se suelen utilizar compresores axiohelicoidales, llamados a *tornillo* o del tipo *centrífugo*.

El funcionamiento del ciclo de refrigeración puede revertirse empleando una *válvula inversora* y de ese modo, al cambiar las funciones
del evaporador y condensador, el equipo puede usarse en invierno para
calentamiento y a esta propiedad de *calentamiento mecánico* se la denomina comúnmente *bomba de calor*.

El sistema de refrigeración por *absorción* es otra forma que se utiliza también en las instalaciones de acondicionamiento. Esta máquina
requiere la presencia de una fuente de calentamiento y aplica el principio de la absorción de gases como el agua al amoníaco o el cloruro del li-
tio al agua.

CLASIFICACIÓN DE LOS EQUIPAMIENTOS

Cualquier equipamiento de aire acondicionado, se compone de dos partes fundamentales:

- Planta térmica y frigorífica (calefacción y refrigeración).
- Unidad de tratamiento del aire.

Cuando las dos funciones están unificadas y contenidas en un solo gabinete, como el caso de un acondicionador individual, a esos equipos se los denomina *compactos autocontenidos.*

Cuando las unidades de tratamiento de aire están ubicadas en el mismo ambiente y separadas de la fuente de calor o frío, se las designa *unidades terminales.*

Los equipamientos de refrigeración se pueden clasificar en dos grandes grupos, en función de la forma de enfriamiento del aire en el serpentín de la unidad de tratamiento.

- *Expansión directa*: cuando el aire se enfría en contacto directo con un serpentín donde se expande el refrigerante.
- *Expansión indirecta (agua fría)*: cuando el aire se enfría en un serpentín con agua, proveniente de una unidad enfriadora de agua.

Equipos de expansión directa

Entre los equipos de *expansión directa* se pueden mencionar los autocontenidos como los *portátiles transportables* o los *individuales de ventana,* cuyas características básicas se indican en la figura 2, o en casos de mayores capacidades los del tipo *roof-top* que generalmente son trifásicos y permiten la distribución del aire mediante conductos, como se indica en el detalle de la figura 3.

Pueden colocarse en el interior apoyados sobre una pared como los *wall-mounted,* que se detallan en la figura 4, o separarse de la condensación para instalarse en el interior de una sala de máquinas o también, empleando un condensador por agua con una torre de enfriamiento.

Los sistemas llamados *separados o split system,* se diferencian de las autocontenidos en que están partidos o divididos en dos muebles uno exterior y otro interior con la idea de separar en el circuito de refrigeración la zona de evaporación en el interior con la de condensación en el exterior, incluyendo allí el compresor.

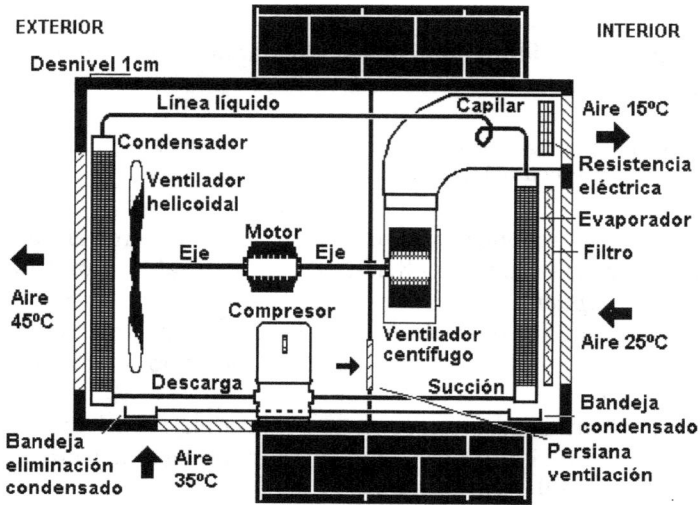

Figura 2. Equipo individual de ventana o muro

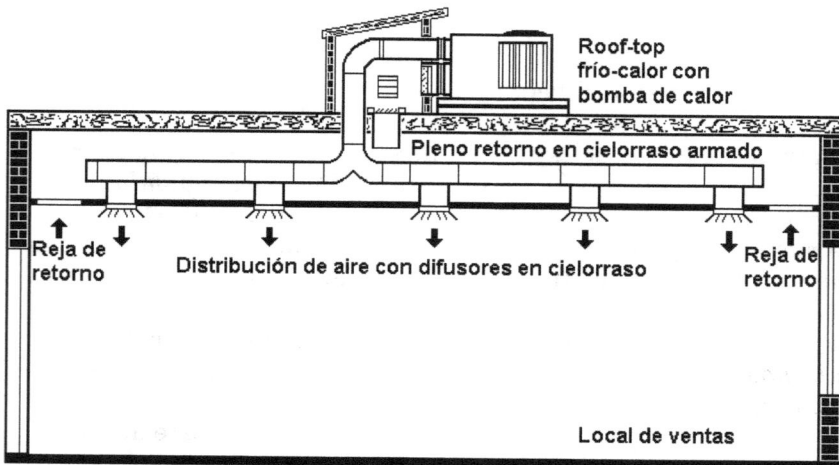

Figura 3. Detalle de montaje de equipo roof-top

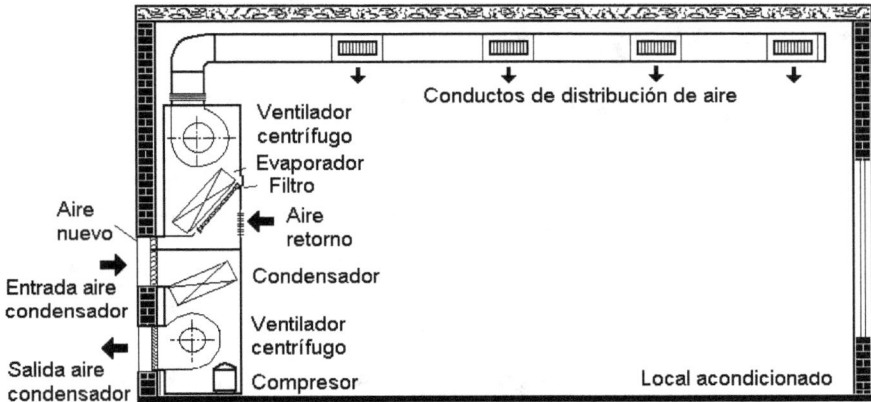

Figura 4. Equipos compacto autocontenido interior wall-mounted

En los equipos split, ambas unidades van unidas por medio de tuberías de cobre para la conducción del gas refrigerante, como se detalla en las figura 5.

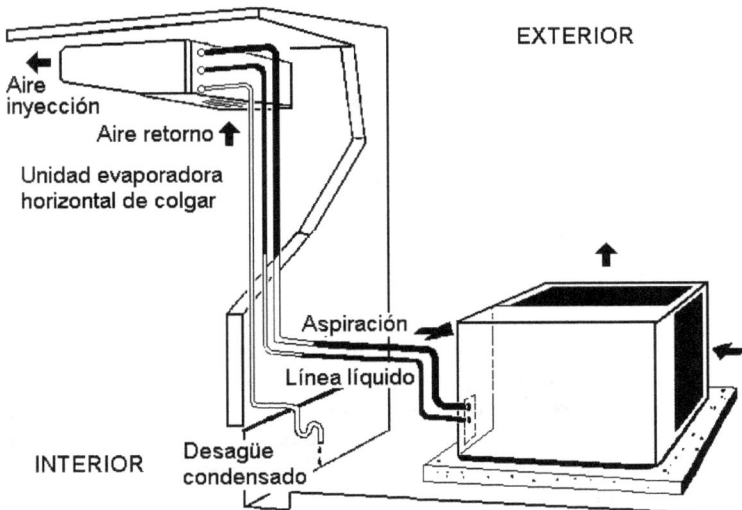

Figura 5. Sistema separado. Simple-split

La unidad evaporadora puede adaptarse a cualquier ambiente en función de las necesidades, fabricándose en capacidades promedios de 2000 hasta unos 10000 frig/h, y vienen provistas con filtro de aire. En el cuadro 1, se muestran algunos modelos típicos.

CUADRO 1. MODELOS TÍPICOS DE UNIDADES EVAPORADORAS

Modelo de evaporadores	Capacidades (miles frig / h)						
	2	2,5	3,2	4	5	6,3	10
Cassette 4 vías			•	•	•	•	•
Cassette 2 vías	•	•	•	•	•	•	•
Tipo conducto	•	•	•	•	•	•	•
Techo			•	•	•	•	•
Mural	•	•	•	•			
Consola		•	•	•	•	•	

Los *murales* están diseñados para colocarlos colgarlos sobre la pared y las tipo *consola* para apoyar sobre el piso.

Los *cassette* pueden ser para embutir dentro del cielorraso, con una altura de aproximadamente 35 cm, o para suspender bajo del cielorraso ocupando unos 20 cm. Para la distribución del aire pueden ser de dos o cuatro vías.

Se pueden emplear modelos tipo *baja silueta*, para colocar dentro de cielorraso, inyectando el aire tratado por medio de pequeños tramos de conductos, que permiten colocar la toma de aire exterior. Estos equipos emplean la *calefacción mecánica* invirtiendo el ciclo de la bomba de calor.

Los split pueden proveerse con un sistema *inverter* que es un circuito electrónico que mediante un rectificador, convierte la corriente alterna de la red en continua y luego un *inversor* genera la corriente alterna de frecuencia variable a partir de la continua.

Mediante esa variación de frecuencia se van regulando las revoluciones por minuto del compresor y por lo tanto el flujo de refrigerante, en función de las necesidades térmicas del local y por ello a estos sistemas se los denominan comúnmente de *volumen de refrigerante variable (VRV)*.

De esa manera, se logra un control de la temperatura más preciso que en los modelos convencionales que regulan la temperatura del aire del local arrancando y parando el compresor, con los desfasajes originados por la inercia propia del sistema.

Como se observa en el gráfico de la figura 6, a partir del momento de encendido del equipo con sistema inverter, alcanza la temperatura fijada de diseño en menor tiempo, aumentando al máximo las revoluciones por minuto del compresor y luego va regulado a menor revoluciones manteniendo una temperatura mucho más uniforme en el local, con un considerable ahorro energético y logrando además una mayor eficiencia como calefacción mecánica invirtiendo la bomba de calor.

Los equipamientos *multisplit* consiste en una unidad condensadora exterior, que se puede vincular con dos y hasta normalmente cuatro unidades evaporadoras interiores, empleando un compresor a volumen constante.

Aplicando el sistema inverter se han desarrollado sistemas multisplit VRV que permiten vincular hasta 32 unidades interiores con una unidad condensadora exterior

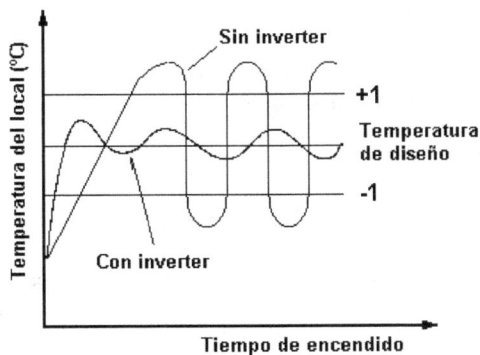

Figura 6. Regulación con y sin inverter

como se muestra en la figura 7, y pueden proporcionar *frío sólo, frío o calor independiente o frío y calor en forma simultánea* invirtiendo la bomba de calor.

Los equipamientos se distribuyen completos con todos sus accesorios y el sistema inverter para la variación de frecuencia junto con un sistema de control inteligente. Las unidades condensadoras exteriores son compactas y modulares y están diseñadas para instalarlas en tándem con una altura unificada.

Figura 7. Equipamientos multisplit VRV

De esa manera, permite ajustar la instalación a cualquier capacidad y configuración mediante los diversos modelos de unidades interiores evaporadoras indicados en el cuadro 1 anterior y tienen una gran flexibilidad en el diseño del trazado frigorífico, ya que permiten alcanzar grandes longitudes de tuberías refrigerantes, pudiendo las unidades interiores y exteriores separarse hasta 100 m, con diferencias de altura de 50 m.

Equipos de expansión indirecta o agua enfriada

Los equipamientos de *expansión indirecta o de agua enfriada* utilizan una unidad enfriadora que distribuye el agua fría al serpentín de equipos de tratamiento de aire, denominados *fan-coil (ventilador-serpentín)*.

Esas unidades pueden ser del tipo *central,* constituidas por un gabinete que distribuye el aire al ambiente por medio de conductos, pero los más comunes son los *individuales verticales* que se detallan en la figura 8, que se ubican sobre la pared en lo posible bajo ventana o eventualmente los *horizontales* para colgar bajo el cielorraso.

Actualmente se fabrican unidades de tratamiento de aire interiores empleando los mismos modelos indicados en el cuadro 1 anterior, reemplazando el serpentín de expansión directa por el de agua fría.

En la figura 9 se muestra un esquema típico de montaje del sistema indirecto de agua enfriada destinado a un edificio comercial, donde una unidad de tratamiento de aire o fan-coil central sirve al salón de

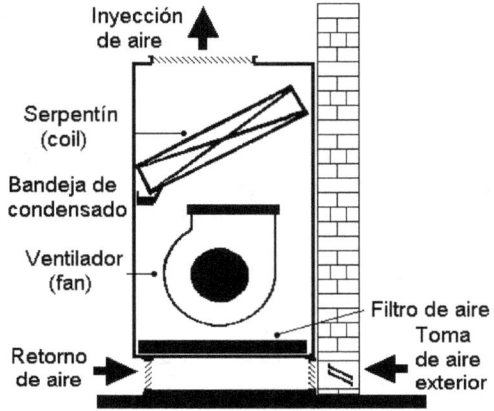

Figura 8. Detalle de un fan-coil individual

ventas con conductos de distribución y fan-coil individuales verticales de pared acondicionan las oficinas o pequeños despachos. La planta térmica consiste en una unidad enfriadora de agua y una caldera de agua caliente con sus cañerías de distribución.

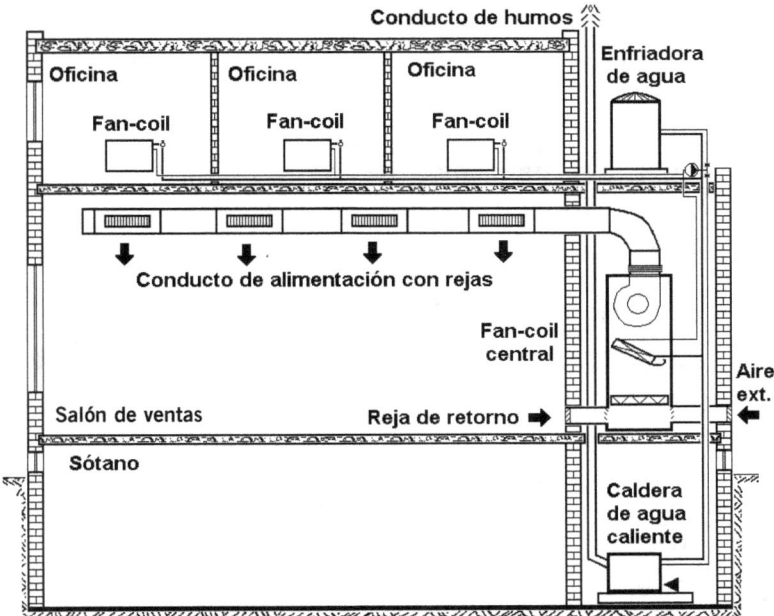

Figura 9. Esquema con equipos expansión indirecta

FUNCIONES BASICAS DEL AIRE ACONDICIONADO

Se define *el acondicionamiento del aire* como la realización de ciertas funciones básicas de tratamiento del aire, destinadas a proporcionar durante todo el año, una atmósfera interior saludable y confortable para la vida de las personas y la ejecución de diversos procesos industriales, con control automático, sin ruidos molestos y con el más bajo consumo energético. En el caso de las instalaciones de confort, esas funciones básicas son:

- Verano: *enfriamiento y deshumectación.*
- Invierno: *calentamiento y la humectación.*
- Todo el año: *ventilación, filtrado y circulación del aire.*

En la figura 10 se muestra un esquema de una unidad de tratamiento de aire y se analizan las mencionadas funciones, siguiendo el recorrido del flujo del aire.

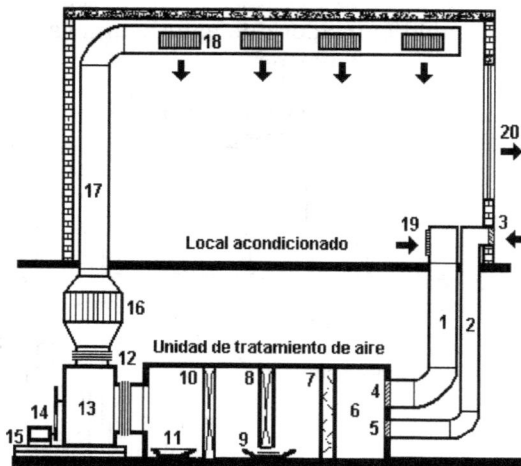

Referencias

1. Conducto de retorno	11. Bandeja humectadora
2. Conducto de toma de aire	12. Junta de lona o plástico
3. Persiana fija de toma de aire	13. Ventilador centrífugo
4. Persiana regulable de retorno	14. Motor eléctrico y transmisión
5. Persiana regulable toma de aire	15. Base antivibratoria
6. Pleno de mezcla	16. Trampa de sonido
7. Filtro de aire	17. Conducto de alimentación
8. Batería de refrigeración	18. Reja de inyección
9. Bandeja de condensado	19. Reja de retorno
10. Batería de calefacción	20. Exfiltración de aire

Figura 10. Esquema de funciones de una unidad de tratamiento del aire

Ventilación

La función de *ventilación* consiste en la *entrada de aire exterior* para renovar permanentemente el aire del local, en las proporciones necesarias para diluir los contaminantes.

En efecto, como resultado del proceso respiratorio de las personas se consume oxígeno y se exhala anhídrido carbónico y además se producen viciamientos y olores, por lo que es necesario el aporte de cierta cantidad de aire nuevo con objeto de mantener la pureza o calidad del aire interior, la que va a depender del número de personas y del tipo local o trabajo que allí se realizan.

Ese aire nuevo penetra del exterior del edificio a través de una reja de toma de aire en un recinto llamado *pleno de mezcla,* donde se mezcla con el aire de retorno de los locales, regulándose a voluntad las proporciones mediante *persianas* de accionamiento manual o eventualmente en forma automática.

Si los conductos son herméticos, puede decirse que el *aire nuevo que penetra en los locales debe ser igual al aire contaminado que sale o se extrae de los mismos.* Por lo tanto, si no existe ningún medio para extraerlo ese aire incorporado *crea una sobrepresión*, eliminándose por exfiltración a través de los cerramientos y aberturas del interior al exterior. Otra alternativa eventual es emplear ventiladores de extracción.

Filtrado

Luego de mezclarse el aire pasa a través de una *batería de filtros* para quitarle el polvo, impurezas y partículas en suspensión. El filtro es el primer elemento colocado en el flujo de aire, porque no solo está destinado a proteger de suciedades a los locales acondicionados, sino también, a los demás elementos que componen la unidad de tratamiento de aire y a los conductos.

En las instalaciones comunes de confort, los filtros normalmente están destinados a eliminar las partículas de polvo que el aire lleva en suspensión, pero no las impurezas de diámetros muy pequeños y mucho menos los humos, olores o gérmenes.

En general están compuestos de *microfibras sintéticas* descartables emplazadas en un armazón metálico o de cartón o eventualmente son *metálicos,* en mallas de alambre de acero o aluminio embebidos en aceite. En casos particulares se suelen emplear filtros especiales del *tipo absolutos o de alta eficiencia.*

Enfriamiento y deshumectación

La función de refrigeración y deshumectación se realiza en *verano* en forma simultánea en la *batería de refrigeración.*

La deshumectación del aire es una función imprescindible, dado que hay una ganancia permanente y constante de humedad de las personas en el interior de los locales y del aire exterior que ingresa en el equipo para la ventilación, lo que originaría una humedad relativa muy elevada.

La humedad contenida en el aire que circula se elimina por *condensación sobre la misma batería de refrigeración, enfriándola a una temperatura inferior a la del punto de rocío.* Por ello, debajo de la batería se coloca un recipiente o bandeja para recolección y eliminación del agua condensada a la red de desagüe.

En instalaciones industriales que se requiere gran precisión puede aplicarse un sistema separado, empleando para la deshumectación *agentes absorbentes* como la silica-gel.

Calentamiento

El calentamiento del aire se efectúa en *invierno* en la *batería de calefacción* por agua caliente, vinculadas con cañerías a una planta de calderas o unidades enfriadoras de agua funcionando como calefacción mecánica invirtiendo la bomba de calor. También se emplean intercambiadores a gas o eléctricos.

Para las aplicaciones de confort en instalaciones de agua fría se suele emplear la misma batería para calefaccionar, haciendo circular agua caliente por ella en la época de invierno. También se puede emplear la misma batería de expansión directa, haciendo funcionar el sistema como calefacción mecánica, invirtiendo la función del ciclo frigorífico.

Humectación

En invierno si se calienta el aire sin agregarle vapor de agua la humedad relativa disminuye, provocando el resecamiento de las mucosas respiratorias con las consiguientes molestias fisiológicas.

La *función de humectación* se realiza en el *humectador* que debe colocarse *después de la batería de calefacción,* dado que el aire a mayor temperatura tiene la propiedad de absorber más humedad.

Existen aparatos que evaporan el agua contenida en una bandeja por medio del calentamiento de una resistencia eléctrica de tipo blindado, la que es controlada por un humidistato de ambiente o de conducto. En los casos de grandes instalaciones se recurre a *baterías humidificadoras* que incorporan agua finamente pulverizada al aire circulante.

Para instalaciones de confort y salvo casos de climas exteriores fríos y muy secos, la experiencia demuestra que no es necesaria la humectación, teniendo en cuenta que las personas aportan una cierta cantidad de humedad en el ambiente. De hecho, los equipos estándar de confort no vienen provistos de dispositivos de humectación incorporados.

Circulación

La *función de circulación* del aire en lo locales es imprescindible, dado que el aire tratado que se distribuye en lo locales además de modificar sus condiciones de temperatura y humedad, *contiene el aire puro de ventilación* que contribuye a mantener la calidad del aire interior. Por tal motivo, siempre que se requiera ventilación en un local, el *ventilador debe funcionar* mientras el equipo de aire acondicionado esté operativo.

Se emplean ventiladores *del tipo centrífugo* capaces de hacer circular los caudales de aire necesarios, venciendo las resistencias de frotamiento ocasionadas en el sistema con un bajo nivel de ruidos.

En los equipos destinados a pequeños locales como el acondicionador de ventana, split o el fan-coil individual, el aire se distribuye directamente mediante rejas de distribución y retorno incorporadas. Pero en equipos de cierta envergadura que abastece varios ambientes o recintos amplios debe canalizárselos por medio de *conductos* generalmente construidos en chapa de hierro galvanizado convenientemente aislados, retornado mediante rejas y conductos a las unidades de tratamiento.

La inyección del aire se realiza en los ambientes por medio de *rejas* sobre paredes o *difusores* sobre los cielorrasos, con el objetivo de conseguir un adecuado movimiento de aire en la zona de permanencia de las personas y el retorno se efectúa por rejas, que deben estar emplazadas de modo de captar el aire en las condiciones del ambiente acondicionado.

Requisitos especiales

Según se indicó en la definición las funciones de tratamiento del aire descriptas precedentemente, deben realizarse:

- Con control automático.
- Sin ruidos molestos.
- Con el más bajo consumo energético.

Control automático

El automatismo se realiza básicamente mediante *termostatos* que comandan el funcionamiento de los equipos y *humidistatos* para el control de la humedad. Esto constituye uno de los aspectos primordiales, dado que si bien el diseño de la instalación se efectúa en función de las condiciones más desfavorables o críticas, el sistema debe actuar adaptándose permanentemente a todas las variables climáticas y de utilización que se requieren, por lo que se debe contar con los controles automáticos adecuados, especialmente en el caso de necesidades reducidas o parciales.

Ruidos molestos

Evitar los *ruidos molestos* que puede provocar la instalación ya sea en el interior de los locales como en el exterior a los vecinos, constituye una premisa fundamental del proyecto y diseño de los equipamientos.

Las *bases antivibratorias* y las *juntas flexibles* evitan la propagación de vibraciones del ventilador al gabinete y la red de conductos respectivamente y si la velocidad de descarga del aire del ventilador es excesiva, debe instalarse *trampas acústicas* en red de conductos.

En los equipos compactos autocontenidos los compresores se instalan sobre sustentaciones elásticas para reducir la transmisión de vibraciones.

Ahorro energético

El costo que actualmente representa la energía eléctrica es de vital importancia en una especialidad como el aire acondicionado que requiere un elevado consumo, por lo que su reducción representa una de las premisas básicas en los criterios de diseño.

Para ello, existen numerosas tecnologías y medios de aplicación, que se centran fundamentalmente en el ajuste de las necesidades, la utilización de fuentes de energía no convencionales como la energía solar, el incremento de la eficiencia y la recuperación de la energía residual, independientemente de utilizar equipos de alto rendimiento.

Ajustes del proyecto edilicio

La apropiada aplicación del *aislamiento térmico* en el edificio constituye un aspecto fundamental, dado que ello implica equipos de aire acondicionado más pequeños con un consumo energético menor durante toda la vida útil del edificio. A su vez la aislación térmica de los propios equipamientos, debe reducir al mínimo las pérdidas de calor en unidades de tratamiento de aire, red de conductos y cañerías de la instalación.

Por otra parte, es indispensable la adopción de soluciones arquitectónicas que tiendan a la reducción del consumo energético, teniendo en cuenta el aprovechamiento de la radiación solar, sus protecciones y una adecuada especificación de aventanamientos para reducir infiltraciones.

Es muy importante analizar la automatización de los circuitos de alumbrado y el empleo de lámparas de alto rendimiento, así como también reguladores que permitan reducir automáticamente el nivel de iluminación en función de las reales necesidades.

Adicionalmente a la optimización del consumo en cada una de las instalaciones, en grandes edificios es conveniente adoptar un *sistema de gestión integral* que posibilite la operación y regulación de todas las instalaciones en forma centralizada, con un programa orientado hacia la reducción del consumo energético, así como una disminución de los costos de mantenimiento.

Recuperación de calor y empleo de energías gratuitas

En el transcurso de un año de funcionamiento del sistema de climatización existen períodos de tiempo en los cuales las características del ambiente exterior del edificio son favorables para la climatización mediante el aire exterior. Se puede emplear un sistema economizador denominado *free-cooling* que permite reducir el uso de equipos de refrigeración y calefacción, especialmente en la época intermedia.

Otro aspecto a considerar la *recuperación de calor del aire del interior de los locales que se expulsa contaminado,* para enfriar al aire nuevo exterior mediante intercambiadores de calor.

En la figura 11 se puede visualizar un esquema de funcionamiento de un *recuperador de calor del aire interior*, con dos ventiladores y un intercambiador de calor aire-aire, que en determinados momentos favorables y en épocas intermedias, puede actuar también como free-cooling del aire exterior.

Como sistema RECUPERADOR de calor del aire de extracción

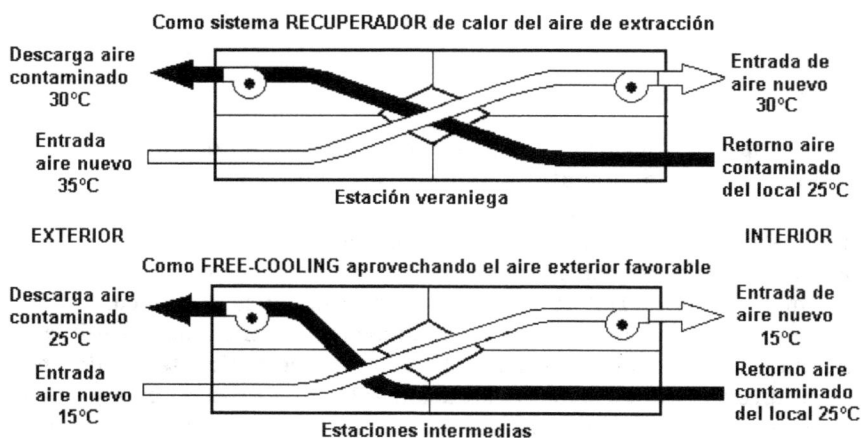

Descarga aire
contaminado
30°C

Entrada
aire nuevo
35°C

Estación veraniega

Entrada de
aire nuevo
30°C

Retorno aire
contaminado
del local 25°C

EXTERIOR   INTERIOR

Como FREE-COOLING aprovechando el aire exterior favorable

Descarga aire
contaminado
25°C

Entrada
aire nuevo
15°C

Estaciones intermedias

Entrada de
aire nuevo
15°C

Retorno aire
contaminado
del local 25°C

Figura 11. Recuperador de calor y free- cooling

Reducción de energía en el transporte y regulación de fluidos

En este aspecto es importante señalar que mover el aire por conductos, amén de los espacios ocupados, requiere mucho más energía que transportando agua o refrigerante. Por ello los conductos *no deben utilizarse para desplazar el aire en grandes recorridos.*

El empleo de los conductos con el sus rejas o difusores en los lugares adecuados, *constituye la forma más eficaz de distribuir el aire en los locales,* pero los mismos no deben partir de unidades de tratamiento de aire muy alejadas, sino lo más cerca posible a la zona de acondicionamiento.

Por otra parte, la distribución de fluidos a *volumen variable,* además de una mejor regulación como se ha descripto para los sistemas inverter, constituye *un enorme ahorro energético que debe ser considerado en el análisis del proyecto.* Dado que la potencia necesaria para impulsar una máquina rotativa, es una función cúbica de su rotación, el método de variarla para regular su capacidad permite *ahorrar energía,* tal como se indica en el gráfico de la figura 12.

Se observa en el gráfico, que si se quiere reducir el caudal de aire de un ventilador a un 60% empleando persianas de regulación, la potencia absorbida por el motor se reduce al 87%, pero si se emplea un regulador de velocidad del motor, la misma baja al 20%.

Esta característica es similar para cualquier máquina rotativa, como *bombas de agua* o *compresores.*

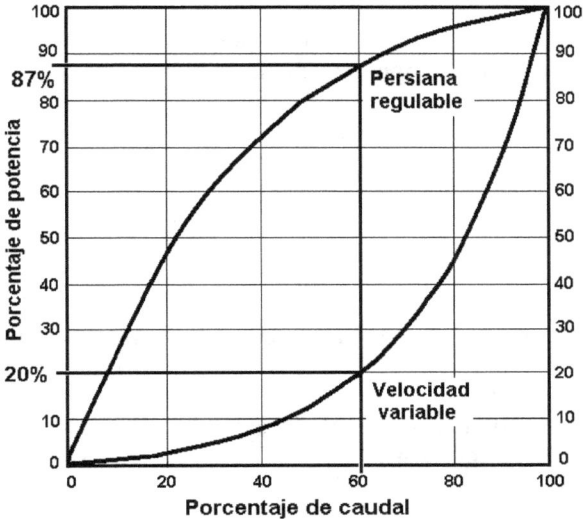

Figura 12. Reducción de potencia regulando la velocidad del motor

Fraccionamiento de potencia y temperaturas de trabajo

Otra forma de incremento de la eficiencia energética es *evitar el sobredimensionamiento de los equipos* adoptando las temperaturas de diseño recomendadas y *evitando aplicar en los cálculos térmicos coeficientes de seguridad innecesarios*.

Los equipos deben contar con un adecuado *fraccionamiento de su potencia*, con objeto de adaptar la producción de aire acondicionado a la demanda de calor del sistema, parcializando las unidades productoras a fin de conseguir en cada instante el régimen de potencia más cercano al de máximo rendimiento.

Otro aspecto a analizar en los proyectos es la *temperatura de cambio de estado de los fluidos en los circuitos frigoríficos*. Se demuestra que coeficiente de eficiencia para un ciclo frigorífico ideal, es la inversa del ciclo de Carnot y se puede expresar con la relación:

$$E = TE/(TC - TE)$$

Donde:

E: eficiencia frigorífica (N°).
TE: temperatura de evaporación (°K).
TC: temperatura de condensación (°K).

Se desprende de esta ecuación que para mejorar la eficiencia de los sistemas de refrigeración, se debe tratar de analizar en los proyectos la posibilidad de:

- Aumentar la temperatura de evaporación.
- Disminuir la temperatura de condensación.
- Diminuir la diferencia entre la temperatura de condensación y evaporación.

Otras alternativas

La utilización en invierno de la *calefacción mecánica* invirtiendo la bomba de calor del ciclo frigorífico, es recomendable en lugar del empleo de resistencias eléctricas.

También se puede aprovechar algún calor residual disponible en el edificio, complementándolo eventualmente con gas natural, para la refrigeración mediante unidades enfriadoras de agua operando con el ciclo de absorción.

Otra forma de ahorrar consiste en el *almacenamiento de energía enfriando agua o produciendo hielo* en las horas de la noche cuando la tarifa energética es más económica, permitiendo recortar los picos térmicos diarios y emplear equipos acondicionadores más pequeños funcionando a un régimen de máxima eficiencia y además, contar con la seguridad de disponibilidad de aire acondicionado en casos de cortes de energía eléctrica.

CAPÍTULO I

CONCEPTOS BÁSICOS

Medición de la presión

Se denomina *presión* P a la acción de una fuerza F sobre la unidad de superficie S y se expresa por la relación: P=F/S, midiéndose en kg/m^2 o kg/cm^2. Por ejemplo la presión atmosférica normal vale 1,033 kg/cm^2 o también 1 atmósfera.

Sin embargo, en las aplicaciones prácticas se utiliza como unidad de presión la *hidrostática,* que está determinada por la diferencia de nivel de un líquido entre un plano considerado con respecto a otro que se toma como referencia, multiplicado por el peso específico del mismo. En efecto, si se tiene un recipiente con un líquido con un cierto nivel h como se observa en la figura 1-I, se puede decir que la presión que ejerce sobre su superficie es igual a:

$$P = h\,\gamma$$

Donde:

P: presión (kg/m^2).
h: altura de la columna de líquido (m).
γ: peso específico del líquido (kg/m^3).

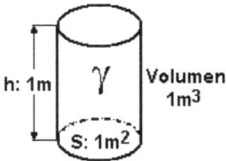

Figura 1-I.
Presión hidrostática

Si se supone un cilindro de 1 m³ con agua a 4°C, con una altura h de 1 m y una superficie de apoyo S de 1 m², como su peso específico es de 1000 kg/m³, se origina sobre la superficie de apoyo una presión de 1000 kg/m² y por lo tanto, según la ecuación anterior queda:

$$h = P/\gamma = 1000 \ (kg/m^2)/1000 \ (kg/m^3) = 1 \text{ m de columna}$$
$$\text{de agua (mca).}$$

En base a ello, suele medirse la presión en *altura de columna de agua,* de modo que puede establecerse que:

1000 kg/m² = 1 mca.
1 kg/m²   = 1 mmca.
1kg/cm²   = 10.000 mmca = 10 mca.

La presión atmosférica es de 1,033 kg/cm², o 10,33 mca.

Si se tiene un tubo de vidrio que se ha hecho previamente vacío y se lo invierte en un recipiente con agua como se observa en la figura 2-I, por vasos comunicantes el agua ascendería por el tubo hasta una altura de 10,33 m que representa la presión atmosférica. Para su medición se usa un instrumento práctico denominado *barómetro,* que en lugar de agua utiliza mercurio cuyo peso específico es 13,66 kg/m³, de modo que la presión atmosférica normal, medida en columna de mercurio vale:

P. atmosférica 10,33 m/13,66 = 0,766 mHg = 760 mmHg

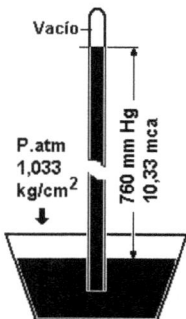

Figura 2-I Medición
de presión atmosférica
en mmHg y mca

Otra unidad utilizada para medir la presión en el sistema internacional SI es el *Pascal,* el que surge de considerar la fuerza que ejerce un Newton sobre la superficie de 1 m².

El *Newton* es la fuerza que aplicada a un cuerpo patrón de 1 kg, le produce una aceleración de 1 m/seg². Como la aceleración de la gravedad en la tierra es de 9,8 m/seg², el peso en kg vale:

1 kg = 9,8 Newton ≈ 10 Newton.
O sea: Newton = 0,1 kg.

Como el Pascal es la presión que ejerce un Newton sobre 1 m² queda:

Pascal (P) =   1 Newton/m² = 0,1 kg/m² = 0,1 mmca.
O sea: 1 Pascal = 0,1 mmca.
O también: 1 Kilopascal = 100 mmca = 0,1 mca.

Se estima en la práctica que la presión atmosférica vale 100 KP.

Nociones sobre calor y temperatura

De acuerdo con la teoría molecular todas las sustancias están compuestas por millones de partículas submicroscópicas llamadas *moléculas,* que constituyen las partes más pequeñas de una sustancia que conserva todas sus propiedades físicas.

En virtud de dicha teoría las moléculas se hallan en perpetuo movimiento, de modo que en los cuerpos sólidos *vibran* alrededor de una posición de equilibrio mientras que en los líquidos y los gases los movimientos son mucho más representativos.

En los gases la distancia entre moléculas son muchas veces mayores que el diámetro molecular y como la energía de cada molécula es diferente *no todas se mueven con la misma velocidad,* produciéndose colisiones o choques entre ellas, lo que hace que la velocidad de cada una en particular esté cambiando continuamente.

De acuerdo al principio de la conservación de la energía, toda pérdida de energía cinética de alguna molécula que colisiona va acompañada de ganancia en otras. La cantidad de calor total que contiene un cuerpo puede ser considerada como la suma de las energías de todas sus moléculas y como la energía de cada una depende de su velocidad, puede decirse que estará en función del *número de moléculas o masa total* y de la *velocidad media molecular.*

Por otra parte, la *intensidad de calor* es una indicación de la velocidad media de todas las moléculas de la sustancia. Dicha intensidad o nivel térmico constituye lo que se denomina *temperatura* de un cuerpo.

Algunas moléculas pueden encontrarse en reposo en un momento dado, algunas a una velocidad pequeñas y otras a alta velocidad. Cuando la velocidad media aumenta mayor será la intensidad de los choques intermoleculares y más elevado será el nivel térmico o temperatura del cuerpo.

Escala de temperatura

La apreciación por sensibilidad humana de esa magnitud no puede avalarse cuando se habla de cuerpos fríos, tibios o calientes, por lo que se recurre a aprovechar ciertas propiedades físicas, tales como la variación de volumen por acción del calor, la dilatación y los cambios de estados de la materia.

Arbitrariamente se asigna un número a cada estado térmico que llevado a una escala o gráfico, constituyen un elemento de *comparación*. Esta escala se llama *escala de temperatura* y el número asignado será la indicación de su nivel térmico, en un instrumento de medición que se denomina *termómetro*.

El termómetro más común consta de una ampolla de vidrio que se prolonga en un tubo lleno hasta cierta altura de mercurio líquido. Cuando aumenta la temperatura el líquido se dilata más que el recipiente de vidrio, produciéndose una variación de longitud que es registrada en una escala graduada.

Para la confección de dichas escalas comparativas, se toman puntos de referencia correspondientes a estados físicos bien definidos y luego se dividen estos puntos en una escala de graduación arbitraria.

Las escalas más comunes son las siguientes:

Centígrada o Celsius: se adopta como puntos de comparación el hielo en estado de fusión en 0°C y el agua pura en ebullición en 100°C a presión atmosférica normal. La escala se divide entonces, en 100 partes.

Fahrenheit: es una unidad inglesa. Se fija como punto inferior una mezcla de hielo y cloruro de amonio en 0°F y el punto de ebullición del agua en 212°F, de modo que se divide la escala en 180 partes. La temperatura del hielo fundente en esta escala es de 32°F.

La conversión de escalas surge de la siguiente regla de tres simple, según se indica en la escala comparativa de la figura 3-I.

$$t°C/100 \text{ partes} = (t°F - 32)/180 \text{ partes}$$

Por lo tanto: $t°C = (t°F - 32)/1,8$ y $t°F = 1,8 \, t°C + 32$

Por ejemplo, 80°F equivale a una temperatura centígrada:

$$t°C = (80°F - 32°F)/1,8 = 26,7° C$$

Cuando se compararan saltos térmicos, la conversión es:

$$\Delta t°C = \Delta t°F/1,8 \quad \text{y} \quad \Delta t°F = 1,8 \, \Delta t°C$$

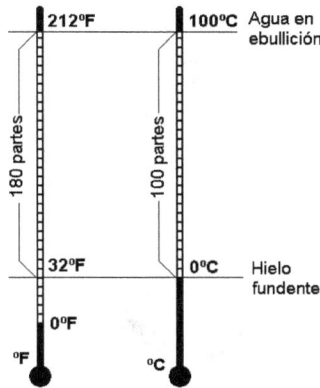

Figura 3-I. Escala comparativa de temperaturas

Temperatura absoluta: es una escala que se expresa en *grados Kelvin,* que parte de considerar como hito inicial de temperatura el *cero absoluto,* que es el nivel mínimo que puede existir en la naturaleza. Ese valor es aproximadamente -273°C, y a esa temperatura cesan los movimientos moleculares.

La conversión es la siguiente: T(°K)= t°C + 273°C.

Por ejemplo, 20°C, equivalen a 293 °K.

Cantidad de calor

Se había mencionado que la cantidad de calor de un cuerpo estaba en función del número de moléculas y de la velocidad media molecular, lo que equivale a decir de la *masa y temperatura del cuerpo.*

Para mensurar la cantidad de calor de los cuerpos se ha establecido un valor característico que se denomina *calor específico (Ce).* Se lo define como la cantidad de calor necesario para elevar en 1°C la temperatura de la unidad de masa de una sustancia a presión atmosférica normal.

El calor específico es variable con la temperatura, pero como sus desviaciones son muy leves para las aplicaciones prácticas, se lo supone *constante* para cada sustancia en particular, considerándose los valores a una temperatura normal de 15°C.

Como *unidad se utiliza el agua* y de esa manera, el calor específico igual a 1, sería la cantidad de calor necesaria para elevar la temperatura de 1 kg de agua en 1°C (14,5 a 15,5°C) a presión atmosférica normal. A esa *cantidad de calor aportada* se la denomina *kilocaloría (kcal)*, como se observa en la figura 4-I.

Por ello, la unidad de calor específico valdrá: Ce: kcal/kg°C.

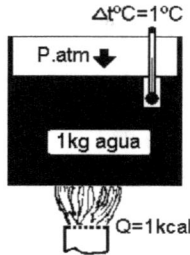

Figura 4-I. Definición de kilocaloría

Para otras sustancias se pueden adoptar los valores consignados en el cuadro 1-I.

CUADRO 1-I. CALORES ESPECÍFICOS
DE SUSTANCIAS.

Sustancias	Ce:(kcal/kg°C)
Aluminio	0,22
Cobre	0,093
Hierro	0.115
Aire seco	0,24
Vapor de agua	0,48
Hielo	0,50

En los países de habla inglesa se utiliza la *unidad térmica británica* (BTU). Se la define como la cantidad de calor necesaria para elevar la temperatura de 1 libra de agua en un grado Farenheit a presión atmosférica normal. La conversión es:

$$1 \text{ kcal} \approx 4 \text{ BTU}$$

Relación del calor con el trabajo mecánico

La parte de la física que estudia las relaciones entre el calor y las restantes formas de la energía requieren una determinación minuciosa del flujo del calor y a dicha ciencia se la denomina *termodinámica*, que significa *calor en movimiento*.

Las experiencias sobre la naturaleza del calor como una forma de energía, indicaron que *existe una relación entre éste y el trabajo mecánico*. Se define *trabajo* a la fuerza que aplicada sobre un cuerpo es capaz de hacerlo recorrer un espacio determinado. La unidad de trabajo mecánico, entonces, es el kgm. De modo que:

$$L = F. e$$

Donde:

L: trabajo mecánico (kgm).
F: fuerza (kg).
e: espacio (m).

Las experiencias de Joule, observando el aumento de la temperatura de una masa de agua conocida, cuando se realiza una cantidad de trabajo mecánico sobre ella por medio de aletas rotativas, permitieron determinar *el equivalente mecánico del calor como una constante que vale aproximadamente:*

$$1 \text{ kcal} = 427 \text{ kgm}$$

Esta conversión de energía mecánica en calórica, constituye el denominado *primer principio de la termodinámica*.

Sin embargo, en el sistema de unidades internacional SI, no se considera el trabajo mecánico en kgm, sino en Newton.m y se lo denomina *Joule,* considerando una *aceleración de la gravedad unitaria* en lugar de la tierra de 9,8 m/seg^2.

De manera que si 1kg = 9,8 Newton, valdrá: 1kgm = 9,8 Joule

Por lo tanto: 1kcal = 427 kgm x 9,8 Joule/kgm = 4185 Joule

O también: 1kcal = 4,185 KJ

De esa manera, en el sistema de unidades internacional SI, la unidad de cantidad de calor es el *Joule o KiloJoule*.

En la práctica de las instalaciones de aire acondicionado se suele también *aplicar el concepto de potencia,* que representa el trabajo desarrollado en la unidad de tiempo. Así se define la potencia P como:

$$P = Joule/seg = Watt$$

De esa manera, si *se emplea el Watt como unidad de potencia:*

$$1 \text{ kcal/h} = 4185 \text{ joule}/3600 \text{ seg} = 1,16 \text{ Watt}$$

La inversa: 1 Watt = 0,86 kcal/h
O también: 1 kW= 860 kcal/h

Estas unidades son muy importantes y se emplean para determinar la potencia equivalente en calor de los equipamientos de aire acondicionado.

También se emplea la potencia para medir los motores, en *caballo de fuerza.* Se dice que la potencia es de un CV, cuando se puede realizar un trabajo de 75 kgm en un segundo.

$$1 \text{ CV} = 75 \text{ kgm/seg} \times 3600 \text{ seg/h}/427 \text{ kgm/kcal} = 630 \text{ kcal/h}$$

Muchas veces, suele utilizarse la unidad HP que representa el caballo de fuerza en unidades inglesas.

La equivalencia es: 1 HP = 1,014 CV.

Estados de la materia

A las temperaturas y presiones normales las sustancias existen en forma *sólida, líquida o gaseosa.* Sin embargo, el estado en que se encuentran va a variar en función de la presión y temperatura a que están sometidos.

Por ejemplo, el anhídrido carbónico es normalmente un gas, pero se licua a -60°C y se solidifica a -80°C a presión atmosférica normal. El plomo normalmente es sólido, pero se licua a 328°C y se vaporiza a 1620°C.

De esa manera, el estado particular de una sustancia depende de las condiciones de *presión y temperatura* a que se halla.

El agua que es un elemento que se utiliza en aire acondicionado, se encuentra en estado líquido a la temperatura ambiente y a presión atmosférica normal. En ese estado las moléculas se encuentran en movimiento al azar y las colisiones son frecuentes, estando separadas como para que sea posible su fluidez.

Si la temperatura aumenta a 100°C a presión atmosférica normal, el agua hierve o sea pasa del estado líquido al de vapor o gaseoso, constituido por moléculas bastante más separadas con velocidades moleculares mucho mayores.

Si, por el contrario se enfría el agua hasta 0°C a presión atmosférica normal, el agua se solidifica formándose hielo que está constituido por moléculas muy juntas unas con respecto a otras, restringiéndose su movimiento a vibraciones y desaparece la fluidez que caracterizaba al estado líquido y gaseoso.

Pero los estados de la materia no sólo dependen de la temperatura, sino también de la *presión a que están sometidos.* Así, si en el agua se aumenta la presión, el punto de vaporización es mayor de 100°C y si la presión disminuye puede hervir o cambiar de estado a temperaturas menores de 100°C.

Por ejemplo, si un recipiente se cierra y se genera una presión de vapor sobre la masa del líquido de 2 atm, la ebullición se produce a una temperatura de 120°C y si se sigue aumentando la presión a 3 atm, llega a algo más de 130°C.

Supóngase ahora, que al recipiente se aplica una bomba de vacío, para disminuir la presión a que está sometida la masa líquida, cuando la presión llega a los 92,5 mmHg el agua hierve a 50°C y si se disminuye, a 55 mmHg a 40°C. Si se continúa el proceso, cuando la presión llega a los 6,5 mmHg la temperatura de ebullición desciende a 5°C.

A una presión de 4,6 mmHg y a una temperatura de 0,01°C se produce el *punto triple* del agua en que coexisten los tres estados, liquido, vapor y sólido.

CAMBIOS DE ESTADO CALOR SENSIBLE Y CALOR LATENTE

Supóngase colocar dentro de un recipiente a presión atmosférica normal 1 kg de hielo a una temperatura de -20°C, medida por un termómetro introducido en la masa, de acuerdo a lo indicado en la figura 5-I.

Al recipiente se le suministra calor en *proporción constante,* suponiéndose que el hielo no recibe calor por otro procedimiento.

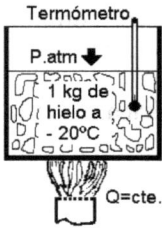

Figura 5-I. Recipiente de calentamiento

En el hielo las moléculas están dispuestas en estructuras regulares en el espacio, pero no están completamente inmóviles dado que *vibran* en una posición de equilibrio permaneciendo en el mismo lugar. A medida que le agregamos calor la agitación aumenta más y ello representa un aumento de su temperatura.

A medida que se le agrega calor al kg de hielo, se observa en el termómetro que la temperatura se eleva 1°C por cada 0,5 kcal, dado que el calor específico del hielo es 0,5 kcal/°Ckg.

Cuando se ha agregado 10 kcal la temperatura ha llegado a 0°C. Este proceso de calentamiento del hielo está representado por el segmento AB del diagrama de la figura 6-I. y a ese calor agregado se lo denomina *calor sensible* y se lo define como el calor que suministrado a una sustancia o sustraído de ella, produce un efecto *sensible* en la misma, como ser una variación de temperatura. Se representa con la fórmula:

$$Qs = Ce\ G\ (t_1 - t_2)$$

Donde:

Qs: calor sensible agregado o sustraído de una sustancia (kcal).
G: cantidad de sustancia (kg).
$(t_1 - t_2)$: diferencia de temperatura producida (°C).

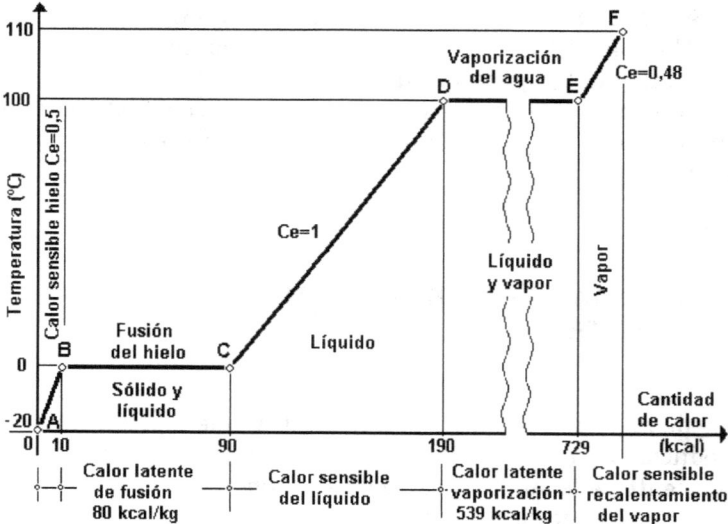

Figura 6-I. Diagrama de temperatura-calor para el agua

Si a partir de ese punto B a 0°C se sigue agregando calor al hielo, se observa que su *temperatura no varía* y que comienza a fundirse. En este momento la agitación es tan intensa que las moléculas que conforman el cristal de hielo ya no pueden mantener una estructura regular.

Cuando esto ocurre, cada molécula puede comenzar a moverse entre las otras en forma tal que ya no solo posee una vibración, sino que también comienzan a *difundirse* rápidamente de un lugar a otro, sin permanecer por mucho tiempo en el mismo sitio. De modo que ese material sólido y quebradizo como el hielo, de pronto se transforma en agua líquida que fluye en todas direcciones.

Si se sigue agregando calor hasta que todo el hielo se funda, se observa que la temperatura se ha mantenido en 0°C y a ese calor se lo denomina *calor latente* y se lo define como el calor que suministrado o sustraído de una sustancia que produce un cambio de estado sin variar la temperatura. Se representa con la fórmula:

$$Ql = Cl.G$$

Donde:

Ql: calor latente agregado o sustraído de una sustancia (kcal).
Cl: calor latente por kg de sustancia, en virtud del cambio físico producido (fusión, vaporización) (kcal/kg).
G: cantidad de sustancia (kg).

En el caso que nos ocupa del pasaje del estado sólido a líquido, se denomina *calor latente de fusión* y se necesitan 80 kcal por cada kg de hielo a 0°C que pase a 1 kg de agua a la misma temperatura.

Tan pronto como se ha fundido la última porción de hielo, si se sigue agregando calor la temperatura del agua comienza a aumentar en forma constante, a razón de 1°C por cada kcal entregada tal como lo indica el tramo CD del diagrama, mientras las moléculas se mueven cada vez con más libertad en el medio fluido.

Es evidente que este calor entregado es calor sensible, con un calor específico igual a 1.

La suma total de calor entregado en el punto D, desde el comienzo del proceso es de 190 kcal y en el tramo CD es de 100 kcal.

Cuando se haya alcanzado la temperatura de 100°C (punto D), si se sigue agregando calor se observa que la temperatura del agua deja de aumentar y comienzan a escapar burbujas de vapor, es decir que se inicia el *proceso de ebullición*. Las moléculas se mueven tan rápidamente que se separan del fluido y se dispersan en forma de vapor en todas direcciones, formando una estructura gaseosa.

De modo que se produce otro cambio de estado físico representándose ese proceso por el segmento DE del diagrama y el calor agregado es el *calor latente de vaporización,* o sea el calor que debe entregarse al agua a la temperatura del punto de ebullición, para pasar al estado de vapor a la misma temperatura.

A presión atmosférica normal, se necesitan 539 kcal para vaporizar completamente 1 kg de agua a 100°C y llevarla a la condición E del diagrama y el calor entregado hasta ese punto es de 729 kcal. Cuando el vapor se encuentra a la temperatura del líquido, se denomina *vapor saturado* y en los extremos, el punto D constituye el *vapor saturado líquido* y el E *saturado seco.*

Cuando la última porción de agua se ha vaporizado, se produce el aumento de la temperatura del vapor, tramo EF del gráfico y se lo denomina *vapor sobrecalentado* que es un vapor a una temperatura superior a la del punto de ebullición, correspondiente a la presión atmosférica.

Como se produce un aumento de la temperatura, se está en presencia de un proceso de calor sensible. Se requieren 0,48 kcal por cada grado de aumento de temperatura, o sea que el calor específico del vapor de agua es 0,48 kcal/kg°C.

Para medir la cantidad de calor entregada en este último proceso se puede emplear la fórmula de calor sensible, considerando la masa igual a 1 kg, de modo que Q = 0,48 (t - 100), en la que t es la temperatura final del vapor.

La cantidad de calor total que contiene ese kilogramo de agua se denomina *entalpía (kcal / kg)* y es la *suma del calor sensible más el calor latente* de la masa de agua.

El análisis precedente es muy importante para las aplicaciones prácticas. Por ejemplo, en las instalaciones de calefacción por agua caliente, se utiliza el calor sensible del agua, tramo CD del diagrama. En las instalaciones de vapor a baja presión se utiliza el calor latente de vaporización, tramo DE del gráfico.

Ejemplo

Supóngase determinar la cantidad de calor que suministra una caldera de vapor a baja presión, donde se calientan 100 litros de agua de provisión por hora desde 10°C hasta 110°C, siempre a presión atmosférica normal.

El problema se divide en tres pasos fundamentales:

Calentamiento de agua de 10°C a 100°C

La cantidad de sensible agregado al agua vale:

Qs = Ce G (100 - 10).

Se considera el calor específico constante igual a 1 para el agua. Sin mucho error puede suponerse el peso específico igual a la unidad, o sea podemos suponer 1litro = 1 kg.

Q1 = 100 kg/h x 90 = 9.000 kcal/h.

Proceso de ebullición

La cantidad de calor latente agregado vale:

Ql = 100 kg/h x Clv. = 100 x 539 kcal/kg = 53900 kcal/h.

Calentamiento del vapor de 100°C a 110°C

Otra vez en un proceso de calor sensible,

Qs = Ce G (110 -100)= 0,48 x 100 kg/h x 10°C = 480 kcal/h.

La cantidad de calor suministrada por la caldera valdrá:

Qt = 9.000 + 53900 + 480 = 63380 kcal/h.

TRANSMISIÓN DEL CALOR

El *segundo principio de la termodinámica,* enunciado por Clausius, establece que el calor fluye espontáneamente, siempre de una *fuente de mayor temperatura a una de menor temperatura, hasta que las mismas se igualan.*

Es decir, que si se suponen dos cuerpos ideales aislados del medio exterior, si la temperatura t_1 de uno es mayor que la temperatura t_2 del otro, habrá un flujo de calor que irá de t_1 a t_2, de modo que la temperatura t_1 de un cuerpo disminuirá y la temperatura t_2 del otro cuerpo aumentará, hasta que se produce el equilibrio o sea que el *salto térmico se anula.*

El proceso descripto es *irreversible,* dado que es imposible volver espontáneamente al estado inicial.

El calor puede ser comparado con el agua que a un nivel superior fluye por una cañería desde un tanque a otro por vasos comunicantes, hasta que se igualan los niveles y cesa la circulación.

El agua puede ser llevada hacia arriba o sea del tanque de nivel más bajo al más alto, pero para hacerlo es necesario *gastar energía mecánica o trabajo mecánico,* por ejemplo, utilizando una bomba circuladora.

De la misma manera, el calor puede hacérselo circular *cuesta arriba,* desde una sustancia a baja temperatura a una de mayor temperatura, pero para ello es necesario aportar trabajo mecánico a través de un circuito frigorífico y a esto es lo que se denomina *bomba de calor.* Por ejemplo, en un equipo de refrigeración se hace pasar el calor de una fuente de 25°C que constituye el aire interior, al exterior supuesto en 35°C mediante un *trabajo mecánico que provee el compresor.*

En la técnica de las instalaciones de calefacción y aire acondicionado, es fundamental definir y valorar los múltiples fenómenos relacionados con los procesos de transferencia o transmisión del calor.

Se distinguen tres formas físicas completamente distintas por la que se materializa la transmisión del calor de un cuerpo A a mayor temperatura que otro B, según se muestra en la figura 7-I . Ellas son:

- Conducción.
- Convección.
- Radiación.

En general, en los procesos de transmisión estas formas no se presentan en forma aislada, siendo difíciles de interpretar en forma matemática.

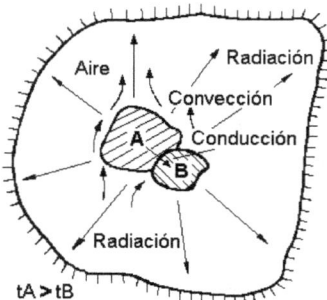

Figura 7-I. Formas de transmisión del calor

Conducción

Se puede definir como la transmisión del calor en el interior del cuerpo de molécula a molécula, cuando no se verifica ningún desplazamiento de las mismas.

La forma de transmisión del calor por conducción *es típica de los sólidos* y se produce por la acción de las moléculas animadas de mayor energía térmica molecular o temperatura, a las de menor energía mediante el contacto directo por *vibración* de unas con otras en su posición original.

En la figura 8-I se detalla el proceso de conducción en una pared de chapa de un intercambiador de calor de un equipo calefactor a gas. Las moléculas que están en contacto directo con las llamas absorben la energía térmica *vibrando en su posición relativa*, afectando a las próximas y éstas a su vez, a las que siguen y así sucesivamente.

De esa manera, la energía calórica atraviesa la pared y es entregada por conducción a la corriente de aire del equipo.

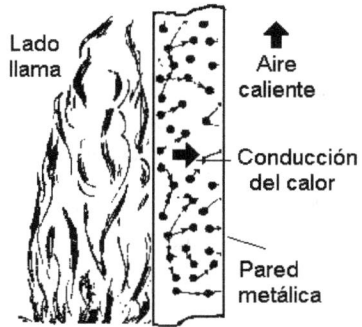

Figura 8-I. Conducción

La facilidad del pasaje del calor por conducción, depende de su *conductividad* que es una propiedad que tiene cada material. Por ejemplo, los metales son mejores conductores del calor que los materiales del cerramiento de una construcción.

La conducción del calor se valora con un *coeficiente λ de conductibilidad térmica,* en kcal/hm°C, que depende de cada substancia en particular.

Convección

Es *típica de los fluidos* y se la define como la transmisión del calor de una parte del fluido a otra por la mezcla de las partes más calientes o más livianas con las más frías o más pesadas, de modo que la transferencia se produce por el *desplazamiento de las moléculas* de un lugar a otro, llevando con ellas la energía térmica.

Si el fluido se mueve a causa de esa diferencia de pesos se denomina *convección natural* y si es producida por un ventilador o una bomba, se denomina *convección forzada.*

Es muy compleja la determinación teórica de la cantidad de calor que se transmite por convección, por lo que en la práctica se utilizan valores *experimentales* denominados *coeficientes superficiales de paso de calor* α (kcal/hm^2°C), que comprenden su efecto conjunto con la radiación.

Estos coeficientes se definen como la transmisión de calor entre la pared de contención y el fluido, por unidad de superficie de pared y por grado de diferencia de temperatura entre la superficie de la pared y el cuerpo principal del fluido.

Radiación

La radiación se define como la transmisión de calor de un cuerpo a otro sin contacto directo en forma de *energía radiante,* pudiendo ser visible o invisible según la longitud de onda, de manera que el proceso *no está vinculado a soporte o vehículo material alguno,* no pudiendo ser explicado como en los casos anteriores en términos de moléculas que vibran o se desplazan.

La radiación de la energía del sol se realiza a través del *espacio vacío* en forma de ondas electromagnéticas. La luz visible y el calor emitidos siguen las mismas leyes físicas de las radiaciones de todo el espectro electromagnético, diferenciándose por la longitud de onda. El aire actúa como el vacío y se dice que es *diatérmico*, porque deja pasar la energía radiante *pero no la absorbe*.

Para que la energía radiante pueda ser convertida en calor es necesario que sea *absorbida por la substancia,* lo que activa su movimiento molecular y ese cuerpo caliente a su vez, transforma una parte de su contenido de calor de su superficie en energía de radiación calórica no visible, la cual al ser absorbida por otro cuerpo se manifiesta en forma de calor sensible. O sea que hay un continuo intercambio de energía calórica radiante entre los cuerpos.

Cualquier material emite y absorbe energía radiante y esa emisión o absorción va a depender de la temperatura a que se encuentra y de las características físicas del mismo. El cuerpo que en todas las longitudes de onda emite o absorbe el máximo de energía posible, se lo denomina *cuerpo negro*.

Según la ley de Stefan-Boltzman, la radiación total o poder emisivo total de un cuerpo negro por unidad de superficie y tiempo es proporcional a la cuarta potencia de la temperatura absoluta.

Ejemplo de transmisión de calor

Para visualizar las tres formas características de transmisión de calor, supóngase que en un local, se ubica un recipiente metálico que contiene agua caliente, según se indica en la figura 9-I.

Se va a producir una transferencia de calor del agua caliente al aire del local, debido a la diferencia de temperatura.

Si se analiza el proceso a través de una pared del recipiente, se observa que en una primera etapa el calor fluye del agua caliente a la cara interior por *convección*, originándose un movimiento descendente de las moléculas debido a que al enfriarse se hacen más pesadas.

Luego el calor se transmite por *conducción* a través de la pared metálica, debido a la vibración de sus moléculas. Por último se cede al aire del local por *convección al* producirse una circulación ascendente debido a que al calentarse el aire se hace más liviano y por *radiación* de la superficie caliente a los distintos elementos que rodean al recipiente a través del aire.

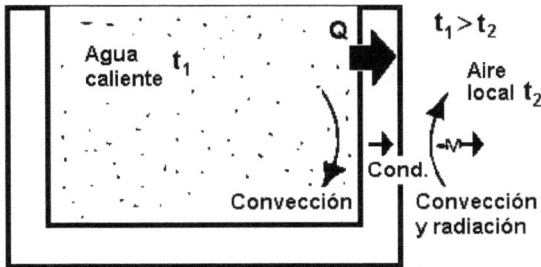

Figura 9-I. Ejemplo de transmisión de calor

Al final del proceso, si no hay aporte externo de calor las temperaturas del agua y del aire se igualan y la transferencia de termina.

El objetivo del acondicionamiento de aire es justamente contrarrestar esa tendencia natural al equilibrio, dado que *se debe mantener una diferencia de temperatura del aire interior y exterior de los locales y* para lograrlo *se les debe substraer o agregar calor en la misma cantidad que se transmite*, por lo que la determinación de ese calor es la base en que se sustenta el diseño de la instalación.

Método de cálculo para la determinación de coeficientes de transmisión de calor

El pasaje de calor que se realiza manteniendo el salto térmico constante en el tiempo se denomina *régimen estacionario.*

Es decir, que se supone que todo el calor atraviesa la pared sin que ésta de por sí absorba calor. Este proceso es ideal y no ocurre en realidad, pero por razones prácticas se utiliza en los cálculos por su simplicidad, aplicando luego coeficientes correctivos.

Si se considera un cuerpo cualquiera en el que una de sus caras se encuentra a una temperatura del aire mayor que la otra, se origina una transmisión del calor desde la cara más caliente a la más fría.

Dicho proceso de transmisión puede analizárselo en varias etapas.

Así, según la figura 10-I, se puede decir:

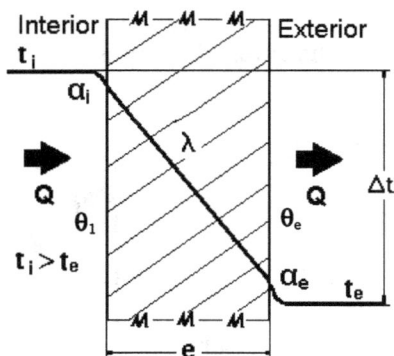

Figura 10-I. Proceso de la transferencia de calor

1° etapa: transmisión de calor desde el aire interior a la cara interna del cuerpo, (de ti a θi).

La transmisión se efectúa por *convección* a través de la capa de aire de contacto y por *radiación* de los elementos más calientes hacia la pared o cuerpo considerado. La cantidad de calor que se transmite vale:

$$Q = \alpha i\ A\ (ti\text{-}\ \theta i)$$

Donde:

Q: cantidad de calor que se transmite en régimen estacionario (kcal/h) o sea se supone que la misma *es constante*.

αi: coeficiente de transmisión superficial de calor interior también denominado coeficiente de paso de calor (kcal/h m²°C) que tiene en cuenta el efecto de convección y radiación.

A: área (m²).

ti: temperatura del aire interior (°C).

θi: temperatura de la cara interna del cuerpo (°C).

2° etapa: transmisión de calor a través del cuerpo (de θi a θe).

La transmisión se efectúa por *conducción*. La cantidad de calor que se transmite vale:

$$Q = \lambda/e\ A\ (\theta i\text{-}\theta e)$$

Siendo:

λ: coeficiente de conductibilidad térmica (kcal/hm°C) que tiene en cuenta la conducción a través del cuerpo.

e: espesor del cuerpo (m).

θi: temperatura de la cara interior del cuerpo (°C).

θe: temperatura de la cara exterior del cuerpo (°C).

Puede definirse el coeficiente λ *de conductibilidad térmica,* entonces, como la cantidad de calor que pasa a través de un material homogéneo por hora, por metro de espesor y cuando la diferencia de temperatura de sus caras es 1°C.

Se admite que el coeficiente λ es constante, de manera que la temperatura de la pared varía linealmente en dirección del flujo de calor. A la relación ($\Delta t/e$) se lo denomina *gradiente térmico*.

3° etapa: transmisión de la cara externa del cuerpo al aire exterior.

La transmisión se efectúa por *convección* y *radiación* (de θe a te).

La cantidad de calor que pasa vale:

$$Q = \alpha e \, A \, (\theta e - te)$$

En la que:

αe: coeficiente de transmisión de calor superficial exterior o de paso de calor (kcal/h m²°C).

θe: temperatura de la cara exterior del cuerpo (°C).

te: temperatura del aire exterior (°C).

Como la cantidad de calor que transpone el cuerpo es *constante* porque el estudio se lo realiza en el estado estacionario, puede despejarse las temperaturas de las ecuaciones anteriores y al sumarlas dará la diferencia de temperatura o caída de temperatura total Δt que es la que se observa en al figura 10-I anterior.

$$Q/\alpha i \, A \quad\quad = \text{ti} - \theta i$$
$$+ \; Q . \, e/\lambda A \quad\quad = \theta i - \theta e$$
$$\underline{Q/\alpha e \, A \quad\quad = \; \theta e - te}$$
$$Q/A \, [(1/\alpha i + e/\lambda + 1/\alpha e)] = \text{ti} - te$$
$$Q = [1/(1/\alpha i + e/\lambda + 1/\alpha e)] \, A \, (\text{ti} - te)$$

Si se hace:

$$K = 1/(1/\alpha i + e/\lambda + 1/\alpha e)$$

Y reemplazando ese valor queda la *ecuación básica fundamental* de Fourier de la transmisión de calor en régimen estacionario, que es utilizada en los cálculos.

$$Q = K A (ti - te)$$

Siendo:

K: coeficiente total de transmisión de calor (kcal / h m²°C).

Al valor de K se lo define como la cantidad de calor que se transmite en la unidad de tiempo a través de la unidad de superficie de un elemento constructivo (muro, tabique, piso, techo, etc.) de un cierto espesor, cuando la diferencia de temperaturas entre las masas de aire que se encuentran a ambos lados es la unidad. Se lo denomina también *coeficiente total de transmitancia térmica.*

Entonces, en la práctica se trabaja con los distintos valores de K tabulados para los diversos elementos que componen el contorno de un local, por ejemplo las paredes o techos, etc., tal como se indica en el cuadro 2-I. Sin embargo para los casos particulares o de muros compuestos, es necesario determinarlos mediante el cálculo en base a los coeficientes que lo componen, empleando los valores de los cuadros 3 a 6-I.

La Norma IRAM 11601 además de fijar los valores de los coeficientes comunes de transmisión del calor K, establece un método para su determinación.

Ejemplos de cálculo

Cerramiento simple

El valor de K según la ecuación anterior vale:

$$K = 1/(1/\alpha i + e/\lambda + 1/\alpha e)$$

Para facilitar el cálculo, puede trabajarse con las inversas de los coeficientes de transmisión, que en tal caso constituyen las resistencias. De esa manera:

Rt: 1/K: resistencia a la transmitancia térmica total (m²h°C/kcal).
Rsi: 1/αi: resistencia superficial interna (m²h°C/kcal), cuadro 3-I.
Rse: 1/αi: resistencia superficial externa (m²h°C/kcal), cuadro 3-I.

Por lo tanto, la ecuación par el cálculo del coeficiente K para un cerramiento simple se expresa de la siguiente manera:

$$Rt = 1/K = Rsi + e/\lambda + Rse$$

Cerramiento compuesto

En este caso, la ecuación anterior toma la forma:

$$Rt = 1/K = Rsi + e_1/\lambda_1 + e_2/\lambda_2 + e_3/\lambda_3 + ...e_n/\lambda_n + Rse + Rc$$

Donde:

e_1, e_2, e_3: espesores de las distintas capas de materiales (m).
$\lambda_1, \lambda_2, \lambda_3$: coeficientes conductibilidad térmica (kcal/hm°C), tablas cuadro 6-I.
Rc: resistencia a cámaras de aire, (m²h°C/kcal), cuadros 4 y 5-I.

Ejemplo 1

Supóngase calcular el coeficiente de transmitancia total K, de un muro compuesto formado por mampostería de 12 cm de espesor, una cámara de aire de 2 cm y un tabique de mampostería de 5 cm interior, según se indica en la figura 11-I.

Para simplificar el cálculo se ha considerado los revoques incluidos en las mamposterías.

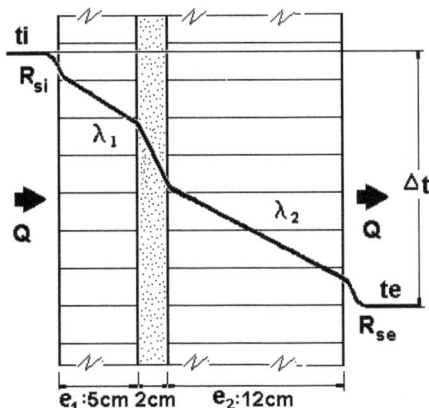

Figura 11-I. Transmisión de calor a través de un muro compuesto.

Se establece según las tablas:

- λ: mampostería ladrillos macizos, cuadro 6-I: 0,70 kcal/hm°C.
- Rsi: resistencia superficial interior, cuadro 3-I: 0,14 m²°Ch/kcal.
- Rse: resistencia superficial exterior, cuadro 3-I: 0,05 m²°Ch/kcal.
- Rc: resistencia a la cámara de aire, cuadro 4-I: 0,18 m²°Ch/kcal.

$$Rt = Rsi + e_1/\lambda_1 + Rc + e_2/\lambda_2 + Rse$$

$$Rt = 0,14 + 0,05/0,7 + 0,18 + 0,12/0,7 + 0,05.$$

$$Rt = 0,61 \ m^2h°C/kcal.$$

$$K = 1/Rt = 1/0,61 = 1,64 \ kcal/hm^2°C$$

Si en este mismo ejemplo, en el espesor de 2 cm de la cámara de aire, se emplaza un aislante térmico de lana de vidrio, la ecuación es similar, pero en lugar de Rc, intervendría el espesor y el coeficiente de conductibilidad del aislamiento. El valor de λ para la lana de vidrio, se considera 0,030 kcal/hm°C (cuadro 6-I).

De modo que:

$$Rt = 0,14 + 0,05/0,7 + 0,02/0,030 + 0,12/0,7 + 0,05$$

$$Rt \sim 1 \ m^2h°C/kcal$$

$$K = 1/Rt = 1 \ kcal/m^2h°C.$$

Se aprecia que mejora notablemente el aislamiento del muro, debido a que con el aislante térmico se han aprovechado las propiedades del aire que es *uno de los mejores aislantes a la conducción del calor*, eliminando el desplazamiento por convección que se produce en la cámara de aire y que por tal motivo no es tan eficiente.

De esa manera, como elementos aislantes se utilizan *materiales porosos que mantienen el aire estanco* y que están constituidos por sustancias que son pocos transmisores del calor por conducción, como la *lana de vidrio, mineral, poliestireno expandido, espumas de polietileno, elastoméricas, etc.*

Sin embargo, es conveniente aclarar que si bien muchas veces los cálculos teóricos son optimistas, la experiencia práctica indica que salvo en casos particulares o especiales, *no es conveniente adoptar en los ce-*

rramientos aislados valores menores de K de 0,8 kcal / hm²°C, para tener en cuenta los deterioros naturales, efecto de la humedad, etc., que suelen producirse en las construcciones con el paso del tiempo.

Ejemplo 2

Supóngase ahora calcular la resistencia térmica total de un muro con aislación térmica indicado en la figura 12-I.

Los datos surgen de los cuadros 3, 4 y 6-I, respectivamente.

Rsi: resistencia superficial interna: 0,14 (hm²°C/kcal).
Rse: resistencia superficial externa: 0,05 (hm²°C/kcal).
λ: coeficientes de conductibilidad (kcal/hm°C).
λ_1:   revoque común: 1 (kcal/hm°C).
λ_2:   aislamiento térmico lana mineral: 0,030 (kcal/hm°C).
λ_3:   mampostería ladrillo hueco: 0,47 (kcal/hm°C).
λ_4:   revoque común: 1 (kcal/hm°C).

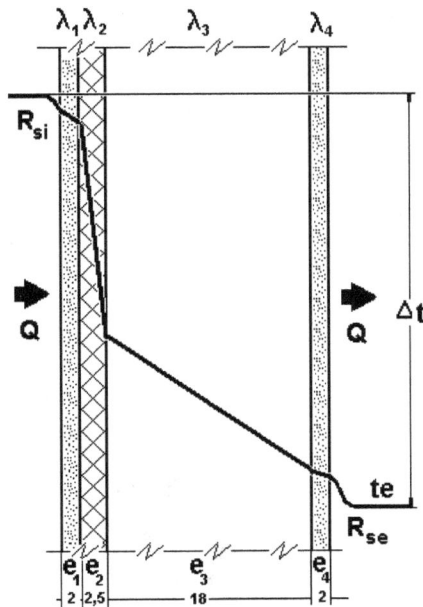

Figura 12-I. Ejemplo de un muro compuesto

$$Rt = 1/K = Rsi + e_1/\lambda_1 + e_2/\lambda_2 + e_3/\lambda_3 + ...e_n/\lambda_n + Rse + Rc$$

$$Rt = 0,14 + 0,02/1 + 0,025/0,030 + 0,18/0,47 + 0,02/1 + 0,05 = 1,446$$

$$K = 1/Rt = 0,691 \text{ kcal/hm}^2{}^\circ C.$$

Ejemplo 3

Determinar las temperaturas superficiales interiores (θi) que tendrían un muro común de albañilería de 0,30 m y otro de 0,15 m de espesor en un local con temperatura interior de 20°C, para las condiciones de diseño del aire exterior en invierno en Buenos Aires de 0°C de acuerdo a la figura 13-I, teniendo en cuenta los coeficientes de transmisión K y Rsi consignados en el cuadro 2 y 3-I respectivamente.

- K: 1,62 kcal/hm^2°C Muro de ladrillos comunes 0,30 m.
- K: 2,30 kcal/hm^2°C Muro de ladrillos comunes 0,15 m.
- Rsi: resistencia superficial interna: 0,14 m^2°Ch/kcal.

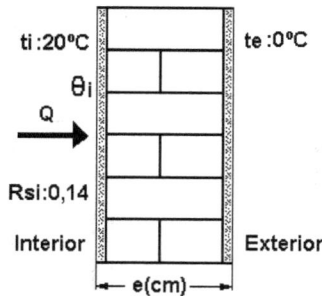

Figura 13-I. Ejemplo temperatura muro mampostería

Para la pared de 0,30 m, la cantidad de calor Q que se transmite por unidad de área vale:

$$Q = K (ti - te) = 1,62 (20 - 0) = 32,4 \text{ kcal/hm}^2$$

La temperatura de la cara interior del muro (θi) para la pared de 0,30 m, se deduce con ecuación vista precedentemente:

$$Q = 1/Rsi \, (ti - \theta i)$$

Por lo que: $\theta i = ti - RsiQ$

$$\theta i = 20 - 0,14 \times 32,4 = 20 - 4,5 = 15,5°C$$

Para la pared de 0,15 m, la cantidad de calor Q que se transmite por unidad de área vale:

$$Q = K (ti - te) = 2,3 \times 20 = 46 \text{ kcal/hm}^2$$

La temperatura de la cara interior del muro θi para la pared de 0,15 m es de:

$$\theta i = ti\text{-}Rsi\ Q = 20 - (0,14 \times 46) = 20 - 6,4 = 13,6°C$$

O sea que el muro de 0,15 m está más frío que el anterior y por lo tanto es menos confortable y en climas exteriores más severos debe desecharse como cerramiento exterior.

CUADRO 2-I. COEFICIENTE DE TRANSMITANCIA TÉRMICA "K" (kcal/hm^2°C)

CERRAMIENTOS VERTICALES	*K*
Mampostería de ladrillos comunes 30 cm	1,62
Mampostería de ladrillos comunes 15 cm	2,3
Mampostería de ladrillos huecos 24 cm	1,45
Mampostería de ladrillos huecos 10 cm	2,4
Pared de bloques de hormigón 15 cm	2,5
Pared de bloques de hormigón 24 cm	1,85
Paneles de hormigón de 1000kg/m^2 10cm	1,75
Paneles de yeso 7,5 cm	2,1
Paneles de madera aglomerada 5,5 cm	1,75
Ventanas de vidrio común	5
Ventanas de vidrio doble	2,8

CERRAMIENTOS HORIZONTALES	*K*
Techo de losa cerámica común sin aislar	1,5
Techo de losa cerámica común aislada	0,8
Techo inclinado de tejas sin aislar	1,75
Techo inclinado de tejas aislado	0,8
Piso sobre tierra (para calefacción)	1
Entrepisos	1,5
Techo de chapa con aislación	0,8

CUADRO 3-I. RESISTENCIA TERMICA SUPERFICIAL DE MUROS Y
TECHOS R_s (hm² °C/kcal)

Rsi	Interior muros	0,14
	Interior techos	0,12
Rse	Exterior	0,05

CUADRO 4-1. RESISTENCIAS DE CAMARAS DE AIRE
R_c. (hm² °C/kcal)

Espesor (cm)	Cámara vertical	Cámara horizontal
1	0.16	0,15
2	0,18	0,17

CUADRO 5-1: RESISTENCIAS DE ESPACIOS DE AIRE
R_c.(hm² °C/kcal)

Tipos de espacios	Coeficiente
Espacio entre chapas H°G° o aluminio y cielorraso	0,26
Espacio entre tejas sobre entablonado y cielorraso	0,20

CUADRO 6-I. COEFICIENTES CONDUCTIBILIDAD
TÉRMICA λ (kcal/hm°C)

MATERIALES AISLANTES	Kg/m^3	λ
Aire estanco	1.2	0,025
Corcho	100	0,033
Amianto	100	0,063
Fibra de madera aglomerada	300	0,047
Lana de vidrio o mineral	100	0,030
Poliestireno expandido	20	0,030
Vermiculita	130	0,060
Poliuretano	89	0,036
Perlita	130	0,046
Tablero de fibra de madera aglomerada	300	0,047
METALES	Kg/m^3	λ
Aluminio	2700	175
Cobre	8900	330
Zinc	7100	95
Hierro	7200	40

MATERIALES EN GENERAL	Kg/m^3	λ
Vidrio	2700	0,7
Baldosas y tejas cerámicas	1600	0,6
Hormigón armado	2000	1,3
Hormigones de agregados livianos	800	0,21
Hormigón de cascotes	1600	0,67
Hormigón de arcilla expandida	1200	0,4
Agua	1000	0,5
Baldosas o tejas cerámicas	1600	0,60
Mampostería de ladrillos comunes	1600	0,70
Mampostería de ladrillos huecos	1200	0,42
Ladrillos de sílice calcáreos	1900	0,90
Bloques huecos de hormigón liviano macizos	1000	0,33
Mortero de revoque a la cal y juntas	2000	1
Mortero de cemento	2100	1,20
Enduido de yeso	1200	0,55
Fibrocemento	1900	0,70
Asfalto	2100	0,60
Bitumen asfáltico	1050	0,15
Maderas blandas	300	0,072
Madera común	600	0,125
Maderas duras	900	0,18
Goma	100	0,07
Policloruro de vinilo	1400	0,16

CAPÍTULO II

PSICROMETRÍA

Composición del aire

La psicrometría es la ciencia que estudia las propiedades físicas del *aire atmosférico,* que está constituido por una mezcla de *aire seco y vapor de agua* en proporciones variables.

El *aire seco* es una mezcla de dos gases fundamentales que son el Nitrógeno (N) en aproximadamente un 77% y el Oxígeno (0) en un 22%.

Además existen pequeñas cantidades de otros gases, como ser el *anhídrido carbónico* que es el producto de los procesos de combustión, fermentación y otros desprendimientos naturales o industriales. También se pueden mencionar los gases inertes como el *argón* o el *neón,* y elementos que contaminan el aire como polvos en suspensión, humos, bacterias, gases nocivos, etc. Todos ellos representan aproximadamente el 1 % faltante.

PROPIEDADES FÍSICAS DEL AIRE ATMOSFÉRICO

La capacidad de vapor de agua en la atmósfera es extremadamente variable, definiéndose el término *humedad* como *su contenido de vapor de agua.* Para el análisis de las propiedades físicas puede considerares el aire atmosférico como una mezcla de gases, cuyos constituyentes fundamentales son el aire seco y el vapor de agua.

La *ley de Dalton* establece que cada gas de una mezcla de gases, ocupa el volumen total como si los otros gases no estuvieran presentes, ejerciendo cada uno de ellos una *presión parcial*, la cual depende de la temperatura de la mezcla.

La presión total de una mezcla, es igual a la suma de las presiones parciales de cada uno de los gases componentes, así como la suma de los pesos es igual al peso total.

De esa manera, se puede poner para el peso del aire atmosférico:

$$p = pa + pv$$

Donde:

p: presión total de la mezcla (puede tomarse igual a la atmosférica o sea 760 mm Hg o 1.033 kg/cm² en los casos normales).
pa: presión parcial del aire seco (mmHg o kg/cm²).
pv: presión parcial del vapor de agua (mmHg o kg/cm²).

La presión parcial del vapor de agua (pv) nunca *puede ser superior a un valor llamado presión de saturación* (ps), que depende de la temperatura de la mezcla. Por ello, la cantidad de vapor de agua de una mezcla de aire atmosférico no es ilimitada y cuando contiene el máximo posible, se dice que el aire está saturado.

Humedad específica

En un proceso de acondicionamiento se somete al aire a diversos tratamientos que hacen variar su temperatura y humedad. De modo que si se quiere analizar una muestra de aire que permanece invariable en el ciclo, no se puede adoptar como unidad el volumen, porque se modifica con la temperatura y presión, ni tampoco el peso total porque es variable con la humedad cuando se somete a procesos de condensación del vapor de agua para la deshumectación.

Lo único que permanece constante en los tratamientos de acondicionamiento de aire, es el peso del aire seco contenido en el aire. A lo largo de todo el circuito de acondicionamiento, el aire que circula cambia su presión, temperatura, volumen y humedad, *pero cada kg de aire seco que contiene se mantiene invariable.*

Por ello se toma una muestra una muestra de 1 kg de aire seco para realizar los análisis como se muestra en la figura I-II, pudiéndose definir la *hume-*

dad específica (he) como la cantidad en gramos de vapor de agua que contiene ese kg de aire seco (gr/kg).

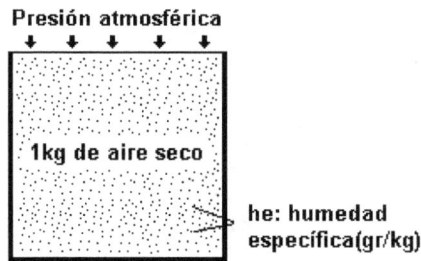

Figura 1-II. Humedad específica

Esa cantidad de humedad, está relacionada con las presiones parciales del aire seco y del vapor de agua, por la ecuación:

$$he = 0{,}622 \ pv/pa$$

Cuando esa muestra está saturada, se denomina *humedad específica de saturación (hes)*, y puede calcularse. En efecto, para el aire saturado: pv = ps.

De manera que la presión parcial del aire seco en la saturación vale:

$$pa = p - pv = p\text{-}ps$$

Por lo que la ecuación anterior, queda de la forma:

$$hes = 0{,}622 \ ps/(p\text{-}ps)$$

Esta ecuación sirve de base para el cálculo de las tablas de información de las propiedades de la mezcla del aire-vapor de agua. La presión atmosférica p puede medirse fácilmente y la presión de saturación se determina mediante mediciones de precisión en laboratorio.

De esa forma, se ha confeccionado el cuadro 1-II que representan la humedad específica de saturación, en función de la presión de saturación para diversas temperaturas y a presión atmosférica normal. Se observa que la presión de saturación (ps) es variable con la temperatura del aire, *aumentando en relación directa con ella.*

Consecuentemente la humedad específica de saturación, o sea la *cantidad máxima de humedad que puede contener una mezcla de aire húmedo, aumenta con la temperatura del aire.*

CUADRO 1-II. PRESIÓN Y HUMEDAD ESPECÍFICA DE SATURACIÓN PARA
DIVERSAS TEMPERATURAS A PRESIÓN ATMOSFÉRICA NORMAL (760 mm Hg).

Temperatura (°C)	ps(mmHg)	hes (gr / kg)
0	4,6	3,8
5	6,5	5,3
10	9,2	7,6
15	12,8	10,9
20	17,5	14,7
25	23,8	20,1
30	31.8	27,2
35	42,2	35,5
40	55,3	48,5
50	92,5	87,9
60	150	152
100	760	-

De esa manera, se ha construido el gráfico de la figura 2-II en la
que se ha representado la humedad específica de saturación (hes: gr/kg)
en función de la temperatura del aire, generando una curva denominada *curva de saturación*. Con estos valores se demuestra que se necesita
muy baja cantidad de humedad para saturar el aire cuando las temperaturas son bajas y a la inversa cuando las temperaturas son altas.

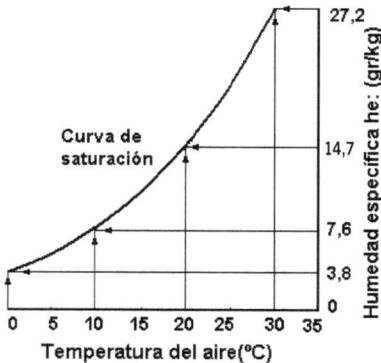

Figura 2-II. Curva de saturación

Por tal motivo, si se desea humede-
cer el aire, los dispositivos de humectación *deben colocarse luego de efectuar
su calentamiento* , para que tenga más
capacidad de absorber vapor de agua.

Este gráfico constituye la base
del ábaco psicrométrico, determinando un campo donde están com-
prendidas todas las condiciones posibles del aire húmedo, limitados
por la curva de saturación como máximo y la línea de la abscisa, que representa las condiciones del aire seco sin humedad específica.

Humedad relativa

En general el aire en la atmósfera no se encuentra saturado, sino
que tiene una humedad específica variable, *menor que la requerida para la saturación* a una temperatura determinada.

Para su valoración en las aplicaciones prácticas, suele determinarse una magnitud que representa *la fracción o porcentaje de la humedad de saturación* que posee el aire, denominada *humedad relativa*. De esta manera se puede establecer la siguiente relación:

$$HR = he/hes$$

Donde:

HR: humedad relativa (%).
he: humedad específica del aire, a una presión y temperatura determinada (gr/kg).
hes: humedad específica del aire saturado, a la misma presión y temperatura (gr/kg).

De esa manera, la humedad relativa es la relación porcentual de la cantidad de vapor de agua que tiene una masa de aire considerada, con respecto a la cantidad de vapor de agua que tendría esa misma masa de aire saturada, a la misma presión y temperatura. O sea que la humedad relativa representa en la práctica el *porcentaje de saturación* que tiene el aire.

Se desprende que si el aire está aire saturado, esta relación sería 1, o sea la humedad relativa es del 100%, mientras que si el aire estuviera completamente seco, el porcentaje sería del 0%, dado que la humedad específica es cero.

En el gráfico de la figura 3-II se ha representado las curvas de humedad relativa HR. La curva de saturación constituye la curva de HR: 100% mientras que la HR: 0% sería coincidente con el eje de las abscisas (he= 0).

Definidos estos dos límites, pueden construirse las distintas curvas que representan los valores intermedios de la humedad relativa.

En efecto, si se tiene aire a 20°C, la humedad específica de saturación es de 14.7 g/kg, como se observa en el cuadro 1-II anterior, de modo que si se quiere representar la curva de aire con una humedad relativa del 50%, el mismo tendrá una humedad específica de:

he = HR. hes
he = 0,50 x 14,7 = 7,35 gr/kg.

El punto de la curva de HR 50%, estaría representado, entonces, sobre la ordenada de temperatura de 20°C en el *punto medio entre la curva de saturación y el eje de las abscisas*.

Los demás puntos de la curva de HR 50% estarán por lo tanto en los puntos medios de cada una de las ordenadas que sirvieron de base para la confección de la curva de saturación.

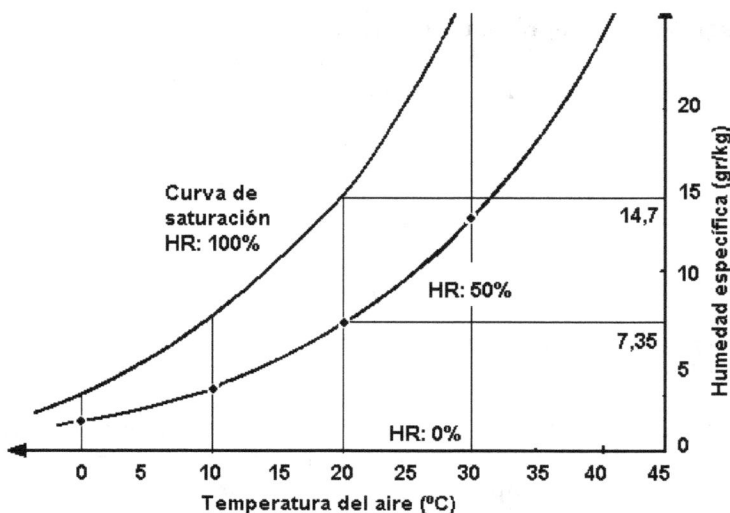

Figura 3-II. Construcción de las líneas de humedad relativa

En general, para las aplicaciones prácticas se trazan las curvas de HR de 10 en 10%, dividiendo obviamente cada ordenada en diez partes iguales.

Temperatura de bulbo húmedo

En la figura 4-II se muestra un recipiente de vidrio abierto conteniendo agua a una temperatura de 20°C, que es una indicación de la velocidad media de las moléculas, ya que algunas de ellas en un instante dado pueden estar en reposo y por lo tanto sin energía. En cambio otras pueden estar moviéndose a alta velocidad y poseen energías comparativamente grandes.

Estas moléculas se mueven en todas direcciones y algunas de alta velocidad molecular lo hacen contra la capa superficial del líquido y escapan trasformándose instantáneamente en vapor, creando sobre la capa del líquido una presión de vapor que se opone a la presión atmosférica que está sometido.

Dado que el líquido se va evaporando sin que se le suministre calor, *es el mismo líquido el que provee el calor necesario para que se produzca el cambio de estado.* De esa manera, el calor sensible del líquido se convierte en calor latente del vapor que se desprende, *disminuyendo la temperatura del líquido remanente* y como no existe fuente de calor externa, *el calor total se mantiene constante* denominándose a este proceso *enfriamiento adiabático.*

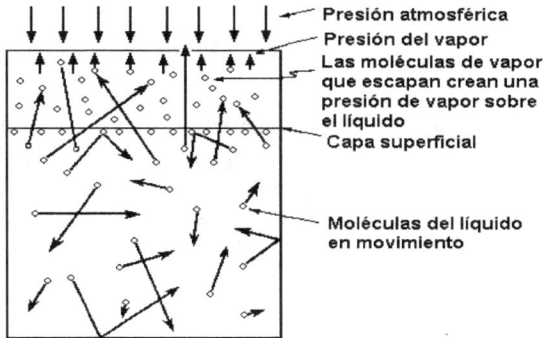

Figura 4-II. Representación del proceso de evaporación

Este proceso de vaporización depende de la capacidad del aire ubicado sobre la superficie para absorber el vapor de agua generado en función del *tenor de humedad que contiene y* la activación de ese proceso aumentará en función *de su velocidad o movimiento.*

A medida que las moléculas escapan, van creando sobre la superficie del líquido una presión llamada *presión de vapor* que se opone al que obra en el aire. Se infiere de todo lo indicado, que el *proceso de vaporización implica el enfriamiento del líquido remanente* y dependerá de la *capacidad del aire circundante de absorber humedad,* o sea de su presión de saturación.

Si se cubre con una tapa el recipiente anterior como se muestra en la figura 5-II, el aire termina saturándose de modo que se alcanza un estado de equilibrio en donde las moléculas de vapor que escapan no pueden

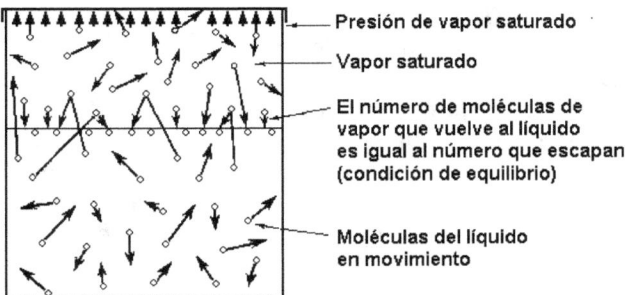

Figura 5-II. Proceso de evaporación con aire saturado

ser absorbidas y retornan al líquido. En este caso, el aire saturado alcanza la presión del vapor saturado y la *temperatura del agua, del vapor saturado y el aire son la misma*, finalizando el proceso de enfriamiento.

Psicrómetro

El psicrómetro es un instrumento muy importante que sirve para la determinación de las propiedades físicas de una masa de aire húmedo, que se basa en las consideraciones indicadas precedentemente. El aparato que se muestra en la figura 6-II es un psicrómetro de revoleo que consta de dos termómetros idénticos en lo referente a graduación y precisión, montados sobre un soporte común.

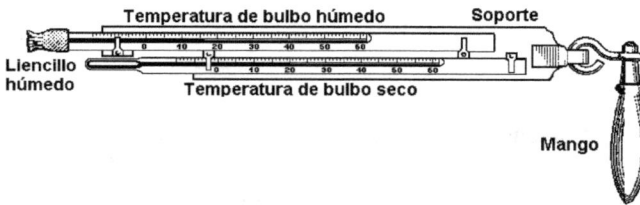

Figura 6-II. Psicrómetro de revoleo

El bulbo de uno de ellos está recubierto de un liencillo embebido en agua y se lo denomina *termómetro húmedo*. El otro es un termómetro común que mide la temperatura del aire y se lo denomina *termómetro seco*.

Girando los dos termómetros a la misma velocidad durante unos dos minutos, siempre que el aire no esté saturado, el termómetro húmedo irá bajando su temperatura hasta un cierto valor y luego quedará estacionaria.

A la temperatura que se lee en el termómetro húmedo se la llama *temperatura de bulbo húmedo* (TBH) y a su vez, la temperatura que se lee en el termómetro seco es la temperatura del aire y se la denomina *temperatura de bulbo seco* (TBS).

El hecho de la disminución de la temperatura de bulbo húmedo con respecto a la de bulbo seco, se debe a que se produce la vaporización de cierta cantidad de agua del algodón o liencillo que rodea al bulbo del termómetro al aire ambiente. De esa manera, el calor latente de vaporización es cedido en forma de calor sensible por el agua que contiene el liencillo y en consecuencia, se produce una disminución de temperatura que es registrada por el termómetro.

La temperatura del agua bajará por la evaporación hasta que el aire alrededor del liencillo alcance la presión de saturación del vapor de agua contenido y se produzca una condición de equilibrio. Por ello, puede considerarse que la *temperatura de bulbo húmedo es la temperatura de vaporización* de la humedad contenida en el aire.

Si el aire del ambiente estuviera saturado *no absorbería el vapor de agua,* o sea que no se produciría la vaporización y por lo tanto, los termómetros seco y húmedo indicarán el mismo valor. De esa forma, cuando el aire está saturado se cumple: TBS = TBH.

La diferencia entre la TBS y la TBH se denomina *depresión del bulbo húmedo* (dbh). O sea:

$$dbh = TBS - TBH$$

De esa manera, si el ambiente se encuentra saturado la dbh es igual a cero. Cuando el aire se encuentra cerca de la saturación esa depresión es pequeña, aumentado progresivamente a medida que es más seco. El valor de dbh será máxima cuando el aire no contenga humedad o sea cuando esté completamente seco.

Por lo tanto, la *depresión de bulbo húmedo es un indicio de la humedad relativa* del aire, existiendo tablas como la sintetizada en el cuadro 2-II, que permite en función de dicha depresión establecer el porcentaje de humedad relativa correspondiente.

CUADRO 2-II. dbh: DEPRESIÓN DEL BULBO HÚMEDO (°C)

Temperatura de bulbo húmedo (°C)	Humedad relativa (%)		
	100%	50%	0%
0	0	3,5	9
5	0	4,5	13
10	0	5,5	18,5
15	0	6,5	25,5
20	0	7,5	36

En el gráfico que se estaba analizando anteriormente, se puede representar las líneas de *los valores de TBH de 10°C* según se detalla en la figura 7-II. Un punto de esa línea se encuentra sobre *la curva de saturación, donde las temperaturas del aire o TBS de 10°C, son coincidentes con la TBH.* O sea para 100% HR la dbh es 0, porque la TBS es igual a la TBH.

En el cuadro 2-II anterior, se observa que para una TBH de 10°C y 50% HR la dbh es 5,5°C, de modo que la TBS valdrá 15,5°C, obteniéndo-

se el punto de TBH de 10°C en la intersección de TBS 15,5°C y 50% HR.
Un tercer punto de TBH 10°C, estaría sobre el eje de las abscisas donde
la HR es 0%, y como la dbh vale 18,5°C la TBS será igual a 28,5°C, como
se muestra en la figura.

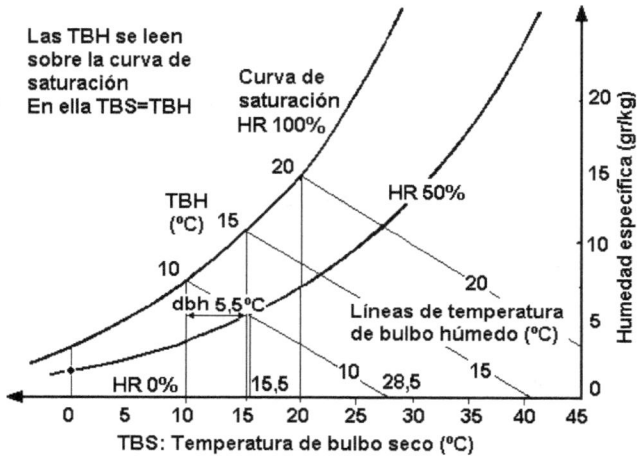

Figura 7-II. Construcción de las líneas de TBH

De la misma manera, se pueden representar todas las líneas de
TBH sobre el gráfico.

Temperatura de punto de rocío

Se denomina *temperatura de punto de rocío (TPR),* a la temperatura que *comienza la condensación del vapor de agua contenido en el aire.*
Durante todo un proceso en que se va extrayendo calor sensible reduciéndose por lo tanto la temperatura del aire, la humedad específica
no varía o sea que se mantiene constante. Sin embargo su humedad relativa tiende a aumentar hasta que cuando llega al 100% el aire se sa-
tura. Esa es la *temperatura del punto de rocío* que será igual a la de bulbo seco y húmedo.
Si se quiere calcular la TPR para aire a 35°C y 40% HR, se procede del siguiente modo:

HR = he/hes, por lo tanto: he = HR.hes.

La hes de saturación para 35°C vale 35,5 (gr/kg) según lo determinado en la tabla del cuadro1-II anterior. De modo que la humedad específica para 35°C y 40% HR es de:

$$he = 0,40 \times 35,5 \approx 14 \text{ gr/kg.}$$

De esa manera, si se enfría ese aire de 35°C, para que esa humedad específica de 14 gr/kg llegue a saturarlo, interpolando en la tabla del cuadro 1-II anterior su temperatura es de aproximadamente 19°C y esa sería la temperatura del punto de rocío de la condición del aire de 35°C y 40% HR. Si el aire se enfría más, comienza el proceso de condensación de la humedad excedente.

Contenido de calor del aire húmedo (entalpía)

El contenido de calor total de una mezcla de gases se denomina *entalpía,* estando constituida por la suma de los contenidos de calor del aire seco y el vapor de agua que son los gases constituyentes de la mezcla.

Si se toma una mezcla de aire húmedo que contenga 1 kg de aire seco, se puede plantear:

$$Ht = Ha + Hv$$

Siendo:

Ht: cantidad de calor total de la mezcla (entalpía) (kcal/kg).
Ha: cantidad de calor del aire seco (kcal/kg).
Hv: cantidad de calor del vapor de agua (kcal/kg).

En las aplicaciones prácticas del aire acondicionado se considera la cantidad de calor del vapor de agua, como el *calor sensible del líquido,* más el calor *latente de vaporización a la temperatura de bulbo húmedo.*
De esa manera, se desprecia el calor sensible *de recalentamiento* del vapor, desde la temperatura de la TBH a la TBS en la que se encuentra en el aire.

Escala de entalpías

Supongamos que se tiene aire saturado a una TBH = TBS = 24°C. La entalpía, era la suma del calor sensible del aire seco más el calor sensible del líquido más el calor latente del vapor de agua, de acuerdo a lo mencionado precedentemente.

Calor sensible del aire seco.

$$Ha = Ce\ G\ (\Delta t)$$

Donde:

Ce: calor específico del aire seco es 0,24 kcal/kg°C.
G: masa de aire de 1kg de aire seco.
Δt: TBS – 0°C = 24°C – 0°C = 24°C.

$$Ha= 0,24 \times 24 = 5,8\ kcal/kg$$

Calor sensible del líquido

$$Hvs = Ce\ G\ (\Delta t)$$

Donde:

Ce: calor específico del agua: 1kcal/kg°C.
G: masa del líquido o humedad específica, que para aire saturado de acuerdo
    a la tabla del cuadro 1-II anterior vale: 19 gr/kg, ó 0,019 kg/kg.
Δt:TBH – 0°C = 24°C – 0°C= 24°C.

$$Hvs = Ce\ G \times \Delta t= 1 \times 0,019 \times (24 – 0)= 0,5\ kcal/kg$$

Calor latente del vapor de agua

$$Hvl = Clv\ G$$

El calor latente de vaporización para 100°C a presión atmosférica normal es de 539 kcal/kg, pero varía para otras temperaturas, de acuerdo a lo indicado en la tabla del cuadro 3-II, por lo que el Clv para la temperatura de 24°C es interpolando, alrededor de 582,2 kcal/kg. De modo que:

$$Hvl = 582,2\ kcal/kg \times 0,019\ kg/kg = 11,1\ kcal/kg$$

Por lo tanto, la entalpía para TBH de 24°C, valdrá:

$$Ht = Ha + Hvs + Hvl = 5,8 + 0,5 + 11,1 = 17,4\ kcal/kg$$

Se desprende del cálculo realizado que el *contenido de calor total o entalpía del aire saturado va a ser constante de acuerdo a la temperatura de bulbo húmedo que se trate.* De esa forma, se puede construir una *escala de entalpías para el aire saturado* prolongando las líneas de temperatura de bulbo húmedo a partir de la curva de saturación, en forma ligeramente extendidas hacia arriba para facilitar su lectura, como veremos seguidamente en el ábaco psicrométrico.

CUADRO 3-II. CALOR LATENTE DE VAPORIZACIÓN DEL AGUA A DIVERSAS
TEMPERATURAS A PRESIÓN ATMOSFERICA NORMAL (kcal/kg)

Temperatura (°C)	Clv (kcal / kg)	Temperatura (°C)	Clv (kcal / kg)
0	594,8	40	574
5	592,2	45	571,3
10	589,5	50	568,5
15	586,5	55	565,7
20	584,3	60	562.9
25	581,7	65	560
30	579,2	70	557,1
35	576,6	100	539

Si bien para aire no saturado hay una pequeña desviación de los
valores de la entalpía con respecto a la TBH, a los fines del cálculo de
aire acondicionado se considera prácticamente sin errores, que *el valor
leído en la escala de entalpía se mantiene constante de acuerdo al valor
de la temperatura de bulbo húmedo*, por lo que su lectura en cualquier
condición se determina proyectando las líneas de bulbo húmedo sobre la
mencionada escala.

Volumen específico

Debido a que el aire se dilata o expande cuando aumenta la temperatura, su peso específico en kg de aire seco por m³ se va haciendo menor.
En las aplicaciones prácticas se usa el volumen específico (Ve) que es inverso al peso específico, se mide en m³/kg y cuando aumenta la temperatura se va haciendo mayor.
Por ejemplo, para aire saturado, el volumen específico a 6°C es de
0,80 m³/kg y a 20°C de 0,85 m³/kg.
Se pueden obtener en las tablas de información de ingeniería los respectivos valores y construir en el ábaco que se está analizando las líneas
de volumen específico.

ÁBACO PSICROMÉTRICO

El gráfico en el que se representan todos los parámetros físicos del
aire atmosférico se denomina *ábaco psicrométrico* y el que se muestra
en la figura 8-II está construido para temperaturas normales del rango
habitual en la práctica del acondicionamiento y para la presión atmosférica normal de 760 mm de Hg.

Las variables principales que componen el ábaco psicrométrico, son las siguientes:

- *Humedad específica (he):* contenido real de vapor de agua en (gr/kg) Se representan en la escala de la ordenada del ábaco.
- *Humedad relativa (HR):* tanto por ciento de saturación del aire, es decir, la relación entre la humedad específica he y la humedad específica de saturación hes. Son curvas que comienzan abajo a la izquierda y se curvan hacia arriba y la derecha.
- *Temperatura del bulbo seco (TBS):* temperatura del aire leída en un termómetro común. Se representan como líneas verticales que tienen su origen en la escala sobre el eje de las abscisas.
- *Temperatura de bulbo húmedo (TBH):* temperatura de vaporización de la humedad del aire. Es la temperatura leída en un termómetro común pero cubierto por un liencillo húmedo que por la que se hace circular aire. Son líneas que se originan en la curva de saturación, coincidentes con la TBS y se desplazan hacia abajo y a la derecha.
- *Temperatura de punto de rocío (PR):* temperatura a la que el aire debe ser enfriado para que comience la condensación del vapor de agua. *Se lee prolongando las líneas de humedad específica hacia la izquierda del punto de condición, hasta la curva de saturación.* En el punto de rocío las temperaturas de bulbo seco es igual a la de bulbo húmedo, o sea: TBS = TBH = TPR.
- *Entalpía, o contenido total de calor (Ht):* cantidad que indica el contenido total de calor de la mezcla de aire y vapor de agua. Se expresa en kcal/kg de aire seco y se leen sobre una escala ubicada arriba de la línea de saturación para su mejor lectura, *prolongando las líneas de temperatura de bulbo húmedo.*
- *Volumen específico (Ve):* Constituye la recíproca del peso específico y se expresa en metro cúbico por kilogramo de aire seco. Se originan en el eje de las temperaturas de bulbo seco y ascienden hacia la izquierda. Son líneas más empinadas y sólo se han trazado los valores de 0,80, 0,85 y 0,90 m3/kg, que alcanzan para los cálculos prácticos, debiéndose interpolar los valores intermedios.

Lectura del ábaco psicrométrico

Si se conocen dos de las siete anteriores propiedades de la mezcla de aire y vapor de agua, las otras pueden obtenerse inmediatamente del ábaco.

Supóngase por ejemplo que con un psicrómetro de revoleo se obtienen las lecturas TBS: 35°C y TBH: 24°C del aire exterior en verano. Para hallar las otras cinco propiedades psicrométricas del aire, se determina el punto A denominado *estado de condición del aire* en la figura 9-II, que representa un esquema simplificado del ábaco de la figura 8-II, uniendo las líneas correspondientes a los valores dados.

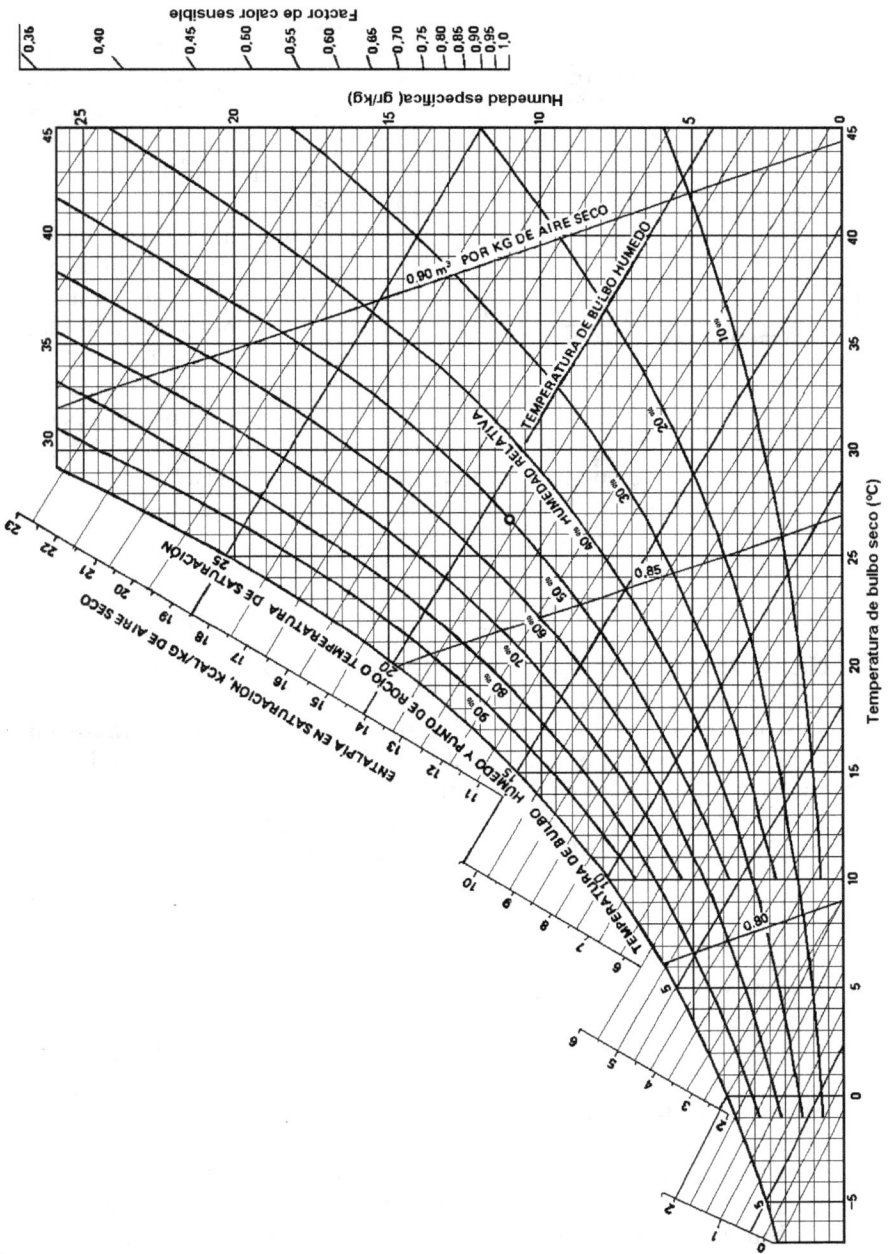

Figura 8-II. Ábaco psicrométrico

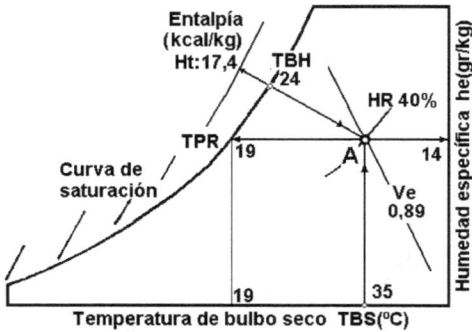

Figura 9-II. Lectura del ábaco psicrométrico

Así se obtiene la humedad relativa HR 40% y continuando la línea horizontal hacia la derecha, hasta la escala de humedad específica, se lee el valor he 14 g/kg. Siguiendo la misma línea hacia la izquierda al cortar la curva de *saturación,* se determina la temperatura del punto de rocío TPR 19°C.

Interpolando entre las líneas de volumen específico de 0,85 y 0,9 m³/kg, se obtiene aproximadamente Ve 0,89 m³/kg.

La entalpía se encuentra prolongando la línea de TBH de 24°C hacia la izquierda y arriba, hasta llegar a la escala de entalpía. Para la condición dada, se determina Ht 17,4 kcal/kg.

TRANSFORMACIONES DE LA CONDICIÓN DEL AIRE

Los procesos de acondicionamiento del aire son representados en el ábaco psicrométrico, por una recta que une el punto de su estado inicial, hasta el punto de su condición final.

Los procesos básicos de tratamiento del aire para instalaciones de aire acondicionado de confort, son los siguientes:

- Calentamiento.
- Calentamiento y humectación.
- Enfriamiento.
- Enfriamiento y deshumectación.
- Enfriamiento adiabático.

Calentamiento del aire

En la figura 10-II muestra el calentamiento sensible del aire.

Es el caso de instalaciones de calefacción cuando no están equipados con humidificadores, de modo que la humedad específica (he) se mantiene constante.

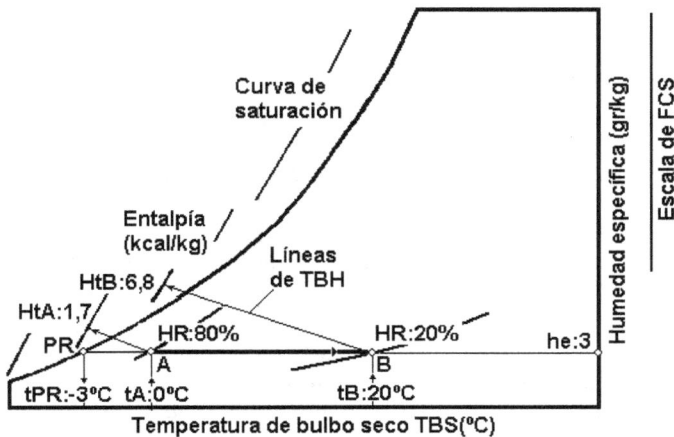

Figura 10-II. Proceso de calentamiento sensible

Si se considera el punto representativo A una masa de aire a una temperatura de bulbo seco tA de 0°C y humedad relativa del 80%, al calentarla hasta una TBS de 20°C, el nuevo punto característico, parte del punto A y siguiendo la horizontal de humedad específica constante de 3gr/kg hacia la derecha, se determina en la intersección con la vertical de TBS 20°C, el punto de condición B. La HR en B disminuye al 20%, de modo *que toda modificación de calor sensible se representa con una horizontal sobre el ábaco* y el punto de rocío de -3°C se mantiene constante en el proceso.

Con el ábaco se puede hallar la cantidad de calor agregado. Se determina la entalpía sobre la escala marginal superior siguiendo las líneas de TBH. Se lee para el punto A, HtA:1,7 kcal/kg, y para el punto B, HtB: 6,8 kcal/kg.

Calor agregado: HtB - HtA = 6,8-1,7 = 5,1 kcal/kg.

Calentamiento y humectación del aire

Se observa en el ejemplo anterior que a medida que se va calentando el aire *su humedad relativa disminuye* de un 80 a un 20%, aunque la cantidad de vapor de agua real o humedad específica he se mantenga constante en 3 gr/kg.

De esa manera si en invierno se calienta el aire sin agregar humedad, podría ocurrir teóricamente que su humedad relativa disminuya por debajo de los límites establecidos para mantener las condiciones de confort en los locales que es del 30%. En la práctica ello no ocurre porque que hay cierto agregado de humedad de las personas en el local. Sin embargo si se quiere mantener en los locales una humedad relativa controlada ideal del 50%, es necesario proceder al agregado de vapor de agua mediante el empleo de *humectadores*.

El aire puede ser calentado y humectado simultáneamente haciéndolo pasar por pulverizadores de agua caliente, pero generalmente es empleado un *tratamiento escalonado,* primero de calentamiento y luego de humectación.

Entonces, si se considera una condición del aire representada por un punto A en la figura 11-II y se pasa a otra B final, aumenta la temperatura de bulbo seco de tA a tB, y la cantidad de vapor de agua o humedad específica de heA a heB (gr/kg).

Las líneas finas muestran el proceso escalonado que generalmente se utiliza, en la que de A a A' solo se produce el calentamiento del aire sensible sin humectación y luego de A' a B representado por un segmento vertical, se procede a la humectación del aire o sea al agregado de humedad específica.

Este agregado de humedad o vapor de agua constituye básicamente un aporte de calor latente, de modo que *toda modificación de calor latente se representa con una vertical sobre el ábaco.*

Supóngase calentar y humectar 1 kg de aire, al que se le quiere llevar de un estado inicial A en la condición de 0°C y 80% HR a una condición final B de 20°C y 50 % HR.

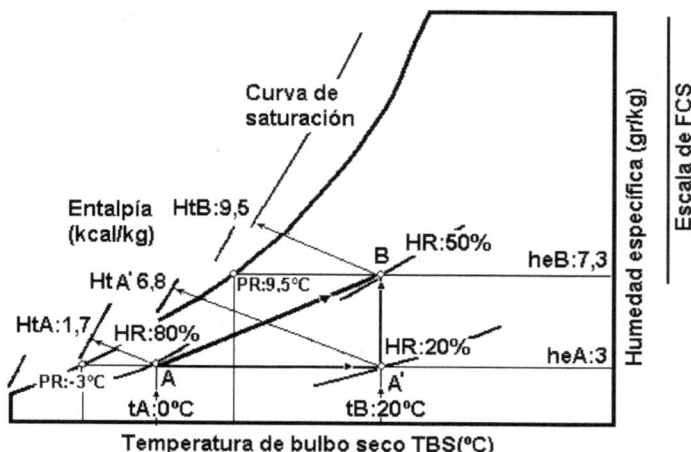

Figura 11-II. Proceso de calentamiento y humectación

Con el ábaco psicrométrico se puede determinar la cantidad de calor agregado Ht (kcal/kg) y la cantidad de humedad agregada he (gr/kg), de acuerdo a los valores indicados en la figura.

Calor total aportado: Ht = HtB - HtA = 9,5 - 1,7 = 7,8 kcal/kg.
Humedad agregada: he= heB - heA = 7,3 - 3 = 4,3 gr/kg.

Esta es la cantidad de calor o entalpía a entregar, pero además puede establecerse mediante el ábaco psicrométrico *la parte de calor sensible que se le ha agregado al aire seco y el calor latente que se incorporó en forma de vapor de agua* de la siguiente manera:

Hs: calor sensible = HtA'- HtA = 6,8 - 1,7 = 5,1 kcal/kg.
Hl: calor latente = HtB - HtA' = 9,5 - 6,8 = 2,7 kcal/kg.
Ht: entalpía o calor total agregado = 7,8 kcal/kg.

O sea que prolongado la horizontal AA' sobre la escala de entalpías puede leerse el calor sensible agregado, mientras que si se prolonga la vertical A'B sobre dicha escala se lee el calor latente aportado por el vapor de agua, permitiendo de ese modo en un proceso escalonado, determinar con precisión las partes de calor que es necesario aportar.

Se observa en el ábaco que el agregado de humedad origina el aumento del punto de rocío. En este caso se incrementa de -3°C a 9,5°C, por lo que en una casa en invierno, si la temperatura del vidrio de una ventana o eventualmente un cerramiento se encuentra a 9,5°C, el aire de la habitación a 20°C y 50% HR estaría saturado en contacto con él y si la temperatura es algo menor, se produciría la condensación del vapor de agua sobre la superficie.

La experiencia demuestra que la humectación del aire se requiere en climas muy secos y fríos o eventualmente si se exige en un proceso la humedad controlada.

Enfriamiento del aire

Es el proceso inverso al descripto de calentamiento. Se observa en la figura 12-II que si se enfría en forma sensible el aire, no se modifica el punto de rocío, ni el contenido de humedad específica (he), dado que la cantidad de vapor de agua contenido en el aire no varia. Sin embargo, que mientras la TBS disminuye de un punto de condición A a otro B, aumenta progresivamente la humedad relativa.

Supóngase enfriar 1 kg de aire, de un estado inicial A de 35°C y

40% HR hasta un estado final B de 25°C. Con el ábaco psicrométrico se puede determinar la HR final y la cantidad de calor extraído.

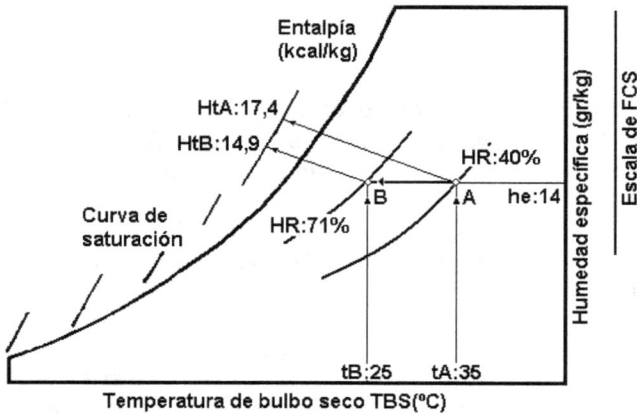

Figura 12-II. Proceso de enfriamiento sensible del aire

Se ubica la condición inicial de 35°C TBS y HR 40% sobre el ábaco consignado como punto A y se determina la entalpía HtA 17,4 kcal/kg. Siguiendo la línea horizontal de humedad específica constante he 14 gr/hg hacia la izquierda, hasta la condición final de 25°C se halla el punto B y se lee HR 71%.

Se demuestra que *si se enfría el aire sin extraer humedad específica la humedad relativa aumenta.*

Para hallar el contenido final de calor final se establece la entalpía del punto B de HtB 14,9 kcal/kg.

Calor total sustraído: HtA - HtB = 17.4 - 14,9 = 2,5 kcal/kg.

Enfriamiento y deshumectación del aire

Se observa en el ejemplo anterior que a medida que se va enfriando el aire, su *humedad relativa aumenta* aunque la cantidad de vapor de agua real o humedad específica he se mantenga constante, incrementándose en ese caso de un 40 a un 71%.

De esa manera puede ocurrir en verano que si se enfría el aire sin extraer vapor de agua, su humedad relativa se eleve por encima de los límites establecidos para mantener las condiciones de confort en los locales.

En general se establece que la humedad relativa máxima en un local es del 70% dado que si es mayor, se nota una desagradable sensación de pesadez, disminuyendo las posibilidades de eliminación del calor corporal por evaporación.

Si bien en invierno se mencionó que no es imprescindible la humectación, no ocurre lo mismo en verano en que *es indispensable proceder a la deshumectación,* debido al hecho de que hay un aporte constante de humedad por parte de las personas en el interior de los locales y el aire exterior de ventilación, que puede hacer intolerable los valores de humedad relativa que se producen.

El aire puede ser enfriado y deshumectado en un *procedimiento escalonado* haciéndolo pasar por agentes absorbentes de la humedad como por ejemplo silica-gel, pero este método sólo se emplea en instalaciones especiales donde se requiere un control estricto de humedad y el logro de humedades relativas muy bajas.

En la práctica se produce el enfriamiento y la deshumectación conjunta del aire por condensación de su vapor de agua, haciéndolo pasar por un serpentín de refrigeración *cuya temperatura esté por debajo de la temperatura del punto de rocío del aire que se quiere acondicionar.*

En este proceso se enfría primero el aire en forma sensible, a lo largo de una línea de humedad específica constante, *hasta alcanzar la línea de saturación o punto de rocío del aire,* como se indica en la figura 13-II. A partir de allí, se produce la eliminación de calor sensible por la reducción de la temperatura de bulbo seco y además de calor latente por efecto *de la condensación del vapor de agua sobre el serpentín,* extrayendo de esa manera la humedad al aire. Por eso debajo de cada serpentín de refrigeración se coloca una bandeja para recoger el agua condensada.

Supóngase que 1 kg de aire en la condición A a una temperatura TBS 35°C y HR 40% se lo enfría a 18°C en estado de saturación en un serpentín de refrigeración. Mediante el ábaco psicrométrico se puede determinar la cantidad de calor a extraer para enfriar y deshumectar y el agua que se produce sobre el serpentín por efecto de la condensación del vapor de agua del aire.

En el ábaco psicrométrico se lee heA 14 g/kg con una entalpía HtA 17,4 kcal/kg, como se indica en la figura. La primera fase del proceso es de refrigeración sensible y se realiza hacia la izquierda sobre una línea A-A' de humedad específica constante he 14 gr/hg, hasta llegar a la curva de saturación en el punto A' donde el punto de rocío TPR del aire es de 19°C y la segunda sigue la línea de saturación hasta la temperatura de 18°C, llegando al punto de estado final B.

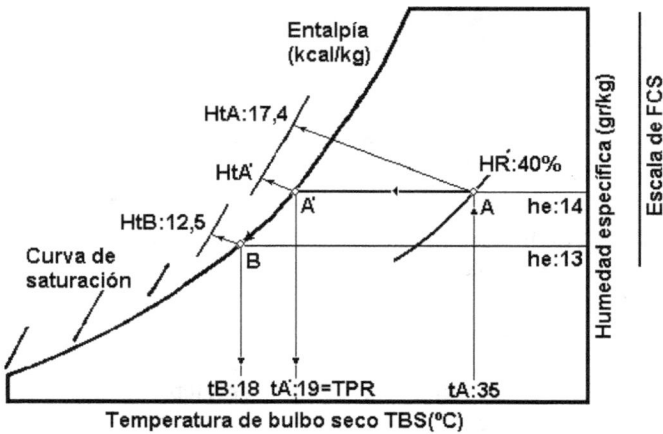

Figura 13-II. Proceso de enfriamiento y deshumectación

En la fase A'B del proceso se elimina simultáneamente calor sensible y calor latente. En el punto de estado B se tiene heB 13 g/kg y HtB: 12,5 kcal/kg. De modo que:

Calor total extraído: Ht = HtA - HtB = 17,4 -12,5 = 4,9 kcal/kg.
Humedad extraída: he = heA - heB = 14 -13 = 1 g/kg.

Debe puntualizarse que el proceso descripto por la trayectoria AA'B es puramente teórico y se basa en la hipótesis de que el aire entra en contacto físico totalmente con la superficie fría del serpentín.

Enfriamiento adiabático

Se puede producir el enfriamiento adiabático del aire haciéndolo circular por bateas pulverizadoras de agua. Como el agua pulverizada se va evaporando, *es el mismo aire el que provee el calor necesario para que se produzca el cambio de estado*. De esa manera, el calor sensible del aire seco se transfiere al calor latente del vapor que se va generando y como no existe fuente de calor externa, *el calor total o entalpía se mantiene constante* denominándose a estos procesos *adiabáticos*.

De acuerdo a lo explicado precedentemente, en todo proceso de entalpía constante la TBH también se mantiene constante, mientras la TBS del aire disminuye, elevándose la humedad específica he y la humedad relativa HR. El límite del enfriamiento adiabático del aire es la saturación, o sea cuando la temperatura de bulbo seco alcanza a la temperatura de bulbo húmedo, como se observa en el esquema de la figura 14-II.

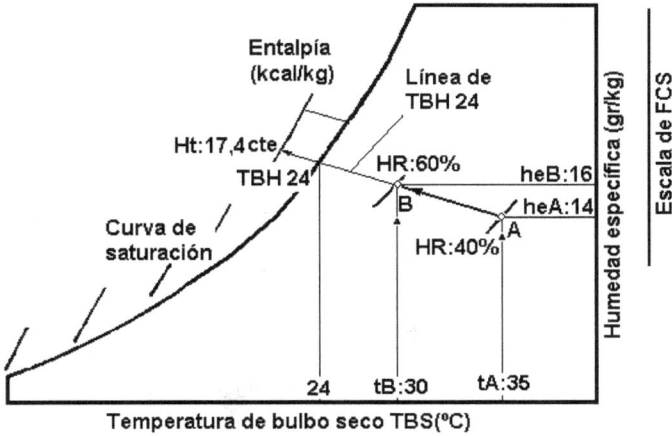

Figura 14-II. Proceso de enfriamiento adiabático

Supóngase por ejemplo, enfriar adiabáticamente 1 kg de aire en una condición inicial A de 35°C y 40% HR, hasta una condición B a una temperatura final de 30°C. El proceso en el ábaco psicrométrico sigue la línea de TBH 24°C y Ht: 17,4 kcal/kg constantes, y sobre 30°C se determina el punto B, con una humedad relativa del 60%.

Humedad agregada: he = heB - heA =16 -14 = 2 g/kg.

Se observa que la temperatura mínima de enfriamiento adiabático es la TBH de 24°C con el aire saturado con 100% de HR.

Atento al incremento de la humedad relativa, el enfriamiento evaporativo del aire solo es aplicable en zonas muy secas y calurosas.

Condición del aire de mezcla

En general los tratamientos de aire en las instalaciones de aire acondicionado requieren procesos de mezclas de masas de aire de distintas condiciones psicrométricas, por lo que es necesario determinar cual es la condición final a que se llega.

Un caso particular que se presenta en los sistemas, es la mezcla de cierta cantidad de aire exterior con el aire de recirculación del local para satisfacer los requisitos de ventilación, como se muestra esquemáticamente en la figura 15-II.

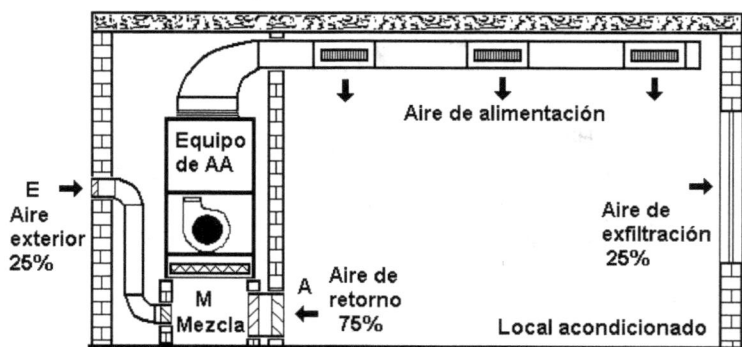

Figura 15-II. Detalle esquemático de mezcla de aire acondicionado

Se puede decir que el punto de condición de mezcla de dos masas de aire cualquiera, se encuentran *sobre el segmento de recta que une los puntos de condición de ambos y divide la distancia entre estos puntos, en dos partes proporcionales a las masas componentes.*

Si la mezcla es de dos masas iguales, el punto de mezcla se ubicaría en el medio del segmento de recta, pero si son desiguales obviamente el punto debe *orientarse hacia la condición de masa mayor.* En la figura 16-II se muestra el punto de mezcla M en el ábaco psicrométrico.

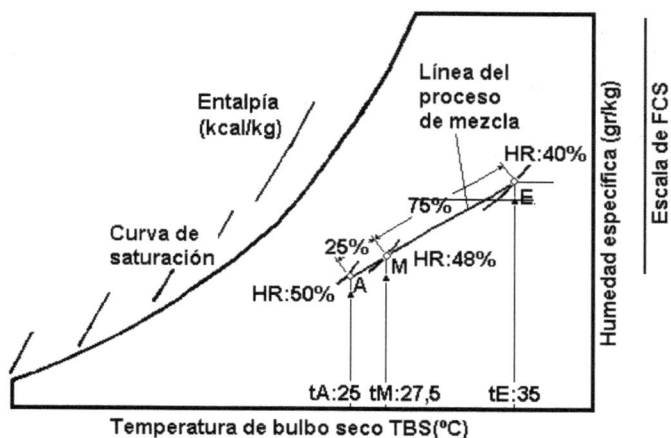

Figura 16-II. Proceso de mezcla de aire

Está determinado sobre el segmento de recta AE y su ubicación está dada por la proporción de masas de aire en estado A y E con respecto a la masa total circulada o lo que es lo mismo de los caudales de aire circulados. Supóngase que se mezclan aire interior con exterior de acuerdo a lo siguiente:

Aire interior en estado A: 25°C y 50% HR: 60 m3/min
Aire exterior en estado E: 35°C y 40% HR: 20 m3/min

Total de aire circulado: 80 m3/min

El aire interior en el estado A configura el 60/80 = 75% del aire circulado mientras que el aire exterior el 25%.

En el ábaco psicrométrico de figura 8-II anterior, se tiene que la longitud del segmento AE es del 100% por lo tanto el punto M se ubica a 75% de E y 25% de A. Se observa que el punto de mezcla M se encuentra mas cercano al punto de condición que posee mas caudal circulante, en este caso el interior A.

El punto de mezcla M es de 27,5 °C y 48% HR

El punto de mezcla puede calcularse también analíticamente mediante la relación porcentual a% de la mezcla entre la temperatura del aire interior y el exterior, de acuerdo a la siguiente relación:

$$a\% = (tM - tA)/(tE - tA)$$

De modo que:

$$tM = tA + a\% (tE - tA)$$

Así, en el ejemplo anterior con el 25% de aire exterior queda:

$$tM = 25 + 0,25 (35 - 25) = 27,5°C$$

Y luego, en la intersección de la TBS 27,5°C con la recta que une los puntos de condición A y E, se halla el punto de condición de mezcla M en el ábaco psicrométrico.

Condición del aire de impulsión.
Factor de calor sensible

Uno de los problemas básicos por resolver para el cálculo de las instalaciones de aire acondicionado, es determinar cual es el caudal necesario así como la temperatura y humedad relativa del aire a introducir en el ambiente, para lograr las condiciones psicrométricas buscadas.

En verano debe procederse al *enfriamiento y deshumectación* del aire del local, por lo que el aire de impulsión debe ser más *frío y seco* que aquél. De modo que el aire de impulsión deberá tener menor temperatura y humedad específica que el aire del ambiente a acondicionar.

Sin embargo el aire de impulsión además de ser más frío y seco, *debe suministrarse en las mismas proporciones que el local recibe calor y humedad.* Es decir que no basta con extraer la misma cantidad total de calor que el espacio acondicionado gana por hora, sino que también deben eliminarse las cantidades correctas de calor sensible y latente en forma de vapor de agua.

Como se verá posteriormente en el Capítulo III al analizar las cargas de verano, el local gana calor sensible por transmisión, efecto solar, personas, iluminación, etc., y gana calor latente debido al vapor de agua generado por las personas.

Para calcular las proporciones de calor sensible y latente que recibe el local se emplea un factor, denominado *factor de calor sensible (FCS),* que es la relación entre el calor sensible y el calor total que gana el ambiente acondicionado, que se expresa así:

$$FCS = QSi/(QSi + QLi) = QSi/QTi$$

Siendo:

QSi: ganancia de calor sensible del ambiente (kcal/h).
QLi: ganancia de calor latente del ambiente (kcal/h).
QTi: ganancia de calor total del ambiente (kcal/h).

En el ábaco psicrométrico de la figura 8-II, se observa que a la derecha se ha construido una escala denominada *escala de factor sensible,* considerando una condición interior del aire estándar, establecida en 26,7°C y 50% HR en verano, que representa aproximadamente un 80 % de personas confortables.

De esa manera, se ha indicado un pequeño círculo en el gráfico de la figura 8-II para esa condición, a partir del cual se han representado los valores de la escala. De esa manera, uniendo el punto de condición del ábaco, con el valor en la escala del factor de calor sensible del local (FCS), calculado con la fórmula indicada precedentemente, se determina una recta de maniobra, denominada *recta de factor de calor sensible,* que representa el *proceso de enfriamiento y deshumectación del aire del local,* como se muestra en la figura 17-II.

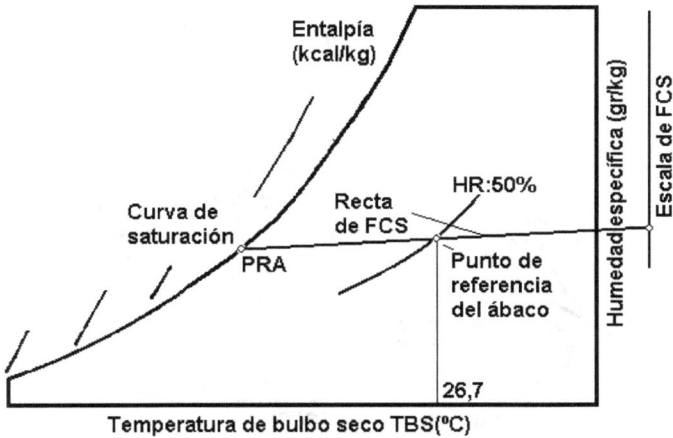

Figura 17-II. Recta de FCS

Sobre esta recta y a la izquierda del punto de condición del local, se encontrarán los *infinitos puntos de estado del aire de entrada,* con la característica de extraer las mismas proporciones de calor sensible y latente que se producen en verano.

El punto en que esa recta de FCS *corta la curva de saturación,* define las condiciones del *serpentín de refrigeración* para producir sobre el mismo en forma simultánea, el *enfriamiento y deshumectación por condensación del vapor* de agua del aire del ambiente.

A ese punto de condición se lo denomina *punto de rocío del aparato (PRA).* Sin embargo, en los proyectos suelen fijarse condiciones interiores variadas, que dependen de la naturaleza o características de los locales a acondicionar y del grado de confort que se quiere lograr en ellos.

Si por ejemplo en vez de 26,7°C y 50 % HR, se establece una condición interior de 25°C y 50% HR, se debería construir una nueva escala de factor de calor sensible en el ábaco para esta nueva condición interior o cualquier otra que se presente.

Para resolver ello en forma más sencilla se adopta una solución práctica, que consiste en unir la escala de FCS para el local, con la condición interior de referencia del ábaco (26,7°C y 50% HR) mediante una recta. Luego se mantiene la pendiente trazando una *paralela* a aquella recta, partiendo de la condición de diseño interior real del local, determinándose de esa manera la *recta del factor de calor sensible* del mismo.

En la figura 18-II se indica en forma explícita el procedimiento descripto, considerando la condición del ambiente un punto A, de 25°C y 50% HR y suponiendo que el FCS es 0,80.

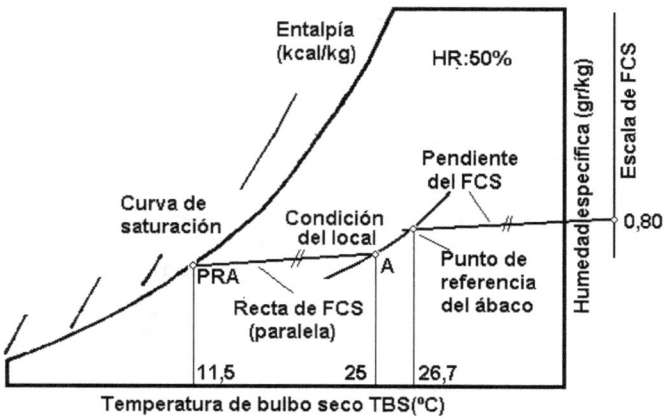

Figura 18-II. Recta de FCS corregida y PRA

El punto de rocío del aparato PRA o temperatura del serpentín para las condiciones del aire interior vale 11,5°C.

Caudal de aire a circular

Para determinar el caudal de aire necesario a introducir al espacio a fin de lograr las condiciones interiores establecidas, puede partirse de la ecuación básica de la cantidad de calor. Así:

$$QSi = Ce\ Gh\ (tA - tI)$$

Donde:

QSi: cantidad de calor sensible que gana el local (kcal/h).
Ce: calor específico del aire de impulsión (Ce: 0,24 kcal/kg°C).
Gh: cantidad de aire por hora a introducir en el local (kg/h).
tA: temperatura del aire del ambiente (°C).
tI: temperatura del aire a impulsar en el local (°C).

En la práctica en lugar de medir la cantidad de aire horario o *gasto horario* Gh en kg/h, se utiliza el *caudal C en m^3/min*. Entonces:

$$Gh = C\ \gamma\ 60$$

Siendo:

C: caudal de aire a introducir en el local (m3/min).
γ: peso específico del aire (para aire normal a 15°C: 1,2 kg/m3).
60: minutos/hora.

Por ello:

$$QSi = Ce \; \gamma \; 60 \; C \; (tA - tI) = 0,24 \times 1,2 \times 60 \; C \; (tA - tI).$$

Al valor $0,24 \times 1,2 \times 60 \cong 17$, se lo *adopta como constante* en los cálculos prácticos. De esa manera la *ecuación básica de la cantidad de calor se simplifica en la forma:*

$$QSi = 17 \; C \; (tA- tI)$$

Despejando el caudal queda:

$$C = Qsi/17 \; (tA - tI)$$

Temperatura de impulsión y factor de by-pass del serpentín

Para resolver la ecuación anterior del caudal a circular, es necesario establecer la temperatura del aire de impulsión al ambiente. Cualquier punto sobre la recta de factor de calor sensible puede constituir la condición del aire de impulsión, dado que es más frío y más seco que el aire del local en la proporción que se produce, de acuerdo a la pendiente dada por el FCS.

En la ecuación del caudal circulatorio anterior, se observa que el aire a impulsar debe ser *lo mas frío posible* compatible con las posibilidades, dado que menor será el caudal de aire necesario a circular en el local, lo que implica menores tamaño de conductos, rejas, etc. y un ventilador con un motor más pequeño.

Por ello, *la condición ideal de impulsión del aire sería donde la recta con pendiente FCS corta la curva de saturación,* denominado *PRA punto de rocío del aparato,* que constituye la condición que debe tener el serpentín de refrigeración para cumplir con la función de enfriamiento y deshumectación del aire del local.

Sin embargo esa condición de impulsión es imposible de obtener en la práctica, porque el aire al *atravesar el serpentín no entra en contacto completamente con el mismo* y parte de él pasa de largo, de modo que nunca llega a saturarse completamente y el aire sale con una saturación del 80 al 95% según el número de hileras del serpentín, con una temperatura de impulsión tI algo mayor que el PRA.

Pueden definirse el aire de impulsión como la mezcla del aire de *by-pass,* o parte que pasa de largo y el de *contacto,* o parte que lo toca.

Se denomina *factor de by-pass (FBP)*, al porcentaje de aire que pasa de largo sin tratar por el serpentín y cuanto mayor sea ese factor mayor será la temperatura de impulsión y consecuentemente el caudal de aire a circular en el sistema.

Los serpentines son hileras múltiples de tubos de cobre (3 a 8) donde el aire pasa a través de aletas de aluminio o eventualmente de cobre. En serpentines de refrigeración de confort, el espaciado entre aletas típico va de 3 a 6 aletas por cm. de tubo (8 a 14 aletas por pulgada).

Como el serpentín de refrigeración es una superficie humedecida por el agua que se está condensando sobre la superficie de la aleta, colocar más de 6 aletas por cm puede provocar un mal drenado y un el posible arrastre de agua desde la superficie de aleta al interior de los conductos.

Para *reducir el factor de by-pass de un serpentín* de refrigeración a fin de bajar la temperatura de impulsión se debe:

• Aumentar la cantidad de hileras de tubos
• Aumentar la cantidad de aletas
• Disminuir la temperatura del fluido refrigerante
• Disminuir la velocidad de pasaje a través del área transversal (aumento del tamaño de la batería)

El uso de un serpentín de refrigeración más grande, con más cantidad de hileras o aletas, incrementa el costo inicial de equipo de aire acondicionado, con una mayor caída de presión. En los equipos de aire acondicionado el serpentín lo selecciona el fabricante teniendo en cuenta estos aspectos básicos en el diseño.

En el desarrollo de los cálculos previos, no se conoce el factor de by-pass hasta que se haya seleccionado el equipo y teniendo en cuenta que no es conveniente impulsar el aire a muy bajas temperaturas, dado que pueden causar disconfort a las personas próximas a las salidas de aire y el peligro de condensaciones en los conductos de distribución, es conveniente en las instalaciones de confort comunes, *estimar la temperatura de impulsión 10°C menor que la temperatura del aire del local.*

De acuerdo con lo indicado, la fórmula de caudal anteriormente deducida toma la forma práctica:

$$C = Qsi/170$$

De esa manera, aunque se incremente levemente la temperatura de impulsión, se logra una mayor seguridad de operación, en la medida que los aumentos de costos en los ventiladores o conductos no resulten importantes.

89

De ese modo, *considerando siempre el punto de condición sobre la recta de factor sensible del local* y fijando una temperatura de impulsión de 15°C (10°C menor que la temperatura de 25°C del aire del local), en la intersección con dicha recta de FCS, se determina el punto de condición de impulsión del aire como se muestra en la figura 19-II.

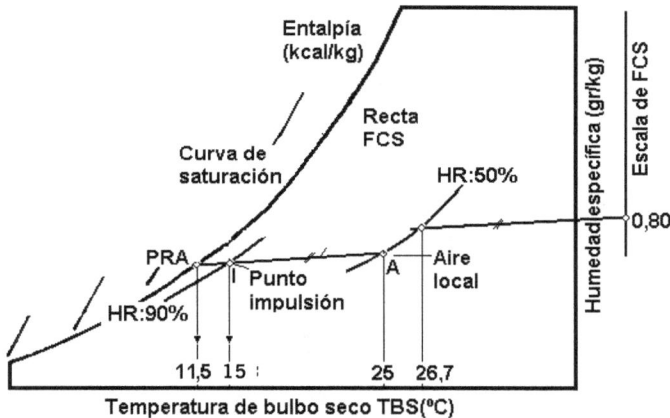

Figura 19-II. Determinación del punto de impulsión

Proceso del acondicionamiento al introducir aire exterior

Supóngase que E representa el punto de estado del aire exterior y A el punto de estado del espacio acondicionado, en la figura 20-II. El punto M o condición de mezcla del aire que entra en el serpentín, está determinado por la proporción de caudales de aire circulados en los dos estados sobre la recta que une los puntos de condición, como se indicó en la figura 16-II anterior.

El punto I de la impulsión del aire en el local se halla sobre la línea del proceso establecido por el factor de calor sensible del local, tal cual se detallara en la figura 19-II anterior. De ese modo, *la línea del proceso de tratamiento del aire en el serpentín estaría representada por el segmento de recta MI.*

Se observa en el gráfico de la figura 20-II que si se continúa la recta MI hasta la curva de saturación, se determina el PRS o *punto de rocío del serpentín,* cuya temperatura debe ser más baja que el PRA, o *punto de rocío del aparato hallado anteriormente.*

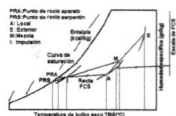

Figura 20-11. Efecto de introducción de aire exterior

Sin embargo, se observa que *el punto de impulsión o condición del aire a impulsar al local siempre es el mismo*, ya que depende de las condiciones propias del local. Como el caudal de aire a alimentar es función de dicha temperatura de impulsión, se deduce que el mismo no sería cualquiera que sea el aire exterior a introducir en el sistema. Por supuesto, el serpentín del equipo tendrá mayor capacidad y un *PRS* punto de rocío más bajo que el *PRA*, cuanto mayor sea la proporción de aire exterior introducida.

El *factor de by-pass del serpentín* puede estimarse en función que la temperatura de impulsión y surge de la proporción; entre el aire de contacto PRS y el de entrada de mezcla TM, mediante la siguiente expresión:

$$FBP = (tI - PRS)/(tM - PRS)$$

Cantidad de calor total a extraer por el equipo

Con el punto de impulsión y el de mezcla, se conocen las condiciones del aire antes y después del serpentín de refrigeración, por lo que en función de sus diferencias de entalpías leídas en la escala del ábaco psicrométrico, puede determinarse la cantidad de calor total a extraer así como el calor sensible y latente que lo componen, mediante el procedimiento que se indica en la figura 21-11.

La cantidad de calor que extrae el serpentín en kcal por kg de aire seco, puede determinarse de la siguiente manera:

Cantidad de calor total: HT = HtM - HtI
Cantidad total de calor sensible: HST = HtM' - HtI
Cantidad total de calor latente: HLT = HtM - HtM'

La cantidad de humedad condensada por el serpentín en gramos por kg de aire seco, puede calcularse en función de:

Cantidad de humedad condensada: $\Delta he = heM - heI$

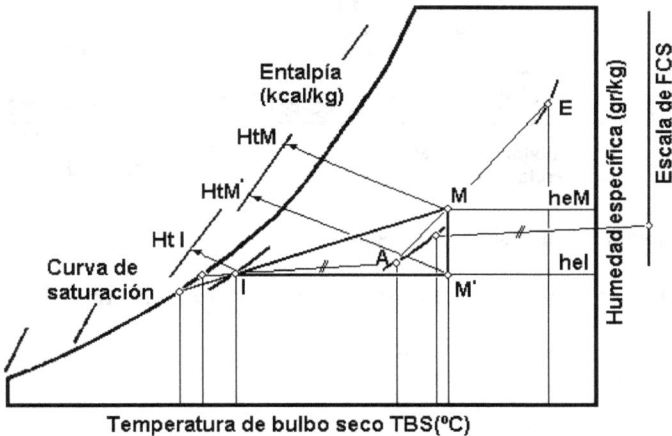

Figura 21-II. Cantidad de calor que extrae el serpentín

EJEMPLO PRÁCTICO

Supóngase acondicionar un local destinado a una confitería mediante un equipo de aire acondicionado tipo roof-top ubicado en la azotea, con un gabinete de mampostería que constituye el pleno de mezcla del aire de retorno del local y el exterior, como se muestra en la figura 22-II, en la que se indica la nomenclatura de los puntos de condición o estados del aire a fin de efectuar el análisis sobre el ábaco psicrométrico.

Se requieren las siguientes condiciones de funcionamiento:

- Condición del aire interior (A): 25°C y 50% HR.
- Condición del aire exterior (E): 35°C y 40%.
- Caudal de aire circulante: C: 50 m³/min.
- Aire exterior de ventilación 25% del caudal de circulación.
- Factor de calor sensible de local: 0,80.

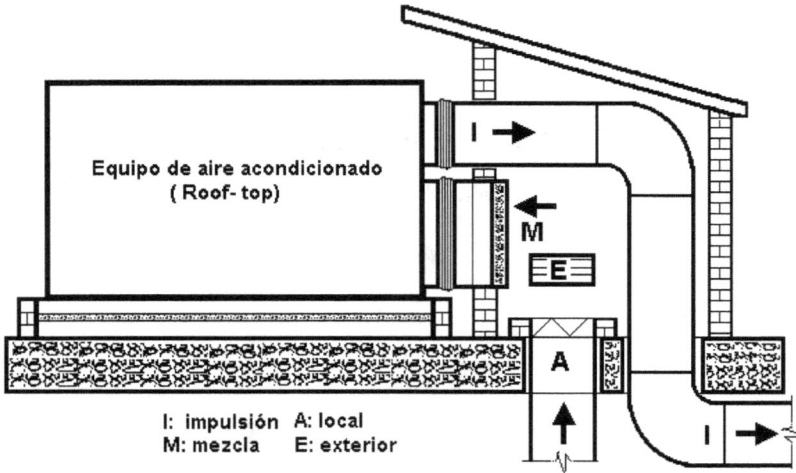

Figura 22-II. Esquema de equipo de aire acondicionado

Mediante el ábaco psicrométrico se puede determinar:

- Punto de rocío del aparato (PRA).
- Condición del aire de impulsión (I).
- Condición del aire de mezcla (M).
- Punto de rocío del serpentín (PRS).
- Factor de by-pass del serpentín (FBP).
- Cantidad de calor total a extraer por el equipo (QT).
- Cantidad de calor sensible total a extraer por el equipo (QST).
- Cantidad de calor latente total a extraer por el equipo (QLT).
- Cantidad de agua a extraer para deshumectar (V).

Punto de rocío del aparato (PRA)

Se une el FCS de 0,80 con el punto de referencia del ábaco de 26,7°C y 50% HR y se traza una línea de igual pendiente que pasa por el punto de condición interior del aire del ambiente (A) de 25°C y 50% HR, que constituye la *recta de FCS del local acondicionado,* como se ve en la figura 23-II.

El *punto de rocío del aparato (PRA)* se lee al cortar la curva de saturación y es de 11,5°C.

Condición del aire de impulsión (I)

La condición de impulsión I debe estar sobre la recta de FCS y *estimando una temperatura de impulsión de 15°C* o sea 10°C menos que la temperatura del aire interior de diseño, se determina el punto de impulsión en la intersección de TBS 15°C y la recta de FCS, siendo la HR del 85%.

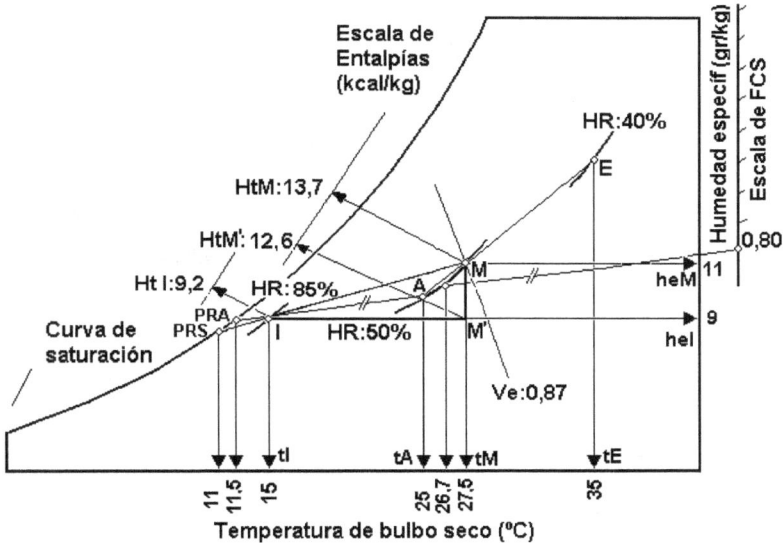

Figura 23-II. Detalle esquemático del proceso en el ábaco psicrométrico

Condición del aire de mezcla (M)

La condición del aire de mezcla (M) del 25% de aire nuevo de ventilación con el del retorno del local se halla sobre la recta que une los puntos de condición del aire exterior (E) y del ambiente (A), estableciendo sobre ese segmento la temperatura de la mezcla que se calcula con la expresión:

$$tM = tA + a\% \ (tE-tA) = 25 + 0,25 \ (35 - 25) = 27,5°C$$

De esa manera, proyectando la temperatura de 27,5°C sobre la recta que une los puntos (A) y (E) se obtiene el punto de condición de mezcla (M) con una HR del 48%.

Punto de rocío del serpentín (PRS) y factor de by-pass (FBP)

El proceso de enfriamiento del aire del serpentín del equipo se representa en el ábaco, mediante una recta que une el punto de condición M que constituye el aire de entrada, hasta el punto de salida o impulsión I.

El punto de rocío del serpentín PRS se lee prolongando dicha línea hasta cortar la curva de saturación y es de 11°C, algo menor que el PRA y constituye la condición de temperatura de rocío para satisfacer las condiciones de enfriamiento y deshumectación que se requieren en el sistema.

Si no se tomase aire exterior sería M=A, y como la condición del aire de impulsión I *no varía,* al unir A con I, el punto de rocío del serpentín PRS coincidiría con el punto de rocío del aparato PRA.

El factor de by-pass del serpentín vale:

$$FBP = (tI - PRS)/(tM - PRS) = (15 - 11)/(27,5 - 11) = 0,24$$

Calor total de calor a extraer (QT)

La diferencia de entalpía entre el aire que entra, HtM y el que sale del serpentín o de impulsión, HtI vale:

$$\Delta HT = HtM - HtI = 13,7 - 9,2 = 4,5 \text{ kcal/kg.}$$

El peso del aire circulante GT surge del caudal C y del volumen específico aproximado del aire de mezcla o de entrada al serpentín, VeM mediante la ecuación:

$$GT = C/VeM = 50 \text{ (m}^3\text{/min.) x } 60 \text{ (min/h)}/0,87 \text{ (m}^3\text{/kg)} = 3450 \text{ kg/h}$$

De modo que el calor total de calor a extraer QT es de:

$$QT = \Delta HT \, GT = 4,5 \text{ kcal/kg x } 3450 \text{ kg/h} \cong 15525 \text{ kcal/h}$$

O sea el equipo debe tener una capacidad de 15525 frig/h y considerando que una tonelada de refrigeración es igual a 3000 frig/h de acuerdo a lo indicado en el Capítulo I, se tiene: 15525/3000 = 5,2 TR.

Calor sensible total a extraer (QST)

Su valor se determina, proyectando la horizontal que une los puntos en la condición (M') y el de impulsión (I) y estableciendo la diferencia de entalpía sobre la escala. Así:

$$\Delta HST = HtM' - HtI = 12,6 - 9,2 = 3,4 \text{ kcal/kg.}$$

Por lo tanto, la cantidad de calor total sensible a extraer es:

$$QST = \Delta HST \, Gh = 3,4 \text{ kcal/kg x } 3450 \text{ kg/h} = 11730 \text{ kcal/h}$$

Calor latente total a extraer (QLT)

Su valor se determina, proyectando la vertical que une los puntos en la condición (M) y el (M') estableciendo la diferencia de entalpía sobre la escala. Así:

$$\Delta HLT = HtM - HtM' = 13,7 - 12,6 = 1,1 \text{ kcal/kg.}$$

Por lo tanto, la cantidad de calor total latente a extraer es:

$$QLT = \Delta HLT \ Gh = 1,1 \text{ kcal/kg} \times 3450 \text{ kg/h} = 3795 \text{ kcal/h}$$

De esa manera verifica que:

$$QT = QST + QLT = 11730 + 3795 = 15525 \text{ kcal/h}$$

Cantidad de agua a extraer para deshumectar V(l / h)

La diferencia de humedad específica del aire de mezcla heM que constituye el aire de entrada hasta el punto de salida o impulsión en la condición heI vale:

$$\Delta he = heM - heI = 11 - 9 = 2 \text{ gr/kg.}$$

Por lo tanto, la cantidad de agua condensada V vale:

$$V = \Delta he \ . \ GT/1000 = 2 \text{ gr/kg} \times 3450 \text{ kg/h}/1000 \text{ gr/l} = 6,9 \text{ l/h}$$

**Proceso de selección de los equipos
de aire acondicionado**

La determinación de las características básicas de los equipos de aire acondicionado puede ser dividida en tres pasos:

- Cálculo de las cargas de aire acondicionado.
- Análisis en el ábaco psicrométrico.
- Selección del equipo adecuado.

Estos tres pasos deben cumplirse en el orden en que se los ha enunciado.

El estudio de las cargas de aire acondicionado *constituye el paso fundamental,* ya que es la base para determinar las necesidades de calor que se deben extraer en los locales y se describirán en el Capítulo siguiente, luego de lo cual se puede efectuar el análisis psicrométrico del proceso.

La selección de las características del equipo, se debe efectuar verificando que los resultados obtenidos se ajusten a las capacidades establecidas para las condiciones típicas de funcionamiento, consignados en las especificaciones de los fabricantes.

CAPÍTULO III

CARGAS DE ACONDICIONAMIENTO

CONFORT TÉRMICO

Se puede definir el confort térmico como un estado de satisfacción del ser humano respecto al medio ambiente, y las variables de las cuales depende esa sensación de bienestar pueden ser individuales o ambientales.

Variables individuales

El confort del individuo depende de muchos factores como ser el tipo de ropa, sexo, edad, estado de salud y para su análisis se debe considerar las formas de intercambio de calor del cuerpo humano con el ambiente, para mantener una temperatura constante de aproximadamente 37°C. Las instalaciones de climatización deben proporcionar las condiciones óptimas de comodidad, para que el mecanismo de regulación de la temperatura del cuerpo funcione con el mínimo esfuerzo.

La disipación de calor por parte del ser humano, crece en proporción a la intensidad de la actividad que desarrolla y cuando el cuerpo se encuentra en completo reposo, se produce el mínimo metabolismo, que se denomina *metabolismo basal,* que es de aproximadamente 40 kcal/h por m^2 de superficie del cuerpo humano.

La unidad de calor metabólico es el *Met (metabolic energy termal)* que equivale a 50 kcal/hm^2 y corresponde a una persona sentada inactiva.

Considerando para un hombre promedio una superficie de 1,8 m², la cantidad de calor disipada para el Met es de:

$$1,8 \text{ m}^2 \text{ x } 50 \text{ kcal/hm}^2 = 90 \text{ kcal/h}$$

Para los análisis del confort, normalmente se considera una disipación promedio de 1,2 Met, o sea 1,2 x 90 = 100 kcal/h, que corresponde a actividades livianas de hogar u oficinas, pudiendo aumentar varias veces, en el caso de actividades físicas muy pesadas. La forma que el cuerpo humano elimina el calor es la siguiente:

- *Conducción*: a través de la piel y los vestidos del individuo.
- *Convección*: desde la periferia de la piel al aire que la circunda.
- *Radiación:* mediante la emisión de calor del cuerpo a las superficies frías del entorno del local.
- *Evaporación*: por la exudación de la piel y una pequeña parte contenida en el aire de respiración.

El *equilibrio térmico* se establece cuando las pérdidas de calor igualan a la generación de energía debida al metabolismo y cuando este equilibrio se rompe, el organismo humano pone en marcha mecanismos naturales que tienden compensar esas perturbaciones, pero a costa de un cierto disconfort.

La *vestimenta del individuo,* juega un papel importante en el equilibrio térmico del cuerpo humano, dado que tiene la función de aislar térmicamente la transmisión de calor del cuerpo al ambiente. Esa resistencia térmica se expresa en la unidad *clo,* prefijo de la palabra inglesa *clotting* que significa vestimenta y vale:

$$1 \text{ clo} = 0,18 \text{ m}^2\text{h}^\circ\text{C/kcal}$$

En general para el análisis del confort en los locales, se suele tomar *un valor de aislamiento global efectivo de la vestimenta, de 0,5 clo para el verano y 1 clo para el invierno,* como valores medios en el interior de los locales, para conjuntos de prendas de hombres y mujeres.

Variables ambientales

Está relacionada con las modificaciones a producir al clima del local y los parámetros básicos que debe controlar un sistema de climatización, a fin de lograr el confort son:

- Temperatura del aire y superficiales.
- Humedad relativa.
- Movimiento del aire.
- Pureza del aire.

Temperatura del aire y superficiales

Los márgenes de temperatura del aire dentro de los cuales las personas se sienten cómodas depende en gran parte de la ropa que usa, el grado de actividad física y el contenido de humedad de la atmósfera, pudiendo establecerse en general los siguientes límites:

- Invierno (ropaje normal): 1clo   18 a 23°C
- Verano (ropas livianas) : 0,5 clo   23 a 27°C

El hecho de que los márgenes sean diferentes según se trate de invierno o verano, se deben al distinto ropaje y a las modificaciones del metabolismo, dado que el ser humano tiende a adaptarse al clima exterior.

Además las temperaturas superficiales no deben ser demasiado bajas en invierno o altas en verano, dado que pueden afectar la componente radiante de disipación provocando sensaciones de inconformidad, debiendo estar dentro del entorno de la temperatura del aire del local, con una diferencia en lo posible no mayor a 5°C. Se puede adoptar para el análisis, el promedio de las temperaturas superficiales de un local, denominándosela *TRM o temperatura radiante media*

Humedad relativa

No es conveniente que la humedad relativa baje del 30% dado que puede producir una sensación de resecamiento de las mucosas respiratorias, pudiéndose originarse además descargas electrostáticas por efectos de fricción. Por otra parte, humedades relativas por encima del 70% son aun más perjudiciales en los aspectos fisiológicos de las personas. En general la *humedad relativa ideal puede considerarse en 50% durante todo el año.*

Así, para instalaciones de calefacción es necesario proceder a la humectación para mantener la humedad relativa controlada, dado que tiende a disminuir cuando se produce el calentamiento del aire. En general salvo en climas muy secos y fríos no existe problemas dado que la humedad relativa nunca disminuye del 30%, debido a que en general hay ganancias de humedad en el ambiente por parte de las personas.

En instalaciones de refrigeración es el caso inverso, siendo imprescindible la deshumectación, dado que las humedades relativas tienden a ser muy elevadas.

Movimiento del aire

El movimiento del aire no debe ser excesivo, especialmente en invierno, admitiéndose una muy pequeña brisa alrededor del cuerpo cuando la temperatura y la humedad alcanzan las condiciones ideales. En general, se estipula de 6 a 8 m/min en invierno admitiéndose de 12 a 15 m/min en verano. El aire estanco no es confortable, dado que provoca una sensación de encierro.

Pureza del aire

La dilución de los olores humanos y la polución mediante la entrada de aire nuevo, así como la eliminación de polvo o partículas sólidas en suspensión en el aire es muy importante, no solo para proteger al aire de respiración, sino para evitar suciedades en los locales y equipos de acondicionamiento.

Otro elemento importante es el *humo,* ya sea producido en el interior de la habitación o introducido desde el exterior de la misma. Si en un local hay muchos fumadores se debe incrementar la proporción de aire nuevo de ventilación.

Condiciones de diseño interior

Para la sensación de confort térmico, no hay valores absolutos, ya que con las mismas condiciones de clima de un local varía para cada individuo en particular y los análisis generalmente se refieren a valores estadísticos de personas confortables.

Por otra parte existen factores independientes del clima del local, como ser el ritmo de trabajo, tiempo de permanencia, grado de fatiga, edad, sexo, vestimenta, estado de salud, etc. Influyen además las diversas costumbres, tipo de alimentación, modos de vivir, etc.

Por ello, *para establecer la condición de diseño del aire de una instalación de confort, no se deben tomar condiciones extremas que originen sobredimensionamientos innecesarios.* De esa manera, a fin de diseñar un equipamiento económico y más ajustado a las necesidades reales, el criterio puede basarse en crear una condición interior que se encuentre en el entorno del 80 al 95% de personas confortables, pero eso sí, debe concebirse un sistema de regulación y control, *que permita adaptar y ajustar el funcionamiento a las necesidades reales de operación en todo momento.*

No ocurre lo mismo en el acondicionamiento industrial, donde los requisitos son mucho más rigurosos y generalmente están diseñados para mantener las condiciones establecidas en forma permanente, con las tolerancias fijadas por el mismo proceso.

Tomando como base numerosos estudios, para el diseño de las instalaciones de aire acondicionado, se puede considerar los porcentajes de confort establecidos en las curvas que se detallan en la figura 1-IIII, las que están basadas en las siguientes condiciones del local:

- Humedad relativa de diseño para todo el año: 50%.
- Temperaturas superficiales promedio cercanas a la del aire.
- Actividad liviana, para oficina o vivienda, con un Met de 1,2.
- Resistencia de vestimenta: 1 clo en invierno y 0,5 clo en verano.

Se observa que la curva de confort de invierno está desplazada hacia las bajas temperaturas y la de verano hacia las altas, debido a que la sensación térmica del cuerpo humano se va adaptando naturalmente a la temporada climática.

Las curvas, llegan solo hasta un pico del 95% de personas confortables, teniendo en cuenta que es inevitable un cierto porcentaje estadístico mínimo de insatisfacción. A partir del pico cuentan con

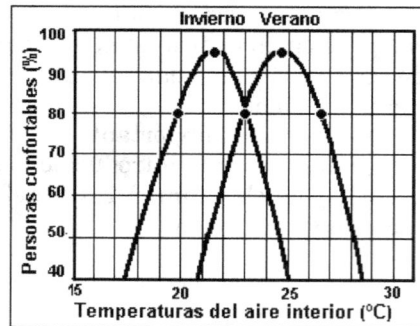

Figura 1-III. Curvas de porcentaje de personas confortables

dos ramas, a la derecha el porcentaje de confort disminuye, quejándose las personas por tener algo de calor y a la izquierda por frío.

Se observa, que el punto de intersección de las curvas de invierno y verano, es 23°C y 50% de HR con un 80% de confort.

Sin embargo, tomar esa condición de diseño, daría *una instalación sobredimensionada*, porque el 20% de insatisfacción es por una cierta sensación de frío, al estar a la izquierda de la curva de verano y de calor en invierno al estar a la derecha. Es el caso típico del proyecto del aire acondicionado de un centro de cómputos, donde se estipula esa condición de funcionamiento durante todo el año.

Del análisis de las curvas, puede considerarse para el diseño en el caso de viviendas u oficinas con personal, los siguientes parámetros:

Óptimo: 95% personas confortables:
- Verano: 24,5°C y 50 % HR.
- Invierno: 21,5 °C y 50 % HR.

Aceptable: 80% personas confortables (más económica)
- Verano: 26,7°C y 50 % HR.
- Invierno: 20°C y 50 % HR.

Cabe consignar, que en los ejemplos desarrollados *se ha adoptado una condición típica de diseño de 25°C y 50% HR en verano y 22°C y 50% HR para aire caliente en invierno*, que son las normalmente *recomendadas* para el dimensionamiento de estas instalaciones y que en la práctica han dado resultados satisfactorios.

Condiciones de diseño exterior

Las condiciones exteriores de diseño para los cálculos en verano se consideran *normalmente a las 15 horas,* que es cuando se produce estadísticamente el pico máximo diario de la temperatura del aire. Esas condiciones no deben coincidir con las máximas registradas en la localidad, puesto que se presentan pocos días y son de corta duración, por lo que no se justifica su adopción como base para determinar la capacidad de la instalación.

En verano se suelen considerar esas temperaturas de diseño basándose *en tres niveles de calidad: 0.4, 1 y 2%*, que significa que la temperatura de bulbo seco fijada, puede excederse durante las 8760 horas del año, en 35, 88 o 175 horas respectivamente. Para Buenos Aires, suele fijarse a las 15 horas*, en verano, una condición de diseño exterior de: 35°C y 40 % HR* considerando el 0,4% de tolerancia.

En invierno, se considera que la condición de cálculo se mantiene constante en el día y se adopta para Buenos Aires *una condición de diseño exterior de: 0°C y 80 % de HR*

Se indican en la tabla del cuadro 1-III, las condiciones de diseño exterior en verano a las 15 horas y en invierno, recomendadas para otras localidades del país.

En el análisis de las cargas de verano un aspecto a considerar es la variabilidad diaria de los valores de temperatura y humedad relativa exteriores, dado que cuando la temperatura es máxima a las 15 horas en las condiciones de diseño, la humedad relativa es mínima, aunque se mantenga constante la humedad específica, por las razones explicadas al analizar las propiedades del aire, tal cual se muestra en el gráfico de la figura 2-III.

De esa manera, como en verano las *variaciones de temperatura diaria son pronunciadas durante el día* y las ganancias debidas a distintas fuentes no son coincidentes, es conveniente efectuar el análisis de las cargas durante distintas horas del día, construyendo *una curva de ganancias de calor diaria* a fin de determinar *la hora pico* que permita una adecuada selección del equipo.

CUADRO 1-III. CONDICIONES DE DISEÑO EXTERIOR

Localidad	Verano (15 hs)		Invierno	
	Temp. (°C)	HR (%)	Temp. (°C)	HR (%)
Buenos Aires	35	40	0	80
Mar del Plata (Bs. As.)	32	45	-1,4	85
Santa Fe	35	40	1	80
Rosario (Santa Fe)	36	40	0.4	80
Paraná (Entre Ríos)	36	45	2.4	75
Formosa	38	45	5	75
Corrientes	38	45	4	75
Goya (Corrientes)	38	45	3	75
Resistencia (Chaco)	38	45	3	70
Posadas (Misiones)	38	45	4	75
Córdoba	36	40	-0.4	75
Catamarca	37	35	0.9	65
La Rioja	40	35	-1.5	60
Santiago del Estero	39	40	0.5	65
San Miguel de Tucumán	37	45	1.1	70
Salta	34	40	-3	65
San Salvador de Jujuy	32	40	-1.1	75
San Juan	40	35	-3.1	55
San Luis	37	30	-1.8	60
Mendoza	35	40	-1.1	60
Santa Rosa (La Pampa)	36	40	-2.8	65
Bariloche (Río Negro)	32	40	-5.6	65
Comodoro Rivadavia (Chubut)	31	40	-4.4	40
Esquel (Chubut)	30	35	-7.6	70
Trelew (Chubut)	30	35	-3	60
Santa Cruz			-6.3	70
Río Gallegos (Santa Cruz)			-7.2	70
Ushuaia (Tierra del Fuego)			-12	70

En general puede adoptarse para Buenos Aires una variación diaria de temperatura de 11°C y una humedad específica exterior constante de 14 gr/kg, tal como se observa en el gráfico.

El cuadro 2-III da las distintas correcciones a las temperaturas de bulbo seco exteriores de cálculo de verano, según la variación diaria de temperatura exterior aplicable a distintas zonas climáticas del país.

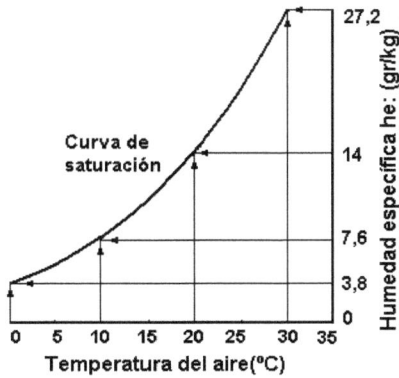

Figura 2-III. Variación diaria de las condiciones exteriores

Debe tenerse en cuenta que la variación diaria de temperatura depende del clima exterior. Para las zonas del litoral de nuestro país, esa variación es menor y para las zonas de clima continental es mayor que la de Buenos Aires.

CUADRO 2-III. CORRECCIONES DE TEMPERATURAS
EXTERIORES (°C) PARA OTRAS HORAS DEL DIA.

Variación diaria de temperatura (°C)	Horas del día					
	10	12	15	17	20	22
5 °C	-3	-1	0	-1	-3	-4
8 °C	-5	-3	0	-1	-3	-5
11 °C	-5	-3	0	-2	-4	-6
14 °C	-5	-3	0	-2	-5	-8
17 °C	-7	-3	0	-2	-7	-10

Para ajustar las condiciones de diseño exteriores a otras horas, se procede de la siguiente manera:

Supóngase para Buenos Aires determinar las condiciones de diseño a las 10 horas. De acuerdo a lo consignado en el cuadro 1-III, las condiciones exteriores de diseño a las 15 horas es de 35°C y 40% HR. Se observa en el ábaco psicrométrico como se detalla en la figura 3-III, que la humedad específica exterior es de 14 gr/kg.

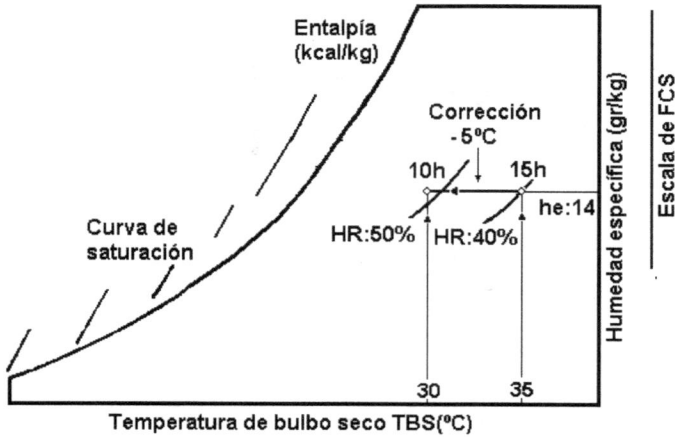

Figura 3-III. Ejemplo de corrección de condiciones exteriores

La corrección en la tabla del cuadro 2-I, a las 10 horas para una variación diaria de Buenos Aires de 11°C es de -5°C. De modo que a esa hora la temperatura exterior que a las 15 horas es de 35°C, a las 10 es de 30°C, manteniéndose la humedad específica uniforme en 14 gr/kg. Se observa en el gráfico que la humedad relativa exterior en esa nueva condición es de alrededor del 50%.

ESTUDIO DE LAS CARGAS DE ACONDICIONAMIENTO

Se entiende como *carga de acondicionamiento* la cantidad de calor que hay que extraer en verano o incorporar en invierno para producir y mantener en el espacio acondicionado ciertas condiciones de temperatura y humedad prefijadas, cuyo cálculo sirve para determinar las características y dimensiones de la instalación.

Las cargas de acondicionamiento pueden clasificarse en dos partes fundamentales

- Carga de refrigeración en verano.
- Carga de calefacción en invierno.

CÁLCULO DE LAS CARGAS DE VERANO

El cálculo de las cargas de refrigeración en verano consiste en determinar la cantidad de calor que el sistema gana a fin de diseñar el equipo de aire acondicionado,

Unidades de cantidad de calor

Las unidades que más se utilizan en la práctica para medir la cantidad de calor a extraer son las siguientes:

Frigorías / hora: es una unidad equivalente a kcal/hora, pudiéndose definir como la cantidad de calor que hay que extraer a una masa de 1 kg de agua para que disminuya su temperatura 1°C (15,5 a 14,5°C) a presión atmosférica normal. Es una unidad de igual valor absoluto que las kcal/h y se utiliza en la práctica para diferenciar comercialmente el equipo de refrigeración del de calefacción. Por ello, se calculan las *ganancias de calor* de los espacios acondicionados en kcal/h, estableciéndose luego el mismo valor pero en frig/h. para seleccionar el equipo.

Toneladas de refrigeración: es una unidad muy común en la práctica para designar la potencia frigorífica de una máquina de refrigeración. Se define la *tonelada de refrigeración* como la cantidad de calor a extraer para transformar en hielo a una temperatura de 0°C, una tonelada inglesa (2.000 libras o 907 kg) de agua a la misma temperatura en 24 horas. En virtud que el calor latente de fusión del agua es 80 kcal/kg se extraen:

80 kcal/kg x 907 kg = 72560 kcal o 72560 frigorías.

Este valor es en 24 horas, de modo que si se lo quiere referir a una hora se tiene:

Ton = 72560/24 = 3020 frig/h ≈ 3000 frig/h

Watt o KW térmicos: Como se explicó en el Capítulo I, es una unidad de potencia que se utiliza en la actualidad para designar las capacidades de los equipos de refrigeración, que expresa *el equivalente de energía en calor* por efecto Joule. De esa manera: l watt = 0,86 kcal/h = 0,86 frig/h:

1 kcal/h = 1 frig/h = 1,16 Watts
1 TR = 3,5 KW.

También se emplean el BTU o el Kilojoule, tal cual se explicara en el Capítulo I:

1kcal = 4 BTU
1kcal = 4,185 KJ

Clasificación de las cargas de verano

En el análisis de las ganancias de calor deben considerarse por un lado las propias del *local acondicionado* y por otro las del *sistema*, de acuerdo a la fuente que la origina, tal como se muestra en el detalle de la figura 4-III.

Las cargas del local están constituidas por las ganancias externas de transmisión y efecto solar, las propias de los *auxiliares* o eventualmente ventiladores y las *internas* provenientes de la disipación de calor en el mismo local.

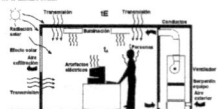

Figura 4-III. Detalle de las cargas de aire acondicionado

Las cargas del sistema son las propias del equipamiento y son las emplazadas aguas del serpentín de acondicionamiento, como se observa en el detalle de la figura 5-III y las más importante es la del aire exterior para la ventilación.

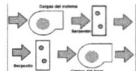

Figura 5-III. Cargas del local y del sistema

La carga total del equipo es la suma de las cargas del local más las del sistema de acondicionamiento

Por otra parte, las ganancias de calor pueden ser sensibles o latentes según sus características, por lo que en la figura 6-III se destacan las particularidades de cada una de ellas.

Componentes de las cargas	Carga sensible	Carga latente	Carga del local	Carga del sistema
Conducción a través de techos, muros y ventanas	•		•	
Radiación solar a través de ventanas	•		•	
Conducción a través de techos, muros divisorios interiores y pisos	•		•	
Personas	•	•	•	
Iluminación	•		•	
Equipos y aparatos electrodomésticos	•	•	•	
Infiltración (caso en que no haya ventilación)	•	•	•	
Ventilación	•	•		•
Ganancias de conductos alimentación	•		•	
Ganancias de conductos retorno	•			•
Ventilador en el aire de distribución	•		•	
Ventilador en el aire de retorno	•			•
Bomba de distribución de agua fría	•			•

Figura 6-III. Componentes de las cargas del local y del sistema

CARGAS EXTERNAS DEL LOCAL ACONDICIONADO

Teniendo en cuenta las distintas características de los elementos y forma en que se produce la ganancia de calor, a través de los mismos, puede considerarse en el cálculo la suma de:

- Ganancia de calor a través de paredes y techos.
- Ganancia de calor a través de vidrios.
- Ganancia de calor en conductos y eventualmente ventilador en la alimentación del aire al local.

Debe aclararse que las *cargas de aire de infiltración* también constituyen una carga del local, pero cuando se cuenta con una toma de aire exterior permanente en el equipo para ventilación no se la considera, porque se supone que el local se encuentra en sobrepresión exfiltrando el aire contaminado. Debe considerarse en el caso de equipos split sin toma de aire exterior.

Ganancia de calor a través de paredes y techos

Paredes y techos exteriores

El cálculo teórico exacto de la cantidad de calor transmitido depende de numerosos factores, como ser:

- Tipo y espesor de los distintos elementos.
- Orientación y latitud del lugar.
- Día del año y hora que se produce.
- Color y característica de la superficie expuesta.
- Variación diaria de la temperatura exterior del aire.
- Velocidad del aire exterior.
- Ubicación de edificios próximos, por las sombras que proyectan.
- *Coeficiente de retardo,* dado que las ganancias de calor solar son variables y la inercia térmica de la masa del elemento hace que se acumule calor, que es difundido con un cierto desfasaje, que hace penetrar calor solar al ambiente aunque ya la radiación solar haya cesado.

Para la realización del cálculo, en la práctica se utiliza un valor denominado *diferencia de temperatura equivalente* Δteq., en la cual se tienen en cuenta todos los parámetros que influyen en la entrada de calor por paredes y techos, aplicándose una fórmula similar a la ecuación fundamental de la transmisión.

$$qt = K \, A \, (\Delta teq)$$

Donde:

qt: ganancia de calor del muro o techo considerado (kcal/h).
A: área transversal del elemento (m^2).
K: coeficiente de transmitancia total (kcal/hm^2°C).
Δteq: diferencia equivalente de temperatura (°C).

En el cuadro 3-III se dan los valores de Δteq en función del tipo de pared o techo, orientación, hora solar considerada y distintas latitudes. Fue confeccionado, para paredes y techos opacos y una diferencia temperatura aire exterior-interior, de 10°C, a las 15 horas.

CUADRO 3-III. DIFERENCIA EQUIVALENTE DE TEMPERATURA (°C).

Orientac. pared	K (Kcal/hm²°C)	Hora solar					
		10	12	15	17	20	22
SE	2.3	16	14	10	10	9	8
	1.6	5	12	9	9	9	8
	0.8	6	6	11	9	8	8
E	2.3	19	20	10	10	9	8
	1.6	10	16	14	11	10	9
	0.8	8	8	13	12	10	10
NE	2.3	14	18	14	11	9	8
	1.6	6	11	13	12	9	8
	0.8	7	7	11	12	10	9
N	2.3	6	9	16	15	9	7
	1.6	5	5	11	13	10	8
	0.8	6	6	6	10	12	10
NO	2.3	4	4	16	22	21	8
	1.6	6	6	9	13	16	15
	0.8	7	7	7	7	12	14
O	2.3	4	5	13	21	22	11
	1.6	6	6	8	12	18	17
	0.8	8	8	8	8	10	14
SO	2.3	3	4	8	14	21	9
	1.6	5	5	5	7	14	15
	0.8	6	6	6	6	8	12
S	2.3	3	3	7	9	9	7
	1.6	3	3	4	5	7	6
	0.8	3	3	3	4	6	7
Techo	2.3	6	11	21	25	22	18
	1.6	8	11	20	24	23	20
	0.8	10	11	18	22	22	21

De esa manera, en el valor de la diferencia de temperatura equivalente Δteq., se tienen en cuenta todos los factores que influyen en la entrada de calor por paredes o techos indicados precedentemente.

En la práctica se puede utilizar esta tabla en forma general, pero debe ajustarse en función directa de la diferencia de temperatura de cálculo del aire interior- exterior del proyecto. Por ejemplo, si en el proyecto se adopta un salto térmico a las 15 horas de 12°C en lugar de 10°C, todos los valores de Δteq.que se leen en la tabla del cuadro 3-III anterior, se deben corregir adicionando 2°C.

Paredes y techos interiores

En este caso *no existe la radiación solar*, por lo que se puede aplicar la fórmula fundamental de la transmisión de calor en régimen estacionario, debiéndose considerar el salto térmico entre la temperatura del aire a ambos lados del elemento considerado. De esa manera, la cantidad de calor que atraviesa los distintos elementos del contorno de un local, se expresa por la ecuación:

$$qti = K A (tE' - tA)$$

Donde:

qti: ganancia de calor por paredes y techos interiores (kcal/h).
tE': temperatura del aire del local no acondicionado (°C).
tA: temperatura del aire ambiente interior (°C).

Para los cálculos prácticos puede suponerse que un local no acondicionado se encuentra a una temperatura de alrededor de 3°C menos que la del aire exterior, o sea: (tE' = tE - 3°C).

Ganancia de calor a través de vidrios

En este caso se considera que el pasaje de calor *es instantáneo* y no se considera ningún retardo o inercia térmica como en el caso anterior. Por ello, se analiza en forma independiente la cantidad de calor que penetra por transmisión y la radiación solar. Así, se tiene:

$$qt = qo + qrs$$

Siendo:

qt: cantidad de calor total que pasa por el vidrio (kcal/h).
qo: cantidad de calor por transmisión a través del vidrio (kcal/h).
qrs:cantidad de calor por radiación solar (kcal/h).

Cantidad de calor por transmisión (qo)

Este valor se obtiene por medio de la fórmula de transmisión de calor en régimen estacionario:

$$qo = K\,A\,(tE - tA)$$

El valor de tE es la temperatura del aire exterior, variable según las horas del día, corregida de acuerdo al cuadro 2-III anterior.

Cantidad de calor por radiación solar (qrs)

En este caso sólo una pequeña parte del calor de radiación solar es absorbido por el cristal transparente, por lo que puede suponerse que prácticamente toda la cantidad de calor por radiación atraviesa el vidrio. Estos rayos solares penetran en forma instantánea, pudiéndose aplicar la siguiente ecuación:

$$qrs = c\,A\,I$$

Donde:

qrs: cantidad de calor por radiación solar (kcal/h).
c: coeficiente de corrección, por la protección de la ventana.
A: área expuesta al sol (m²).
I: intensidad de radiación solar (kcal/hm²).

En cuanto a la *intensidad de radiación solar* (I), constituye la cantidad de calor proyectada por el sol promedio en los meses de verano, por metro cuadrado, en función de la latitud, orientación y hora del día, en kcal/hm².

En las tablas del cuadro 4-III se dan los valores de I, sobre superficies verticales y horizontales, para 25 a 40° de latitud sur.

Debe efectuarse la aclaración de que el vidrio tiene la propiedad de transmitir las radiaciones de una fuente de alta temperatura como el sol y de absorber casi completamente la radiación de la fuente de baja temperatura, tal como los muebles o los ocupantes de un edificio, como se muestra en la figura 7-III.

De esa manera, el vidrio funciona como una *trampa de calor,* dado que a la radiación solar visible de pequeña longitud de onda y alta frecuencia la deja pasar, mientras que no deja escapar la radiación de calor no visible de gran longitud de onda y baja frecuencia emitidas en el interior del edificio.

CUADRO 4-III. COEFICIENTES I (KCAL/HM²) DE EFECTO SOLAR.
LATITUD SUR

Latitud 25°

Hora	SE	E	NE	N	NO	O	SO	S	Horiz.
10	185	282	354	185	36	38	28	40	587
12	36	36	141	233	141	36	36	36	680
15	36	35	35	130	395	403	298	50	482
17	26	20	15	23	265	393	400	96	158

Latitud 30°

Hora	SE	E	NE	N	NO	O	SO	S	Horiz.
10	149	276	382	222	35	35	38	38	588
12	38	38	181	284	181	38	38	38	678
15	38	35	32	162	412	401	263	38	488
17	27	21	18	24	265	398	377	78	165

Latitud 35°

Hora	SE	E	NE	N	NO	O	SO	S	Horiz.
10	110	272	408	259	38	30	38	38	580
12	38	38	215	335	215	38	38	36	665
15	38	35	32	190	427	395	230	38	487
17	27	22	22	27	260	415	366	64	192

Latitud 40°

Hora	SE	E	NE	N	NO	O	SO	S	Horiz.
10	81	265	425	298	38	38	38	38	569
12	38	38	244	379	244	38	38	38	642
15	35	35	32	219	439	390	198	35	485
17	27	27	23	32	257	436	360	54	222

El vidrio actúa como una trampa de calor

La radiación térmica no visible no pasa a través del vidrio

La radiación solar visible pasa a través del vidrio

Figura 7-III. Pasaje de calor solar a través del vidrio

Desde el punto de vista de las cargas de aire acondicionado esto es muy desfavorable en verano, por lo que es importante adoptar adecuadas protecciones al pasaje de la luz solar.

Se pueden utilizar los *valores prácticos de c* consignados en el cuadro 5-III, para tener en cuenta la protección de ventana.

CUADRO 5-III. COEFICIENTES CORRECCIÓN
PROTECCIÓN VENTANAS (c)

Vidrio transparente	
Sin protección	1
Con cortinas exteriores color claro	0,30
Con cortinas interiores claras	0,50
Vidrio esmerilado o grabado	0,80
Toldo de lona	0,20
Parasoles	0,20

Esta tabla es para vidrio transparente por lo que si se emplean vidrios especiales de protección solar, debe multiplicarse por el factor de protección menor que uno, dado por el fabricante

**Ganancia de calor sensible en conductos
y ventilador equipo**

Este concepto cubre las ganancias de calor sensible por transmisión y pérdidas de aire en su distribución por los conductos. El ventilador del equipo, solo constituye una carga sensible del local acondicionado si está ubicado luego de la batería de refrigeración y si está antes representa una carga propia del equipo de aire acondicionado. Como en general en los cálculos previos los conductos y el equipo emplear aún no se han determinado, estas ganancias de calor se las puede estimar en forma práctica en un *10% del calor externo del local acondicionado.*

CARGAS INTERNAS DEL LOCAL ACONDICIONADO

Ganancia de calor de las personas

La unidad de cantidad de calor cedido por una persona es el Met, que representa un valor de 50 kcal/hm^2 y corresponde a la disipación de calor total promedio de una persona sentada inactiva, como se había mencionado precedentemente.

Sin embargo, para el cálculo debe valorarse de esa disipación total, las partes que se efectúan en forma de *calor sensible,* ya sea por radiación, convección o conducción y en forma de *calor latente* por efecto de la exudación y respiración.

En general, aumentando el grado de actividad, se incrementa la cantidad de calor latente disipado debido a la evaporación del cuerpo. Se pueden considerar para los cálculos los valores del cuadro 6-III.

CUADRO 6-III. DISIPACIÓN DE CALOR DE PERSONAS

Grado de actividad	Calor disipado (kcal/h)		Met (kcal/hm2)
	Sensible	Latente	
Sentado inactivo	55	35	1
Sentado y trabajo muy liviano de oficina	55	45	1,2
Trabajo liviano	55	60	1,3
Trabajo pesado	80	160	2,7
Trabajo muy pesado	120	200	3,6

Puede estimarse en oficinas, *una persona cada 5 a 10 m² y* en el caso de viviendas, se considera para el living o lugar de estar, la suma de las personas de los dormitorios del edificio.

Disipación de calor por artefactos eléctricos

El calor proveniente de las lámparas y motores eléctricos es totalmente sensible, salvo casos excepcionales como cocinas a gas, secadores de ropa, máquinas de café, etc., que producen a su vez calor latente.

Lámparas

Para lámparas incandescentes por efecto Joule la emisión de calor es 0,86 kcal/h por Watt instalado.

Para lámparas fluorescentes debe considerarse un factor adicional que es la reactancia de un 10 a un 20% más de la disipación calculada de la manera anterior, pero hay que tener en cuenta que el rendimiento lumínico de estas lámparas es más de 3 veces mayor que las incandescentes.

Cuando no se cuenta con los datos reales de potencia de los artefactos de iluminación, puede considerarse para luz fluorescente una densidad aproximada de disipación de 20 a 30 Watts/m² de superficie de local.

Máquinas impulsadas con motor

Se puede hallar la conversión de la capacidad en caballos (CV) de los motores eléctricos en calor. Así, de acuerdo a lo explicado precedentemente en el Capítulo I, puede considerarse 1 CV= 630 kcal/h

Éste sería el equivalente térmico del trabajo mecánico realizado por el motor. A ese valor hay que sumarle la pérdida de calor por disminución del rendimiento del motor.

Pueden considerarse las siguientes valores prácticos, según el que motor se encuentre o no en el mismo local en que la máquina realiza el trabajo, valores que suelen adoptarse también por HP.

- Motor y trabajo en el local acondicionado: 700 kcal/CV.
- Motor en el local y trabajo en el exterior: 70 kcal/CV.
- Motor en el exterior y trabajo en el local: 630 kcal/CV.

Ganancia de calor por diversos aparatos

En el cálculo deben tenerse en cuenta los distintos aparatos que disipan calor en los ambientes.

En general, es importante considerar los datos de consumo y disipación dados en las chapas de los fabricantes. A falta de otros datos en el cuadro 7-III se detallan algunos valores, los que deben tomarse sólo en forma estimada con los ajustes que para cada caso se considere conveniente efectuar.

CUADRO 7-IIII. DISIPACIÓN DE ARTEFACTOS ELÉCTRICOS

Artefacto	Disipación (Watt)
Televisor a color	300
Heladera común	200
Heladera con freezer	350
Aspiradora	500
Ventilador	50 a 150
Equipos de audio	150
Plancha	700
Proyector	500 a 1.500
Lámparas vapor mercurio	200 a 500
PC completa con impresora	300

Los artefactos a tener en cuenta sólo son aquellos que se estima funcionarán a la hora del cálculo térmico que se está realizando. Por ejemplo, si se está ejecutando el cálculo a las 10 horas, puede estimarse que a esa hora no funciona el televisor.

Nunca conviene sobredimensionar. En algunos casos y de acuerdo al uso es conveniente analizar los *factores de simultaneidad de los aparatos.*

Ganancia de calor total del local

La suma de los calores de las cargas externas y las internas, constituye la *ganancia de calor total del interior del local, denominada QTi,* debiéndose discriminar en los cálculos las partes sensibles y latentes que lo componen.

$$QTi = QSi + QLi$$

Donde:

QTi: ganancia total de calor del local (kcal/h).
QSi: ganancia total de calor sensible del local (kcal/h).
QLi: ganancia total de calor latente del local (kcal/h).

CARGAS DEL SISTEMA DE AIRE ACONDICIONADO

Aire exterior

El aire caliente exterior para ventilación que se introduce en verano en el sistema de acondicionamiento es uno de los requisitos básicos que debe cumplir y es una ganancia de calor muy importante.

En un ambiente, el aire sufre ciertas modificaciones producidas por los ocupantes, reduciéndose el contenido de oxígeno y aumentando la cantidad de anhídrido carbónico, debido a los procesos respiratorios, transpiración, etc. Se establece en los proyectos, entonces, que el aire exterior que penetra genere en el sistema una *renovación permanente del aire en circulación para diluir los contaminantes.*

La cantidad de aire a introducir depende del número de personas, del tipo de ocupación y trabajo que se realiza en el ambiente.

Una forma práctica para determinar el aire nuevo necesario para satisfacer las condiciones de ventilación, consiste en estimarlo *como porcentaje del caudal de aire total en circulación en el sistema de acondicionamiento.*

En la tabla del cuadro 8-III, se indican los porcentajes que normalmente se adoptan en la práctica en función del tipo de local.

CUADRO 8 -III. PORCENTAJES (a %) DE AIRE EXTERIOR
DE VENTILACIÓN CON RESPECTO AL AIRE EN CIRCULACIÓN.

Locales con muchas personas	25 al 30%
Locales para edificios de oficinas	15 al 25%
Locales para edificios de vivienda	10 al 15%

De esa manera, entonces:

$$Ca = a \% C$$

Donde:

Ca: caudal de aire nuevo (m³/min).
a: porcentaje de aire nuevo (cuadro 8-III).
C: caudal de aire en circulación (m³/min).

Por supuesto, para estimar el porcentaje "a" de ventilación, deben analizarse con detenimiento los casos particulares de cada aplicación. Por ejemplo, en un local de un hospital con enfermos infecciosos se requiere un 100 % de aire exterior.

En los cálculos siempre es necesario verificar si se cumple con *requisitos de ventilación mínimos,* que suelen establecerse reglamentariamente, por los Códigos Municipales o la Ley de Seguridad e Higiene en el Trabajo para aplicaciones industriales o comerciales.

Generalmente se establece ese caudal mínimo *por persona,* teniendo en cuenta el *grado de fumadores* que existen en los locales, en el caso de instalaciones de confort.

Así, en el cuadro 9-III, se incluye una tabla en la que se indican valores prácticos recomendados de aire nuevo mínimo en m³/min por persona en función del tipo de local.

CUADRO 9-III. REQUERIMIENTOS DE AIRE NUEVO MÍNIMOS
(m³/min persona).

Aplicaciones	$m^3/min\ pers$
Lugares de trabajo en general	0,5
Oficinas generales	0.5
Oficinas privadas	0,6
Restaurantes y lugares afines (con personas fumando)	0,8
Oficinas privadas (con personas fumando)	0,8
Viviendas	0.5
Teatros, cines, auditorios	0,6

En la práctica suele adoptarse un valor mínimo de *0,5 m³/min persona.*

El *aire circulado en el sistema* se calcula en función del calor sensible a extraer en los espacios acondicionados, tal como se analizó en el capítulo II, en base al calor sensible del interior del local, con la fórmula:

$$C = QSi/170$$

Dado que el aire penetra por las tomas de aire de los equipos, se genera en los locales una *sobrepresión* que hace exfiltrar el aire del interior al exterior de los locales, por lo que no se efectúa el cálculo de infiltración. En caso de equipos sin toma de aire exterior como los split, puede considerarse un valor mínimo de renovación de 0,5 m³/min por persona, *como carga del local acondicionado.*

Una vez determinado el caudal de aire a introducir por la toma de aire exterior, *debe estudiarse la ganancia de calor que aporta,* constituyendo una *carga del sistema*, que es independiente de la carga sensible o latente de los locales.

Cuando se efectuó el análisis del contenido de calor o entalpía del aire húmedo en el Capítulo II, se había establecido que el mismo es la suma de la cantidad de calor del aire seco más la cantidad de calor del vapor de agua de la mezcla.

Calor sensible del aire seco exterior (QSe)

Se había demostrado anteriormente en el capítulo II que el calor sensible del aire seco puede expresarse mediante la siguiente ecuación simplificada:

$$QSe = 17 \, Ca \, (tE - tA)$$

Donde

QSe: calor sensible del aire exterior (kcal/h).
17: factor que se considera constante.
Ca: caudal de aire exterior (m³/min).
tE: temperatura del aire exterior (°C).
tA: temperatura del aire ambiente interior (°C).

Calor latente del aire exterior (QLe)

Por otra parte, se había analizado que el calor total del vapor de agua del aire es igual al calor sensible del líquido, más el calor latente del vapor de agua.

Para simplificar el cálculo y sin variaciones importantes dentro de las aplicaciones prácticas, puede despreciarse por su pequeña incidencia el calor sensible del líquido, considerando solamente el calor latente de *vaporización*. Si se establece una cantidad de aire exterior horaria o gasto (kg/h) que penetra en el sistema, el calor latente vale:

$$QLe = Clv.Gh \ (heE - heA)$$

Siendo:

QLe: calor latente del aire exterior (kcal/h).
Gh: cantidad de aire horaria (kg/h).
Clv: calor latente de vaporización a la temperatura que se produce la misma o temperatura de bulbo húmedo (TBH), por kg de aire seco (kcal/kg).
heE: humedad específica del aire exterior (kg/kg).
heA: humedad específica del aire ambiente interior (kg/kg).

Para medir la cantidad de aire que circula, se usa la unidad de caudal Ca en m³/min, de modo que:

$$Gh = Ca \ . \ \gamma \ . \ 60.$$

El peso específico γ del aire normal (15°C) se toma igual a 1,2 kg/m³ y el calor latente de vaporización (Clv) para aire normal 15°C vale 586,5 kcal/kg indicado en el cuadro 3-II anterior. Por otra parte, la humedad específica se da en la unidad g/kg en lugar de kg/kg, por lo que se debe dividir la ecuación por 1.000 gr/kg.
En resumen, la ecuación queda:

$$QLe = (586,5 \times 1,2 \times 60/1000) \ Ca \ (heE - heA)$$

Por lo tanto:

$$QLe = \ 42 \ . \ Ca \ . \ (heE - heA).$$

Calor total del aire exterior

La cantidad de calor total de ganancia del equipo por el aire exterior valdrá entonces:

$$QTe = QSe + QLe$$

Otras cargas del sistema

En este caso habría que considerar las ganancias de calor de los conductos de retorno, pleno o eventualmente el ventilador si está ubicado antes de la batería de refrigeración. En la práctica a fin tener un cierto margen de seguridad en el cálculo del caudal circulante y no sobredimensionar los equipamientos, se los puede considerar incluido dentro del 10% de la carga externa del local indicado precedentemente.

En el caso de instalaciones de agua fría debe considerarse la disipación de la bomba de agua como carga del sistema.

Debe mencionarse que en la actualidad es muy utilizado el diseño de *plenos de aire de retorno por encima del cielorraso*. En estos casos los componentes de cargas tales como la transmisión por techo y muro lateral, así como la iluminación, transfieren parte de la carga sensible del local directamente al serpentín de enfriamiento como *carga del sistema*, disminuyendo consecuentemente las necesidades de caudal de aire y las dimensiones de los elementos de distribución como ventiladores, conductos, rejas, etc. en el local.

En estos casos, para su estimación práctica, puede considerarse como carga sensible del equipo, aproximadamente el 30% de las ganancias de iluminación en caso de artefactos fluorescentes empotrados en el cielorraso y el 70% de la ganancia de calor que se produce en el techo por transmisión.

CARGA TOTAL DE REFRIGERACIÓN

La carga total de refrigeración QT que requiere el equipo será igual a:

$$QT = QSi + QLi + QTe$$

Donde:

QT: ganancia total de calor o carga de refrigeración (kcal/h).
QSi: ganancia de calor sensible en el interior del local (kcal/h).
QLi: ganancia de calor latente en el interior del local (kcal/h).
QTe: ganancia total de calor del aire exterior (kcal/h).

El equipo deberá tener una capacidad medida en:

- QT (frig/h, en igual valor absoluto que las ganancias en kcal/h).
- QT/3000 (toneladas de refrigeración).
- QT/860 (KW térmicos).

Variabilidad de las cargas
de aire acondicionado

Las cargas de refrigeración varían mucho durante el día y dependen fundamentalmente de las condiciones exteriores, por lo que un cálculo efectuado correctamente *requiere estimar las ganancias de calor a distintas horas con* objeto de determinar la variación de las mismas y en que momento se produce la condición más desfavorable.

El valor de la carga pico o máxima demanda de refrigeración del edificio, determinada por el método de cálculo que hemos descripto, *no requiere adoptar ningún coeficiente de seguridad adicional*, porque en la realidad queda amortiguada por la capacidad de acumulación de calor propia del edificio, que hace que la *cantidad de calor necesaria a extraer se amortigüe y distribuya a lo largo del tiempo*.

En efecto, en general la masa de edificio por su propia inercia térmica, permite almacenar durante el lapso de algunas horas las cargas el calor exterior, atenuando de esa manera las necesidades en las condiciones exteriores más críticas.

El calor que se transmite a través de muros, techos, etc., requiere un cierto tiempo en propagarse al interior del edificio. También parte del calor radiante solar que pasa por las ventanas en forma instantánea es absorbido por la masa de los elementos del local y recién después de un cierto tiempo es disipado por convección al local y a esta inercia en los edificios se denomina *efecto volante o efecto de almacenamiento*.

Por ello, algunos métodos de cálculo más sofisticados empleando programas informáticos, suelen considerar esos efectos de acumulación para diseñar un equipo más económico *menor que la carga máxima*, pero trabajando la mayor parte del día, lo que permite absorber las cargas del edificio desfasadas en el tiempo cuando las condiciones de cargas exteriores no son tan rigurosas, disminuyendo de esa forma el valor del pico máximo determinado en el cálculo.

Por otra parte, se debe dejar establecido que en el análisis de la carga de acondicionamiento de verano de equipos de más de 3 toneladas no basta simplemente con determinar la carga total, o sea la suma de todas las ganancias de calor. *Se debe establecer con precisión, cuál es la carga sensible y latente,* con el fin de circular las cantidades adecuadas de aire acondicionado y elegir correctamente el equipo de refrigeración.

EJEMPLO DE CÁLCULO DE
LAS CARGAS DE VERANO

Supóngase que se quiere acondicionar en verano una oficina ubicada en la ciudad de Buenos Aires de acuerdo a la planta indicada en la figura 8-III.

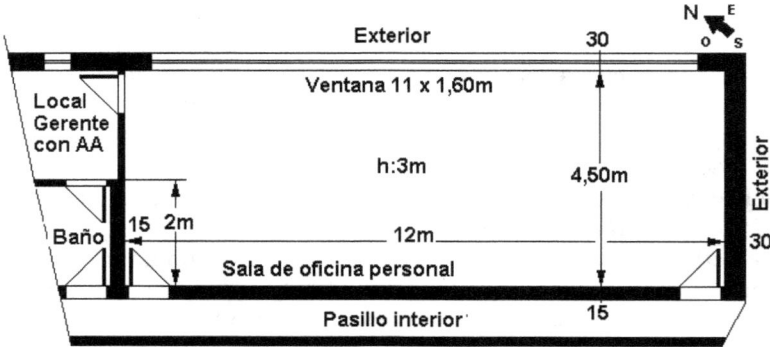

Figura 8-III. Plano planta ejemplo de cálculo de cargas de verano

Se establecen las siguientes condiciones para el cálculo:

- Exterior: (15 h) 35°C y 40% HR (*heE: 14 g/kg).
- Interior: 25°C y 50% HR (*heA: 10 g/kg).
- Cantidad de aire nuevo: 0,5 m³/min persona.
- Variación diaria de temperatura: 11°C.
- Cantidad de personas: 10.
- Iluminación 20 Watts/m².
- Ventana: 11 x 1,60 protegida con cortina exterior.
* Los valores de las humedades específicas se determinaron con el ábaco psicrométrico (figura 8-II anterior).

Coeficientes de transmisión K (del cuadro 2-I anterior).
Pared exterior mampostería 30 cm: 1,62 kcal/hm²°C.
Pared interior mampostería 15 cm: 2,30 kcal/hm²°C.
Vidrio común: 5 kcal/hm²°C.
Techo losa cerámica (estimado):   1,50 kcal/hm²°C.

Puertas interiores: se las incluye dentro del área de la pared.

Piso sobre tierra: no se establece ganancia de calor atento a que la temperatura de los mismos se encuentra algo por debajo de la temperatura del aire del local. Solo debe considerarse ganancia en el caso que en la parte inferior exista otro local no acondicionado, o el aire exterior.

Locales no acondicionados: Se estima una temperatura de 3°C menor que la del aire exterior: tE` = 35°C - 3°C = 32°C.

Ganancias en conductos y ventilador: 10% del calor sensible exterior del local.

Disipación de computadoras y copiadoras:

10 PC completas con impresoras y accesorios: promedio 300W c/u:	3000 W
1 fotocopiadora:	1650 W
Total:	4650 W
Cantidad de calor: 4650 W x 0,86 kcal/W =	4000 kcal/h

No se considera ganancia de calor de cerramientos que lindan con locales acondicionados.

Se efectúa el cálculo a las 15 horas que constituye el pico de temperatura exterior y luego se realizará una verificación a distintas horas del día

Cálculo a las 15 horas

Ganancia de calor por transmisión y efecto solar

<u>Área x K x Δt</u>

E(30) (NE) (12 x 3)-(11 x1,6)=	18,4 x 1,62 x 13*	= 388 kcal/h
E(30) (SE) (4,5 x 3) =	13,5 x 1,62 x 9 *	= 197 kcal/h
Vi (tr.) (NE) (11 x 1,6) =	17,6 x 5 x (35-25)	= 880 kcal/h
Vi (ef. sol) (NE) (A x I x c) =	17,6 x 32 x 0,30	= 169 kcal/h
I (15) (14 x 3) =	42 x 2,3 X (32**- 25)	= 676 kcal/h
Techo (12 x 4,5) =	54 x 1,5 x 20*	= 1620 kcal/h
Ganancia total		= 3930 kcal/h

* Diferencia de temperatura equivalente (Δteq) (cuadro 3-III)
** 3°C menor que el aire exterior

Ganancia total	= 3930 kcal/h
Ganancia calor en conductos y vent. (10 %)	= 393 kcal/h
Ganancia de calor total por transmisión y efecto solar 15 horas (calor sensible)	= 4323 kcal/h

Ganancia de calor interna

Calor sensible

Personas: 10 personas x 55 kcal/h pers.	=	550 kcal/h
Iluminación: 20 watts/m^2 x 54 m^2 x 0,86	=	929 kcal/h
Disipación computadoras y copiadoras	=	4000 kcal/h
Total calor sensible	=	5479 kcal/h

Calor latente

Personas: 10 personas x 45 kcal/h persona	=	450 kcal/h

Resumen de ganancias de calor total del local

Total de calor sensible interior (4323 + 5479)	QSi	=	9802 kcal/h
Total de calor latente interior	QLi	=	450 kcal/h
Total de ganancia de calor del local	QTi	=	10252 kcal/h

Caudal de aire a impulsar al local

$$C = QSi/170 = 9802/170 \approx 60 \ m^3/min$$

Ganancia de calor del equipo por el aire exterior

Tratándose de un local de oficina, puede estimarse un porcentaje de aire exterior, del 20 % del caudal circulado. Entonces:

$$Cae = a\% \ C = 0,2 \times 60 = 12 \ m^3/min.$$

El aire exterior mínimo de acuerdo con los requisitos de ventilación es 0,5 m^3/min persona. Si hay 10 personas, correspondería un caudal igual a 5 m^3/min, por lo que es menor que el estimado y de esa manera, se adopta: Cae: 12 m^3/min.

La ganancia de calor del equipo, debido al aire exterior, valdrá:

Calor sensible aire exterior
QSe = 17 Cae (tE - tA) = 17 x 12 x (35-25)   = 2.040 kcal/h
Calor latente aire exterior
QLe = 42 Cae (heE - heA) = 42 x 12 x (14-10)   = 2016 kcal/h
Calor total por aire exterior (QTe)   = 4056 kcal/h

Ganancia de calor sensible total:

Ganancia de calor sensible del local:	QSi	= 9802 kcal/h
Ganancia de calor sensible del aire exterior:	QSe	= 2040 kcal/h
Ganancia de calor sensible total:	QST	= 11842 kcal/h

Ganancia total de calor

Ganancia de calor total del local:	QTi	= 10252 kcal/h
Ganancia de calor total del aire exterior	QTe	= 4056 kcal/h
Ganancia de calor total:	QT	= 14308 kcal/h

Para el cálculo de las cargas de refrigeración, suelen utilizarse planillas de cálculo, que permiten orientar su realización, como la que se indica en la figura 9-III, la que se ha completado con el ejemplo realizado.

CÁLCULO A DIVERSAS HORAS DEL DÍA

En los casos de oficinas administrativas se verifican las ganancias de calor normalmente a las 10, 12 y 17 horas, a fin de confeccionar en el día típico de diseño la curva de ganancia diaria de calor para determinar la hora pico.

A las 10 horas

La condición exterior a las 15 horas es de 35°C y 40 % HR
La corrección para Buenos Aires (11°C de variación diaria) a las 10 hs es -5°C (cuadro 2-III.), o sea que la temperatura exterior es de 30ºC. La humedad específica se considera constante en 14 gr/kg.

Ganancia por transmisión y efecto solar

E(30) (NE)	18,4 x 1,62 x 6	=	179 kcal/h
E(30) (SE)	13,5 x 1,62 x 5	=	109 kcal/h
Vi (tras.) (NE)	17,6 x 5 x (30-25)	=	440 kcal/h
Vi (ef. sol)	17,6 x 408 x 0,30	=	2154 kcal/h
I (15)	42 x 2,3 x (27-25)	=	193 kcal/h
Techo	54 x 1,5 x 8	=	648 kcal/h
Ganancia total		=	3723 kcal/h
Ganancia de calor en conductos (10 %)		=	372 kcal/h
Ganancia de calor total por transmisión y efecto solar 10 horas (calor sensible)		=	4095 kcal/h

CARGAS DE ACONDICIONAMIENTO   **127**

PLANILLA PARA CALCULO DE CARGAS DE VERANO

EDIFICIO	Oficinas en Buenos Aires		HORA	LATITUD	T ext (°C)	35	HR ext (%)	40	he ext (gr/kg)		14
			15	35°	T int (°C)	25	HR int (%)	50	he int (gr/kg)		10
PISO	PB	LOCAL:	Oficina Personal		ΔT (°C)	10			ΔG (gr/kg)		4

	1	2	3	4	5	6	7	8	9	10	11
L A D O	Pared (cm) Orient	Lados Pared Vidrio A (m)	B (m)	Area Total (m²) 2*3	Area Pared / Area Vidrio (m²)	KP / KV kcal/hm²°C	Δtequiv. / Δt (°C)	Transmisión y efecto solar pared y vidrio 5*6*7	Coef. Prot. Vidrio c	Intens. Solar (kcal/hm²) I	Radiación Solar Ventana (kcal/h) 5*9*10
A	E₃₀	12	3	36	18,4	1,62	13	388			
	NE	11	1.60		17,6	5	10	880	0,30	32	169
B	E₃₀	4,5	3	13,5	13,5	1,62	9	197			
	SE	—	—		—	—	—	—	—	—	—
C	I₁₅	14	3	42	42	2,3	7	676			
		—	—		—	—	—	—	—	—	—
TECHO		12	4,5	54	54	1,5	20	1620			
		—	—		—	—	—	—			
PISO		—	—	—	—	—	—	—			

TOTALES TRANSMISION Y EFECTO SOLAR	(kcal/h)	TRANSMISION	3761	EFECT.SOL	169

12	Transmisión (kcal/h) Columna 8	3761
13	Efecto sol ventana (kcal/h) Columna 11	169
14	Subtotal cargas exteriores (kcal/h) 12 + 13	3930
15	Pérd.conduct. (kcal/h)(%*14) (%) 10	393
16	TOTAL CARGAS EXT.(kcal/h) 14 + 15	4323

17	QSI	Personas sens.	Factor 55	Número 10	550
18	Calor Sens.	Iluminación / 0,86 * watt 0,86	Watts / 20*54	929
19	inter.	Motores (kcal/h) / 700* HP 700	HP / —	—
20		Disipaciones varias (kcal/h)		4000
21		Disipaciones varias (kcal/h)		
22		QSI TOTAL(kcal/h) Suma(16a21)		9802

23	QLI Calor Laten	Personas Latente	Factor 45	Número 10	450
24		Otras fuentes (kcal/h)			—
25	Inter.	QLI C.LAT. INT.(kcal/h) (23+24)			450
26	CAUDAL = QSI (fila 22)/170 (m³/min)				60
27	CAUDAL.A.E (m³/min) (%*26) (%)			20	12
28	QE Calor	C.Sens.AE (kcal/h) 17*CAE*ΔT 17	CAE(27) 12	ΔT(7) 10	2040
29	Aire Exter.	C.LAT.AE (kcal/h) 42*CAE*ΔG 42	CAE(27) 12	ΔG(11) 4	2016
30	QE C.TOT. AE (kcal/h) (28+29)				4056
31	QST CAL.SENS.TOT. (kcal/h) (22+28)				11842
32	QT CALOR TOTAL(kcal/h)(22+25+30)				14308
33	TONELAD. REFRIG. QT(fila 32)/3000				5Ton

Figura 9-III. Planilla de cálculo de cargas de aire acondicionado

Ganancia de calor interna *(Idem 15 horas)*

Calor sensible	= 5479 kcal/h
Calor latente	= 450 kcal/h

Resumen de ganancias de calor total del local

Total de calor sensible interior (4095 + 5479)	QSi	= 9574 kcal/h
Total de calor latente interior	QLi	= 450 kcal/h
Total de ganancia de calor del local	QTi	= 10024 kcal/h

Caudal de aire a impulsar al local

$C = QSi/170 = 9574/170 \approx 56$ m³/min

Ganancia de calor del equipo por el aire exterior

Cae $= a\% \ C = 0,2 \times 56 = 11,2$ m³/min.

Calor sensible aire exterior		
QSe = 17 Cae (tE - tA) = 17 x 11,2 x (30-25)		= 952 kcal/h
Calor latente aire exterior		
QLe = 42 Cae (heE - heA) = 42 x 11,2 x (14-10)		= 1882 kcal/h
Calor total por aire exterior (QTe)		= 2834 kcal/h

Ganancia de calor sensible total:

Ganancia de calor sensible del local:	QSi	= 9574 kcal/h
Ganancia de calor sensible del aire exterior:	QSe	= 952 kcal/h
Ganancia de calor sensible total:	QST	= 10526 kcal/h

Ganancia total de calor

Ganancia de calor total del local:	QTi	= 10024 kcal/h
Ganancia de calor total del aire exterior	QTe	= 2834 kcal/h
Ganancia de calor total:	QT	= 12858 kcal/h

A las 12 horas

La condición exterior a las 15 horas es de 35°C y 40 % HR. La corrección para Buenos Aires (11°C de variación diaria) a las 12 hs es -3°C (cuadro 2-III.), o sea que la temperatura exterior es de 32ºC. La humedad específica se considera constante en 14 gr/kg.

Ganancia por transmisión y efecto solar

E(30) (NE)	18,4 x 1,62 x 11	=	328 kcal/h
E(30) (SE)	13,5 x 1,62 x 12	=	262 kcal/h
Vi (tras.) (NE)	17,6 x 5 x (32-25)	=	616 kcal/h
Vi (ef. sol)	17,6 x 215 x 0,30	=	1135 kcal/h
I(15)	42 x 2,3 x (29-25)	=	386 kcal/h
Techo	54 x 1,5 x 11	=	891 kcal/h
Ganancia total		=	3618 kcal/h
Ganancia de calor en conductos (10 %)		=	362 kcal/h
Ganancia de calor total por transmisión y efecto solar 12 horas (calor sensible)		=	3980 kcal/h

Ganancia de calor interna (Idem 15 horas)

Calor sensible	= 5479 kcal/h
Calor latente	= 450 kcal/h

Resumen de ganancias de calor total del local

Total de calor sensible interior (3980 + 5479)	QSi =	9459 kcal/h
Total de calor latente interior	QLi =	450 kcal/h
Total de ganancia de calor del local	QTi =	9909 kcal/h

Caudal de aire a impulsar al local

C = QSi/170 = 9459/170 ≈ 56 m³/min

Ganancia de calor del equipo por el aire exterior

Cae = a%C = 0,2 x 56 = 11,2 m3/min.

Calor sensible aire exterior
QSe = 17 Cae (tE - tA) = 17 x 11,2 x (32-25) = 1332 kcal/h
Calor latente aire exterior
QLe = 42 Cae (heE - heA) = 42 x 11,2 x (14-10) = 1882 kcal/h
Calor total por aire exterior (QTe) = 3214 kcal/h

Ganancia de calor sensible total

Ganancia de calor sensible del local:	QSi =	9459 kcal/h
Ganancia de calor sensible del aire exterior:	QSe =	1332 kcal/h
Ganancia de calor sensible total:	QST =	10791 kcal/h

Ganancia total de calor

Ganancia de calor total del local:	QTi =	9909 kcal/h
Ganancia de calor total del aire exterior	QTe =	3214 kcal/h
Ganancia de calor total:	QT =	13123 kcal/h

A las 17 horas

La condición exterior a las 15 horas es de 35°C y 40 % HR
La corrección para Buenos Aires (11°C de variación diaria) a las 17 hs es: -2°C (cuadro 2-III.), o sea que la temperatura exterior es de 33ºC. La humedad específica se considera constante en 14 gr/kg.

Ganancia por transmisión y efecto solar

E(30) (NE)	18,4 x 1,62 x 12	=	358 kcal/h
E(30) (SE)	13,5 x 1,62 x 9	=	197 kcal/h
Vi (tras.) (NE)	17,6 x 5 x (33-25)	=	704 kcal/h
Vi (ef. sol)	17,6 x 22 x 0,30	=	116 kcal/h

I (15)	42 x 2,3 x (30-25)	=	483 kcal/h
Techo	54 x 1,5 x 24	=	1944 kcal/h
Ganancia total		=	3802 kcal/h
Ganancia de calor en conductos (10 %)		=	380 kcal/h
Ganancia de calor total por transmisión			
y efecto solar 17 horas (calor sensible)		=	4182 kcal/h

Ganancia de calor interna (Idem 15 horas)

Calor sensible	=	5479 kcal/h
Calor latente	=	450 kcal/h

Resumen de ganancias de calor total del local

Total de calor sensible interior (4182 + 5479)	QSi	=	9661kcal/h
Total de calor latente interior	QLi	=	450 kcal/h
Total de ganancia de calor del local	QTi	=	10111 kcal/h

Caudal de aire a impulsar al local

C = QSi/170 = 9661/170 ≈ 57 m³/min.

Ganancia de calor del equipo por el aire exterior

Cae = a%C = 0,2 x 57 = 11,4 m³/min.

Calor sensible aire exterior		
QSe = 17 Cae (tE - tA) = 17 x 11,4 x (33-25)	=	1550 kcal/h
Calor latente aire exterior		
QLe = 42 Cae (heE - heA) = 42 x 11,4 x (14-10)	=	1916 kcal/h
Calor total por aire exterior (QTe)	=	3466 kcal/h

Ganancia de calor sensible total

Ganancia de calor sensible del local:	QSi	=	9661 kcal/h
Ganancia de calor sensible del aire exterior:	QSe	=	1550 kcal/h
Ganancia de calor sensible total:	QST	=	11211 kcal/h

Ganancia total de calor

Ganancia de calor total del local:	QTi	=	10111 kcal/h
Ganancia de calor total del aire exterior	QTe	=	3466 kcal/h
Ganancia de calor total:	QT	=	13577 kcal/h

De esa manera, se confecciona el gráfico de ganancias de calor total que se muestra en la figura 10-III.

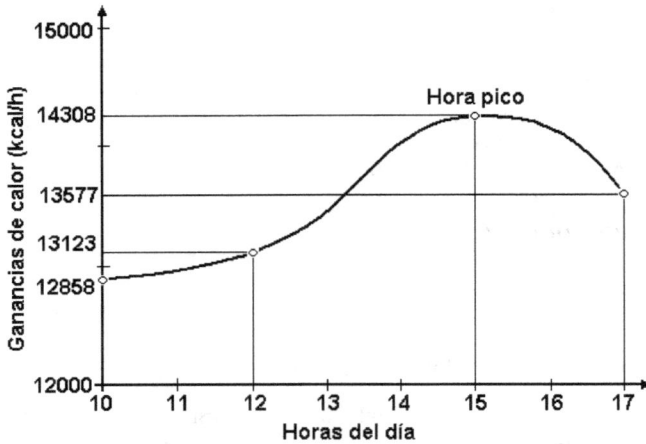

Figura 10-III. Gráfico de ganancias de calor total del local oficinas

Cabe consignar que en caso que el pico diera a una hora distinta que las 15 que es cuando se produce la condición exterior más desfavorable, antes de seleccionar el equipo a otra hora, debe verificarse las posibilidades de mejoras edilicias en cuanto a protecciones solares y aislaciones térmicas.

DATOS PARA LA SELECCIÓN DEL EQUIPO

Se observa que el pico diario, está dentro del entorno de las 15 horas, por lo cual seleccionamos el equipo de aire acondicionado de acuerdo a los datos del cálculo de cargas efectuado a esa hora.

- Calor total: QT:14308 frig/h ≈ 15000 frig/h o 15000/3000 = 5 ton.
- Calor sensible total: QST: 11842 frig/h.
- Caudal de aire: 60 m³/min.

Representación del proceso
con el ábaco psicrométrico

Con el ábaco psicrométrico de la figura 8-II anterior se puede verificar los resultados del cálculo, representando todo el proceso de acondicionamiento tal cual lo explicado en el Capítulo II y además calcular el factor de bypass del serpentín, que es un dato que se requiere en algunos casos de selección del equipo.

Las condiciones de diseño para el acondicionamiento del local de oficinas de la figura 8-III anterior era las siguientes:

- Condición del aire interior (A): 25°C y 50% HR.
- Condición del aire exterior (E): 35°C y 40%.
- Aire exterior de ventilación 20 % del caudal de circulación.

Mediante el esquema del ábaco psicrométrico de la figura 11-III se visualiza el procedimiento que permite determinar:

- Punto de rocío del aparato (PRA).
- Punto de condición del aire de impulsión (I).
- Condición del aire de mezcla (M).
- Punto de rocío del serpentín (PRS).
- Cantidad de calor total que debe extraer el equipo (QT).
- Cantidad de calor sensible total que debe extraer el equipo (QST).
- Factor de by-pass.

Punto de rocío del aparato

El cálculo de las cargas de aire acondicionado dio una ganancia de calor sensible en el local de 9802 kcal/h. Además debe extraerse un calor latente de 450 kcal/h, producto del agregado de vapor de agua al aire debido a las personas.

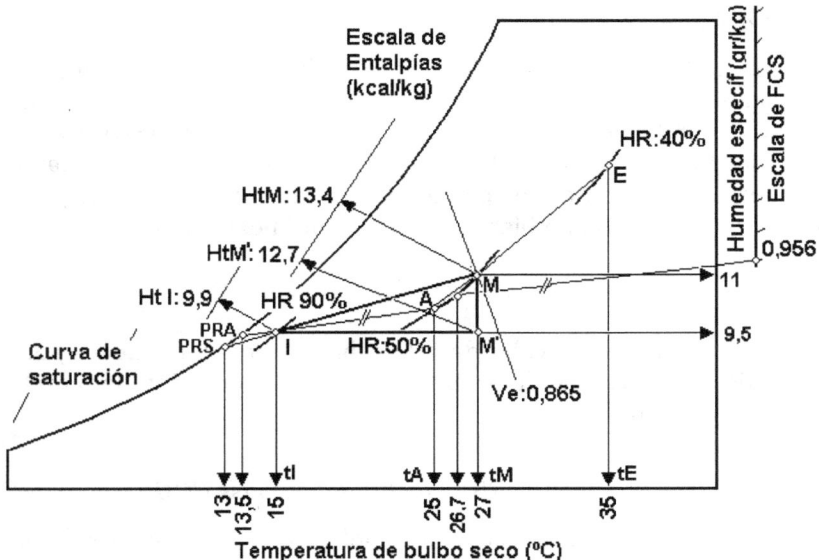

Figura 11-III. Esquema del proceso de acondicionamiento

De ese modo, el factor de calor sensible del local vale:

$$FCS = QSi/(QSi + QLi) = 9802/(9802 + 450) = 0,956$$

Uniendo el valor de 0,956 de la escala de FCS con el punto de condición del ábaco de 26,7°C y 50% HR, se determina la pendiente de la recta de FCS del local acondicionado. Luego a partir de la condición de diseño del local de 25°C y 50% HR y hacia la izquierda, se traza una paralela a la misma que constituirá *la recta de FCS del local.*

Donde la recta de FCS *corta la curva de saturación,* determina el PRA o *punto de rocío del aparato* que es de 13,5°C y 100% HR, que constituye la condición que debería tener el serpentín de refrigeración *para cumplir con la función de enfriamiento y deshumectación del aire del local propiamente dicho.*

Punto de condición del aire de impulsión

Se considera una temperatura de impulsión de 15°C (10°C menos que la del local) y sobre la recta de FCS se determina la condición del aire de impulsión con una humedad relativa aproximada del 90%. De esa manera, el punto de impulsión (I) del aire en el local es de 15°C y 90%, con una entalpía HtI de 9,9 kcal/kg.

Condición del aire de mezcla

La condición del aire de mezcla (M) del 20% de aire nuevo de ventilación con el del retorno del local se encuentra sobre la recta que une los puntos de condición del aire exterior (E) y del ambiente (A). Tal como lo explicado precedentemente, el punto de mezcla puede estimarse gráficamente en función de los porcentajes de aire de los componentes que constituyen la mezcla o bien calcularse con la expresión:

$$tM = tA + a\% \ (tE\text{-}tA) = 25 + 0,20 \ (35 - 25) = 27°C$$

Luego se proyecta ese valor de TBS sobre la recta que une los puntos de condición E y A y se determina el punto de condición de mezcla M de 27°C y 48% HR.

Punto de rocío del serpentín (PRS) y factor de by- pass (FBP)

El proceso de enfriamiento del aire del serpentín va de M a I y el punto de rocío del serpentín PRS se lee prolongando la recta que une el punto M con I hasta cortar la curva de saturación y es de 13°C. El factor de by-pass del serpentín vale:

$$FBP = (tI - PRS)/(tM - PRS) = (15\text{-}13)/(27\text{-}13) = 0,14$$

Calor total de calor a extraer (QT)

Considerando que se ha determinado en el cálculo de las cargas un caudal circulante de 60 m³/min en función de las necesidades de calor interior del local y siendo el volumen específico del aire de mezcla VeM: 0,865 m³/kg, el peso del aire circulado por el serpentín Gh vale:

$$Gh = C.60/VeM = 60 \ (m^3/min) \ x \ 60 \ (min/h)/0,865(m^3/kg) = 4160 \ kg/h$$

La diferencia de entalpía del aire de mezcla (M) y el de impulsión (I) se halla en el ábaco psicrométrico. Así:

$$\Delta HT = HtM - HtI = 13,4 - 9,9 = 3,5 \ kcal/kg.$$

Por lo tanto, la cantidad de calor total a extraer es:

$$QT = \Delta HT. \ Gh = 3,5 \ kcal/kg. \ x \ 4160 \ kg/h = 14560 \ kcal/h$$

Calor total de calor sensible total a extraer (QST)

Su valor se determina, proyectando la horizontal que une los puntos en la condición (M') y el de impulsión (I) y estableciendo la diferencia de entalpía sobre la escala. Así:

$$\Delta HST = HtM' - HtI = 12,7 - 9,9 = 2,8 \ kcal/kg.$$

Por lo tanto, la cantidad de calor total sensible a extraer es:

$$QST = \Delta HST. \ Gh = 2,8 \ kcal/kg \ x \ 4160 \ kg/h = 11648 \ kcal/h$$

Se desprende del cálculo que los resultados obtenidos de la cantidad total QT y sensible total QST en el ábaco son prácticamente igual a los obtenidos con el procedimiento de cálculo de las cargas de verano. La pequeña diferencia se debe a desfasajes en la apreciación de la lectura del ábaco y los ajustes en los cálculos.

CARGAS DE CALEFACCION

El cálculo de las cargas de calefacción en invierno, tienden a determinar la cantidad de calor sensible, que debe suministrarse a los locales para mantener una temperatura interior de diseño establecida, compensando las pérdidas que se producen por transmisión en los locales y por el aire exterior de ventilación.

En el análisis térmico de invierno, no se tiene en cuenta la incidencia favorable del calor aportado por personas, iluminación, etc., porque se considera el local en la condición más comprometida. La carga total de calefacción, vale:

$$QT = Qt + Qsae$$

Donde:

QT: pérdida de calor sensible total (kcal/h).
Qt: pérdida de calor sensible total del local por transmisión (kcal/h).
Qsae: calor para aumentar la temperatura del aire frío exterior de ventilación, que penetra a través del equipo (kcal/h).

Para mantener una condición de humedad predeterminada en el local, debe adicionarse el calor latente en forma de vapor de agua, *valor que normalmente sirve para calcular el dispositivo de humectación* a adicionar al equipo calefactor.

Pérdida de calor total por transmisión

La cantidad total de calor sensible, que pierde el local vale:

$$Qt = Qo\ (1 + Zd + Zh + Zc)$$

Donde:

Qo: pérdida por transmisión de las superficies del ambiente (kcal/h).
Zd: mejoramiento por interrupción del servicio (%).
Zh: mejoramiento por orientación (%).
Zc: mejoramiento por pérdidas en cañerías o conductos (%).

Pérdidas por transmisión de las superficies

Las pérdidas de calor por transmisión de cada una de las superficies que rodean el local, se calculan según las leyes de la transmisión de calor en régimen estacionario, mediante la fórmula:

$$qo = K A (tA - tE)$$

Siendo:

qo: cantidad de calor de pérdida de cada superficie (kcal/h).
K: coeficiente total de transmitancia térmica (kcal/hm^2°C).
A: área del elemento considerado (m^2).
tA: temperatura del aire ambiente interior (°C).
tE: temperatura del aire exterior (°C).

Los elementos del contorno del local *que limitan a otros locales con calefacción no se consideran en el cálculo de la transmisión de calor,* dado que el salto térmico se hace cero. Cuando los elementos del contorno del local considerado *limitan con locales no calefaccionados,* se suele considerar su temperatura de aire como *promedio de la temperatura de diseño exterior (tE) y la interior (tA).* Así:

$$tE' = (tE - tA)/2$$

Donde:

tE': temperatura del local no calefaccionado (°C).

Para el cálculo de pérdidas de calor, en el caso de pisos sobre tierra, se adopta un *coeficiente K práctico de 1 kcal / hm^2°C y* una temperatura de piso *igual a 10°C.*
La suma de todas las pérdidas individuales, de cada uno de los elementos del contorno del local, representa la pérdida de calor de todo el local Qo. De modo que:

$$Qo = \Sigma qo$$

Donde:

Qo: cantidad de calor de pérdida del local (kcal/h).

Suplementos por interrupción del servicio

Producida una interrupción del servicio de calefacción, al ponerse nuevamente en marcha es necesario un suplemento de calor, a fin de llevar nuevamente el edificio al estado de régimen estacionario de funcionamiento, para la cual se han aplicado la fórmula de transmisión indicada precedentemente.

Pueden distinguirse los 3 casos dados en el cuadro 10-III.

CUADRO 10-III. SUPLEMENTOS POR INTERRUPCIÓN DEL SERVICIO

Clase de servicio	Aplicación	Zd %
I. Servicio ininterrumpido con marcha reducida en la noche	Viviendas, hospitales, asilos, etc.	7
II. Interrumpido de 8 a 12 h	Comercio, oficinas, etc.	15
III. Interrumpido de 12 a 16 h	Funcionamiento circunstancial	25

Los suplementos Zd, *aumentan con el tiempo de interrupción del servicio,* dado que cuanto más tiempo deje de funcionar la instalación, mayor será la cantidad de calor necesario para volver el edificio al estado de régimen estacionario.

Suplemento por orientación

La magnitud de este suplemento depende de la diferente *exposición solar del local.* Se adopta como porcentaje del calor por transmisión Qo, pudiéndose considerar los siguientes valores:

E y O:	0 %
N, NE y NO:	- 5%
S. SE y SO:	5%

La orientación de un local, se establece por la ubicación de las paredes exteriores, según se aclara en la figura 12-III:

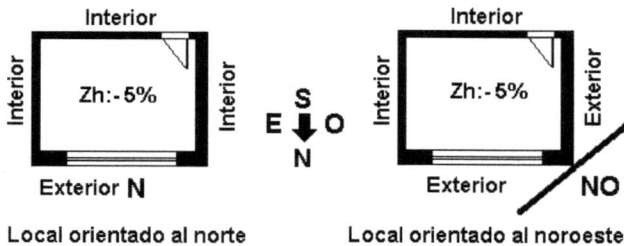

Figura 12-III. Determinación de suplemento Zh

- Local con una pared exterior, la orientación de esa pared.
- Local con dos paredes exteriores en ángulo o esquina, la orientación del ángulo o esquina.
- Local con tres o cuatro paredes exteriores, o dos paredes enfrentadas, se adopta el del mayor suplemento o sea 5%.

Suplemento por pérdidas de calor en conductos

Este valor, depende de la magnitud de los conductos y de su aislación. Suele adoptarse como norma práctica, considerando un margen de seguridad en los cálculos:

$$Zc: 5 \text{ a } 10\%.$$

Pérdida de calor sensible por el aire exterior

Debe agregarse un determinado calor sensible a fin de calentar el aire exterior que se introduce en el equipo, el que se calcula con la fórmula ya explicada para verano, invirtiendo el salto de temperaturas.

$$Qsae = 17 \; Cae \; (tA - tE)$$

Donde:

Qsae: calor sensible a agregar al aire exterior (kcal/h).
17: valor que se adopta como constante.
Cae: caudal de aire exterior que se incorpora (m^3/min).
tA: temperatura del aire ambiente interior del local (°C).
tE: temperatura del aire exterior (°C).

El caudal de ventilación necesario puede calcularse como se ha indicado para verano: Ca = a%C, estableciendo un porcentaje $a\%$ del aire de circulación C, en el sistema de aire acondicionado, en función de los valores indicados en el cuadro 8-III, verificando los caudales mínimos recomendados por personas determinados en el cuadro 9-III, no debiendo en general, ser menor a 0,5 m^3/min.

La fórmula para hallar el caudal de aire, requerido para el acondicionamiento de invierno, es similar a la de verano, invirtiendo las temperaturas.

Así:

$$C = Qt/17 \; (tI - tA)$$

Donde:

C: caudal circulatorio (m^3/min).
Qt: calor sensible que pierde por transmisión el local (kcal/h).
17: valor que se adopta como constante.
tI: temperatura de impulsión del aire caliente en el local (°C).
tA: temperatura del aire ambiente interior del local (°C).

En las instalaciones exclusivas de calefacción por aire caliente, la temperatura de impulsión en el local acondicionado *se fija,* no debiendo sobrepasar los 60°C, porque si no se mezcla adecuadamente en el ambiente puede perjudicar a las personas en la zona de permanencia. En general se adoptan temperaturas de impulsión de 40 a 50°C.

En el funcionamiento durante todo el año, debe tenerse en cuenta que *en verano se requieren más caudal que en invierno.* Generalmente se trata de mantener *el mismo caudal circulatorio que sirvió de base para el cálculo de conductos y rejas de distribución,* por lo que en estos casos debe verificarse la temperatura de impulsión en invierno, despejándola de la ecuación anterior.

De modo que:

$$tI = tA + Qt/17 \; C$$

En este caso, no es conveniente que la temperatura de impulsión sea menor de 30°C para evitar sensaciones de corrientes de aire fresco, por lo que en tal caso es conveniente disminuir el caudal, reduciendo la velocidad de giro del ventilador.

EJEMPLO DE CÁLCULO DE LAS CARGAS DE INVIERNO

Supóngase resolver el balance térmico de invierno de la misma oficina administrativa del ejemplo de la figura 6-III, anterior. Se establecen las siguientes pautas de proyecto:

Condiciones de diseño en Buenos Aires

- Exterior: 0°C.
- Interior: 22°C (HR no controlada).
- Caudal de aire: igual que el calculado para verano: C: 60 m³/min.
- Caudal de aire exterior igual que en verano, 20% del caudal circulatorio. Cae: 12 m³/min.

Se considera no necesario controlar la humedad relativa, dado que se trata de una instalación de confort con una cantidad 10 personas que generan vapor de agua en el ambiente, por lo que *no se instala dispositivo de humectación.* De manera que el equipo de calefacción solo está destinado a compensar las pérdidas de calor sensible en el local.

Suplementos de mejoramientos:

- Zd: se trata de un local de oficina con una intermitencia de funcionamiento de 8 a 12 horas diarias, tipo II. De acuerdo al cuadro 10-III, corresponde un 15%.
- Zh: en función de las dos paredes exteriores puede considerarse según las indicaciones de la figura 12-III que el local tiene orientación este (E) con un porcentaje de ajuste del 0%.
- Zc: se estima una pérdida en conductos del 10 %.

No se consideran pérdidas o transmisión de calor en cerramientos que limitan con locales calefaccionados y para los locales no acondicionados que lindan a la oficina se consideran a la siguiente temperatura:

$$tE' = (tA + tE)/2 = (22 + 0)/2 = 11°C$$

Para el piso sobre tierra se adopta un valor práctico K=1 (kca/hm^2°C), suponiéndose una temperatura de superficie de 10°C.

En el balance térmico, las puertas interiores se las considera incluidas dentro de la superficie de la pared dado que las diferencias son muy pequeñas.

Desarrollo del cálculo

Pérdidas de calor sensible por transmisión (Qt)

$$qo = Area * K * \Delta t$$

E(30)(NE) (12 x 3)-(11 x 1,6)= 18,4 x 1,62 x 22	=	656 kcal/h
Vi (NE) (11 x 1,6)= 17,6 x 5 x 22	=	1936 kcal/h
E(30)(SE) (4,5 x 3)= 13,5 x 1,62 x 22	=	481 kcal/h
I(15) (14 x 3) = 42 x 2,3 x 11	=	1063 kcal/h
Piso (12 x 4,5) = 54 x 1 x 12	=	648 kcal/h
Techo (12 x 4,5)= 54 x 1,5 x 22	=	1782 kcal/h
$Q_o = \Sigma qo$ =		6566 kcal/h

Suplementos

Zd: tipo II:	15%
Zh: orientación E:	0%
Zc: pérdidas conductos:	10%
Porcentaje total:	25%

Qt: Pérdida de calor sensible total: 1,25 x 6566 = 8208 kcal/h

Pérdidas de calor sensible por aire exterior (Qsea)

Debe verificarse la temperatura de impulsión del aire dado que se ha adoptado el mismo caudal circulatorio de 60 m^3/min que en verano.

Con la expresión deducida anteriormente se tiene:

$$tI = tA + Qt/17C = 22 + 8208/17 \times 60 = 22 + 8,05 \approx 30°C.$$

Este valor puede aceptarse, de modo que manteniendo el caudal de aire exterior del 20% del caudal circulante Cae de 12 m³/min, se tiene:

$$Qsea = 17 \ Cae \ (tA - tE) = 17 \times 12 \times (22 - 0) = 4488 \ kcal/h$$

Pérdidas de calor total (QT)

La cantidad de calor sensible total QT de pérdida es de:

$$QT = Qt + Qsea = 8208 + 4488 = 12696 \ kcal/h$$

En la figura 13-III se muestra una planilla para el cálculo de las cargas de aire acondicionado de invierno.

Local	Desig.	Orient.	Dimensión m	Area m	K $\frac{kcal}{hm^{2}°C}$	Δt °C	qo kcal/h	Mejoramiento (%) Zd	Zh	Zc	Tot.	QT= Qt + Qsae kcal/h
			Planilla de cálculos de las cargas de invierno de aire acondicionado									
Oficina Administrativa	E30	NE	12x3-11x1,6	18,4	1,62	22	656					
	V	NE	11x1,6	17,6	5	22	1936					
	E30	SE	4,5x3	13,5	1,62	22	481					
	I15	–	14x3	42	2.3	11	1063					
	Piso	–	12x4,5	54	1	12	648					
	Te	–	12x4,5	54	1,5	22	1782	Tipo II E				
							Qo= 6566	15	0	10	25	Qt : 8208
			Caudal verano C: 60 m³/min									
			Cae = a%C = 0,20 x 60 = 12 m³/min (mínimo 0,5 x 10 p= 5 m³/min)									
			Qsae = 17 Cae (ti - te) = 17 x 12 x (22 - 0)									Qsae: 4488
			Pérdida de calor total									QT:12696

Figura 13-III. Planilla de cálculo de cargas de invierno

Cargas totales y zonales

Los sistemas de aire acondicionado pueden alimentar un único local o grupo de locales de similares características. Sin embargo, en la mayoría de los casos debe servir a un conjunto de locales cuyas cargas varían de manera diversa a lo largo del día, ya sea por su orientación o cargas internas, distintas condiciones u horarios de funcionamiento, etc.

Por ello, el criterio de diseño consiste en agrupar el acondicionamiento de todos aquellos ambientes del edificio cuyas cargas térmicas varían en forma similar y se define a cada una de esas partes del edificio como *zona*, la que es comandada por su propio termostato.

Supóngase acondicionar un edificio en torre de oficinas, que se han dividido en 5 zonas de distintas orientaciones y una zona central, resumiéndose el cálculo en la planilla de la figura 14-III.

Ganancia de calor total: QT (kcal/h)

Zona	Hora solar			
	10	12	15	17
Este	**15000**	7000	5000	4000
Oeste	4000	6000	13000	**15000**
Norte	6000	**15000**	13000	10000
Sur	4000	4000	4000	40000
Central	10000	10000	10000	10000
Total	39000	42000	**45000**	43000

Figura 14-III. Planilla de cálculo de cargas zonales y totales

La carga máxima total simultánea se produce a las 15 horas, que constituye la hora pico para el diseño, por ejemplo en el caso de una enfriadora de agua centralizada sería de 45000 frig/h (15ton)

Sin embargo, los equipos de tratamiento de aire, como ventiladores y conductos de cada zona deben diseñarse en función de la máxima carga horaria en el Este: 15000 kcal/h (10 hs), Oeste: 15000 kcal/h (17 hs), Norte: 15000 kcal/h (12 hs). Sur: 4000 kcal/h (constante) Central; 10000 kcal/h (constante).

Se observa que en el caso de utilizar equipos compactos autocontenidos en cada zona, los sistemas frigoríficos deberían diseñarse para el total que es de 59.000 frig/h.

CAPÍTULO IV

TEORÍA DEL ESCURRIMIENTO DE FLUIDOS

PRESIÓN

Para que un fluido circule por una canalización se requiere cierta presión en el sistema, que puede ser originada por una bomba circuladora o un ventilador. En la práctica, para medir la presión se utiliza la unidad metro o milímetro de columna de agua, tal cual lo explicado en el Capítulo I.

Presión hidrostática

Si se tiene un recipiente con un líquido cualquiera, en la que se consideran dos planos A y B que se encuentran a distintos niveles como se observa en la figura 1-VI, se puede decir que la diferencia de presión que existe entre los mismos es igual a:

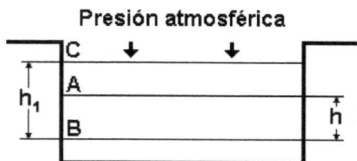

Figura 1-IV. Presión hidrostática

$$p_B - p_A = h\,\gamma$$

Siendo:

p_B: presión en B (kg/m^2 o mmca).
p_A: presión en A (kg/m^2 o mmca).
h: diferencia de nivel entre ambos planos (m).
γ: peso específico del líquido (kg/m^3).

Si se quiere hallar la diferencia de presión con respecto a otro plano C, ubicado a nivel de agua y en contacto con la presión atmosférica, se tiene:

$$p_B - p_C = h_1\,\gamma$$

Pero como la presión que actúa en C es la presión atmosférica queda:

$$p_B = 1{,}033 \text{ kg/cm}^2 + h_1\,\gamma$$

Esa presión p_B *es la presión absoluta en B.* Los manómetros que son aparatos destinados a medir presiones registran solamente el valor de $h_1\gamma$ y por lo tanto, cuando generalmente se habla de presión de una masa líquida no se refiere a la presión absoluta, sino a lo que se denomina *presión manométrica.*

De esa manera, la presión hidrostática o de posición está determinada por la diferencia de nivel entre la posición del plano considerado con respecto a otro que se tome como referencia, multiplicado por el peso específico del líquido. Por ejemplo, si se supone un tanque de agua de un edificio que tiene un nivel de 30 m sobre una válvula cerrada, como se muestra en la figura 2-VI, la presión vale:

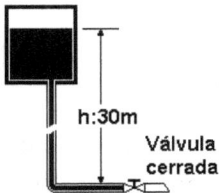

Figura 2-IV. Altura de columna de agua

$$P = 30 \text{ m} \times 1000 \text{ kg/m}^3 = 30.000 \text{ kg/m}^2 = 30 \text{ mca.}$$

ESCURRIMIENTO DE FLUIDOS

Gasto o caudal

Si se supone un fluido en movimiento dentro de una cañería o conducto, a través de una sección S cualquiera normal al eje, pasará duran-

te un lapso determinado una cierta cantidad de fluido, de acuerdo a lo indicado en
la figura 3-IV.

Se denomina *caudal* a la cantidad de
fluido que pasa a través de una sección en
la unidad de tiempo, medido en volumen.

El caudal que circula es igual a la velocidad media de circulación, por la sección de conducto que atraviesa el fluido:

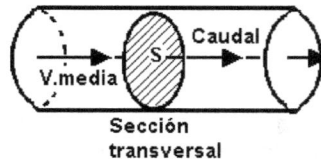

Sección transversal

Figura 3-IV. Gasto o caudal circulante

$$C = S \cdot v$$

C: se mide en general (l/h, l/seg, m^3/h, m^3/min).

Si en vez de medir la cantidad de fluido que circula en volumen se
lo mide en peso, se lo puede definir como *gasto*.

$$G = S \cdot v \cdot \gamma$$

Siendo:

γ el peso específico del fluido.

G: de lo mide en general (kg/seg, kg/h, gr/seg, gr/h).

Presión en las canalizaciones

El agua fluye por cañerías o el aire por conductos a causa de la presión producida por una bomba o ventilador respectivamente, la que debe ser suficiente para vencer las resistencias que se originan con objeto
de lograr la circulación deseada.

En la circulación de los fluidos se generan dos tipos de presiones
características, denominadas *presión estática y presión dinámica,* según
se muestra en el detalle de un conducto de aire en la figura 4-IV.

La *presión estática* es la presión superficial sobre las paredes del
conducto y la *dinámica* es la presión que debe comunicarse al fluido, para darle la aceleración necesaria para pasar del estado de reposo a la velocidad considerada.

De esa manera, *la presión total (Pt)* en un punto cualquiera es la
suma de la *presión estática (Pe)* y la *presión dinámica (Pd)*.

$$Pt = Pe + Pd$$

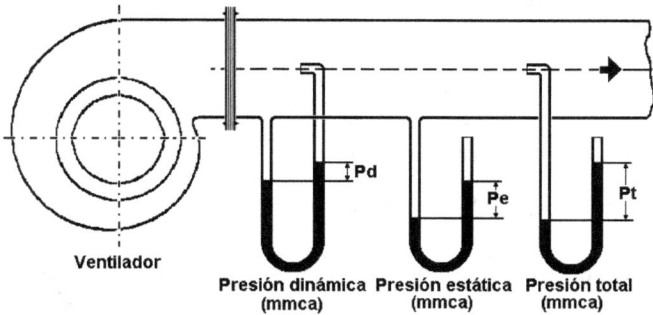

Figura 4-IV. Medición de las presiones en la circulación
de un fluido

Si en el conducto se introduce un tubo de diámetro pequeño con agua, el líquido asciende hasta un nivel determinado.

Si la dirección de circulación es *paralela a la sección del tubito en contacto con ella*, se está midiendo la presión estática y vale:

$$Pe = h . \gamma$$

Donde:

Pe: presión estática (mmca).
h: altura en mm del agua en el tubo de acuerdo a figura 4-IV.
γ: peso específico del fluido circulante (kg/m^3).

Si la dirección de circulación del fluido es perpendicular a la sección del tubito, la presión que se mide es la presión total del fluido (Pt) que vale:

$$Pt = Pe + (\gamma v^2/2g)$$

Siendo:

Pt: presión total (mmca).
v: velocidad media del fluido (m/seg).
g: aceleración de la gravedad (m/seg^2).

Al término ($\gamma v^2/2g$) se lo llama *presión dinámica* (Pd) y se lo puede medir de acuerdo a lo detallado en la figura 4-IV anterior.

En el caso que el fluido sea aire, la presión dinámica en mmca vale:

γ: peso específico aire normal a 15°C: 1,2 kg/m³.
g: 9,8 m/seg²

$$Pd = \gamma v^2/2g = 1,2 . v^2/2 \times 9,8 = v^2/16$$

PÉRDIDAS DE PRESIÓN EN TUBERÍAS RECTAS

El teorema de Bernoulli para un *fluido ideal* desprovisto de rozamiento, dice que en la circulación de un fluido *la presión total permanece constante*. De esa forma, en las partes estrechas de la tubería donde
la velocidad y en consecuencia la presión dinámica son grandes, la presión estática es pequeña, e inversamente en las partes amplias, como se
observa en la figura 5-IV.

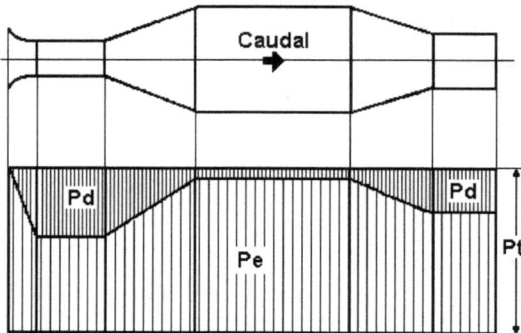

Figura 5-IV. Variaciones de presión estática, dinámica y total
en la circulación de un fluido ideal

De modo que.

$$Pt = Pe_1 + Pd_1 = Pe_2 + Pd_2 = Pe_3 + Pd_3$$

Una reducción de velocidad en una red de conductos produce un
consecuente pequeño incremento de la presión estática, que se lo denomina *reganancia estática*.

Circulación de un fluido real

En los *fluidos reales*, a causa del rozamiento, se produce una transformación de energía mecánica en calor y la presión total Pt, va dismi-

nuyendo a lo largo de la tubería. Aplicada a dos secciones, la ecuación anterior toma ahora la forma:

$$Pe_1 + Pd_1 = Pe_2 + Pd_2 + \Delta p$$

Δp es la pérdida permanente de presión en el recorrido desde la sección 1 a la sección 2. En el caso de un tubo recto sin cambios de sección, al no modificarse la velocidad *la presión dinámica es constante* y la ecuación se simplifica en función de la diferencia de las presiones estáticas, tal cual se señala en la figura 6-IV quedando de la forma:

$$\Delta p = Pe_1 - Pe_2 = Pt_1 - Pt_2$$

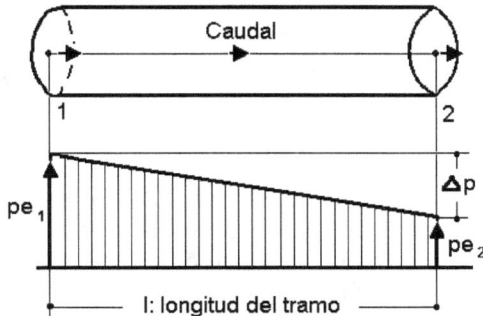

Figura 6-IV. Caída de presiones estáticas en un tubo recto

Gradiente hidráulico

De acuerdo a lo indicado precedentemente, si se considera un tramo recto de una conducción de igual sección y de longitud l (m), por la cual circula un caudal o cantidad de fluido constante en la unidad de tiempo, se produce *una caída de presión estática* entre el punto inicial 1 y el final 2, la que se supone *proporcional a la longitud.*

De modo que puede decirse que:

$$(Pe_1 - Pe_2)/l = \Delta p/l = R$$

A R se lo denomina *gradiente hidráulico o pérdida de carga por metro* y se lo mide en mmca/m. De esa manera, la caída de presión estática en un tramo recto de una canalización vale:

$$\Delta p = l. R$$

El gradiente hidráulico R depende de las características del fluido, diámetro, tipo de canalización y de la velocidad de circulación, de acuerdo a la ecuación de Darcy-Weirbach:

$$R = \lambda.v^2 \, \gamma/2g \, .d$$

Donde:

R: gradiente o pérdida de presión en altura de columna de agua por metro de cañería (mm/m).
λ: coeficiente de frotamiento (sin unidad).
g: aceleración de la gravedad (9,8 m/seg^2).
d: diámetro de la canalización (m).
v: velocidad media de circulación (m/seg.).
γ: peso específico del fluido (kg/m^3).

El coeficiente de resistencia λ depende del régimen de la corriente de fluido y del estado o característica de rugosidad de la conducción.

El régimen de circulación puede ser *laminar o turbulento,* tal cual se muestra en la figura 7-IV. La *circulación laminar* se produce cuando la corriente es suficientemente lenta y las trayectorias de las distintas partículas son líneas paralelas al eje. En cambio, si la velocidad de la corriente es grande, la circulación se hace *turbulenta* y las diferentes partículas se mueven irregularmente, siguiendo trayectorias completamente desordenadas.

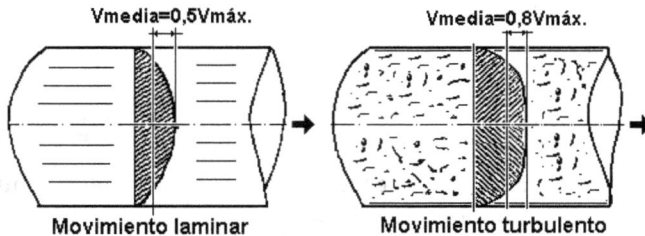

Figura 7-IV. Régimen de circulación laminar o turbulento

El régimen de circulación puede estimarse con una magnitud adimensional llamado *número de Reynolds.*

$$Re = v \, d/\mu$$

Donde:

v: velocidad del fluido (m/seg).
d: diámetros de la conducción (m).
μ: viscosidad cinemática del fluido (m^2/seg).

En una conducción recta, la transformación del régimen laminar a turbulento se denomina *estado crítico,* considerándose que se produce para un número de Reynolds 2300. De modo que para un Re mayor de 2300, se estima que la circulación es turbulenta, por lo que la *velocidad crítica* para la cual la circulación sería turbulenta, puede deducirse de la ecuación anterior.

En general, la circulación de fluidos en las instalaciones de aire acondicionado y calefacción, tiende a ser turbulenta porque normalmente se supera la velocidad crítica.

Sin embargo, la circulación *no es del todo turbulenta* porque como la distribución de velocidades con respecto al diámetro de la canalización es máxima en el eje y va disminuyendo hasta hacerse nula en contacto con la pared de la conducción, en sus inmediaciones, al ser las velocidades más pequeñas se produce una circulación laminar, por lo que se genera normalmente una zona de *transición*, existiendo una *capa límite* laminar cuyo espesor disminuye a medida que aumenta el número de Reynolds.

En esa zona de transición, las desigualdades de la pared pueden influir en el coeficiente de resistencia del tubo λ. Por ello se considera un valor característico denominado *rugosidad relativa*, de acuerdo a lo consignado en la figura 8-IV y que se expresa por la relación:

$$\varepsilon/d.$$

Donde:

ε: altura promedio de las asperezas de la conducción (m).
d: diámetro de la conducción (m).

Para esa *zona de transición* típica, Colebrook y Moody han resumido los resultados de numerosos ensayos mediante una fórmula empírica, donde los valores han surgido de ensayos experimentales.

$$1/\lambda^{0,5} = - 2 \lg \left[(2,51/\text{Re }\ \lambda^{0,5} + (\varepsilon/d)/3,72) \right]$$

En esta fórmula:

λ: coeficiente de frotamiento sin unidad.
Re: número de Reynolds (n°).
lg: logaritmo base 10.
d: diámetro interno el tubo (m).
ε/d: rugosidad relativa (m/m).

Esta ecuación es algo complicada y sólo puede resolverse por un procedimiento de aproximaciones sucesivas. Por esta razón, para los ca-

sos prácticos suelen emplearse diagramas de
cálculos de cañerías y conductos, donde di-
chos valores de λ ya están incluidos.

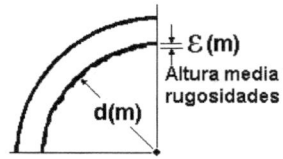

Figura 8-VI.
Rugosidad relativa

Ecuación fundamental
de la circulación

En general suele expresarse para su aplicación práctica la ecuación de Darcy-Weirbach vista anteriormente, en función del caudal o
cantidad de fluido circulante en la unidad de tiempo, pudiendo establecerse que:

$$C = v. S$$

Donde:

C: caudal circulante (m³/seg.).
v: velocidad del fluido (m/seg.).
S: sección interior de la conducción (m²).

Si se considera una sección circular:

$$C = v \cdot \pi \, d^2/4$$

Elevando al cuadrado y despejando v^2 queda:

$$C^2 = v^2 \cdot \pi^2 \, d^4/16 \therefore v^2 = 16 \, C^2/\pi^2 d^4$$

Reemplazando v^2 en la ecuación de Darcy-Weirbach anterior:

$$R = \lambda.v^2 \, \gamma/2g \cdot d = \lambda \cdot 16 \, C^2 \, \gamma/2 \times 9,8 . \pi^2. d^4. d$$

Considerando los valores numéricos queda la *ecuación fundamental para el cálculo de las canalizaciones.*

$$R = 8,27 \cdot 10^{-2} \, \lambda \, C^2 \, \gamma/d^5$$

Donde:

R: gradiente o pérdida de presión en altura de columna de agua por metro de
cañería (mmca/m).
λ : coeficiente de frotamiento (sin unidad).
d: diámetro de la canalización (m).
C: caudal de circulación (m³/seg.).
γ: peso específico del fluido (kg/m³).

Sobre la base de esta ecuación y según sea el tipo de fluido a transportar, se deducen las fórmulas particulares para la *confección de las tablas generales* para el cálculo de los distintos tipos de canalizaciones, como las consignadas en las páginas 169, 208 y 220.

Se observa que el caudal está elevado al cuadrado, por lo que si se aumenta un 20%, la caída de presión por metro o gradiente R se incrementa un 44%. Por otro lado, la influencia del diámetro es más importante porque está elevado a la quinta potencia, de modo que si por ejemplo, una canalización de 30 se reduce a 25 cm, el diámetro disminuye el 17% pero en cambio el gradiente aumenta un 251%. Además el diámetro o tamaño de un conducto para un mismo caudal, está en función inversa de la velocidad de circulación v = C/d.

De modo que si el gradiente R es grande, los diámetros serán pequeños y la red de tuberías resulta económica pero como las velocidades de circulación han de ser altas para transportar ese caudal, pueden provocar y transmitir ruidos y además como las pérdidas de presión son más importantes, la potencia absorbida por los dispositivos de transporte de los fluidos serán mayores.

Por ello, deben balancearse los costos de instalación con respecto a los de funcionamiento para determinar *la ecuación económica más conveniente* en cada caso particular de cálculo de canalizaciones de la instalación que se trate.

PÉRDIDAS DE PRESIÓN EN ACCESORIOS

En el cálculo de las caídas de presión en tuberías se ha demostrado la conveniencia de distinguir entre las pérdidas en los tramos de tubería rectos y las producidas en las resistencias simples o aisladas. A éstas pertenecen todos los *codos o cambios de dirección, derivaciones, etc.,* así como todos los *estrechamientos y ensanchamientos* de la tubería.

Se toma la pérdida permanente de presión *proporcional a la presión dinámica* y se calcula mediante una ecuación de la forma:

$$Z = \zeta \ v^2 \ \gamma/2g$$

Donde:

Z: pérdida de presión total en el accesorio (mmca).
ζ: coeficiente de frotamiento del accesorio (sin unidad).
g: aceleración de la gravedad (9,8 m/seg^2).
v: velocidad de circulación (m/seg).
γ: peso específico del fluido (kg/m^3).

El coeficiente ζ depende solamente de las *características geométricas* o sea de la forma de la resistencia individual que se trata, siendo prácticamente independiente del número de Reynolds o de la rugosidad relativa como en el caso de las canalizaciones y surge de ensayos de laboratorio de cada uno de los accesorios que se utilizan.

Longitud equivalente de canalizaciones

En la práctica es muy común estimar el rozamiento en los accesorios propios de los tramos de los conductos, como T, codos, curvas, etc. *relacionando su frotamiento, con el que tendría una longitud determinada en metros de canalización de igual diámetro*, denominada *longitud equivalente* (leq). Se establece según se indica en la figura 9-IV una longitud equivalente para cada accesorio, de modo que:

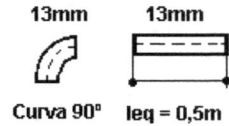

Figura 9-IV. Longitud equivalente

$$Z = \text{leq. R}$$

Si se reemplazan los términos de Z y R en las ecuaciones anteriores se tiene:

$$\zeta \, v^2 \, \gamma/2g = \text{leq} \, . \lambda \; v^2 \; \gamma/2g \, d$$

Simplificando y despejando queda:

$$\text{leq} = (\zeta/\lambda). \, d$$

De esa fórmula se desprende que la longitud equivalente para un determinado diámetro es función de ζ y λ, pero mientras λ varía de acuerdo al número de Reynolds y a la rugosidad relativa, ζ al depender de la forma geométrica del accesorio *es un valor constante*, de modo que la *longitud equivalente no constituye un valor fijo y debería ajustarse en función de las variaciones de λ* y por tal motivo no es un método de cálculo exacto. Sin embargo, como las diferencias no son significativas normalmente se utilizar ese método para los casos prácticos de instalaciones en edificios.

De esa manera, se establecen tablas de longitudes equivalentes para los accesorios más comunes para cañerías y conductos que se indican en los cuadros 1 y 2-IV.

CUADRO 1-IV. LONGITUDES EQUIVALENTES DE ACCESORIOS
PROPIOS DE CAÑERÍAS (m)

Tipo (mm) (")	13 1/2	19 3/4	25 1	32 1 1/4	38 1 1/2	51 2	64 2 1/2	75 3	100 4
Codo a 90°	0,5	0,6	0,8	1	1,2	1,5	1,8	2,3	3
Curva a 90°	0,3	0,4	0,5	0,7	0,8	1	1,2	1,5	2
Curva a 45°	0,2	0,3	0,4	0,5	0,6	0,8	1	1,2	1,6
Cupla reducción	0,2	0,3	0,4	0,5	0,6	0,9	1,2	1,5	2,1
Válvula retención	1,8	2,4	3,6	4,2	4,8	6,1	7,6	9,1	12,2
Válvula globo	5,4	6,6	8,7	11,4	12,6	16,5	20,7	25,2	36,8
Válvula esclusa	0,2	0,3	0,4	0,5	0,6	0,7	0,8	1	1,4
Válvula radiador	0,8	1	1,3	–	–	–	–	–	–
T (paso recto)	0,5	0,6	0,7	0,9	1,1	1,4	1,7	2,1	2,7
T (paso lateral)	0,9	1,2	1,5	1,9	2,4	3	3,6	4,6	6,4

CUADRO- 2.IV. LONGITUD EQUIVALENTE ACCESORIOS DE CONDUCTOS (m)

Diámetro (cm)	10	15	20	25	30	35	40	45	50	55	60	65	70	75	80	85	90	100
Codo recto (con guías)	2	3	4	5	6	7	8	9	10	11	12	13	14	15	16		18	20
Codo recto (sin guías)	5	7	10	12	15	17	20	22	25	27	30	32	35	37	40		45	50
Curva 90°	1	1,5	2	2,5	3	3,5	4	4,5	5	5,5	6	6,5	7	7,5	8		9	10
Curva 45°	0,5	0,7	1,2	1,5	1,7	2	2,2	2,5	2,7	3	3,2	3,3	3,5	3,7	4		4,5	5
T (paso recto)	1	1,5	2	2,5	3	3,5	4	4,5	5	5,5	6	6,5	7	7,5	8		9	10
T (paso lateral)	3	4,5	6	7,5	9	10	12	13	15	16	18	19	21	22	24		27	30

Para el caso de válvulas y controles se suele establecer las pérdidas de presión en las especificaciones de los fabricantes, en base a un *coeficiente Kv*, que se define por el caudal en m³/h que pasa a través de la válvula totalmente abierta, con un diferencial de presión de 1 kg/cm².

Características de las bombas o ventiladores

Una vez definido los diámetros de la canalización debe determinarse las características de la bomba o ventilador a emplear, las que se establecen por dos parámetros básicos, que son el *caudal de fluido a circular* y la *presión necesaria* en las redes de cañerías o conductos.

El *caudal circulante* de la bomba o ventilador es la suma de los caudales que transporta toda la canalización y la *presión necesaria* para vencer las pérdidas por fricción de la canalización, se basa en el concepto de conservación de la energía mecánica.

De esa forma, si se quiere mantener un fluido ideal en *movimiento constante en un circuito cerrado de canalizaciones,* la presión necesaria debe ser igual a la suma de las pérdidas de presión que se originan por frotamiento, pudiéndose expresar con la fórmula:

$$H = \Delta pt$$

Donde:

H: presión eficaz del ventilador o la bomba (mmca).
Δpt: pérdida de presión en el circuito de conductos o cañerías (mmca).

En el caso de circulación de agua por cañerías en *circuitos abiertos* donde están en contacto con la presión atmosférica, como el indicado en el esquema de la figura 10-IV que consta de una bomba que la eleva de un tanque otro a nivel superior, debe sumarse además de la presión anterior, la necesaria para vencer la altura hidrostática h debida a la gravedad.

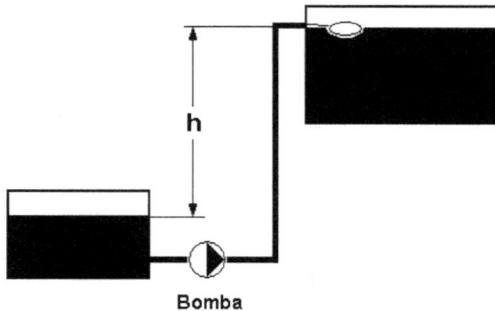

Bomba

Figura 10-IV. Circuito abierto

En este caso la presión eficaz, que debe tener la bomba para elevar el agua en forma constante desde el tanque inferior al superior, se puede expresar con la fórmula:

$$H = \Delta pt + h$$

Donde:

h: altura que hay que elevar el agua (mmca).

En general, en las instalaciones de calefacción y aire acondicionado los circuitos de agua son *del tipo cerrado*, no existiendo esa diferencia de altura h para elevar el agua. Un caso particular lo constituyen los sistemas de enfriamiento por agua mediante torre de enfriamiento, donde el circuito se abre parcialmente para pulverizar el agua como se verá posteriormente.

Para el análisis de la pérdida de presión en los circuitos Δpt, es conveniente distinguir tres elementos básicos:

Δp: pérdida de presión en los tramos rectos de la canalización. Esta caída de presión vale: $\Delta p = \Sigma lR$. de acuerdo a lo visto.

ΣZ: pérdida de presión en los tramos por los *accesorios propios* de las cañerías o conductos como ser codos curvas, tés, etc.

$\Sigma Z^{\backprime}$: pérdidas de presión en los tramos del circuito por *accesorios particulares* como intercambiadores de calor, unidades enfriadoras, calderas, radiadores, rejas, persianas, baterías, etc.

Por ello, para un circuito cerrado, la fórmula anterior queda expresada de la siguiente manera:

$$H = \Sigma\, lR + \Sigma\, Z + \Sigma\, Z'$$

La presión necesaria del ventilador o bomba *en cada uno de los circuitos cerrados debe ser la misma* para que el sistema sea equilibrado, pero por seguridad se diseñan en base al circuito cerrado más desfavorable de la red, que generalmente es el más largo.

Para estimar el rozamiento en los accesorios propios de los tramos de las cañerías, como T, codos, curvas, etc. se emplea la longitud equivalente:

$$\Sigma\, Z = \Sigma\, leq\, .\, R$$

De ese modo, la ecuación general queda:

$$H = \Sigma\, (l + leq)\, .\, R + \Sigma\, Z'$$

Simplificación del cálculo

En la mayoría de las aplicaciones prácticas, la experiencia demuestra, salvo casos especiales, que no es necesario efectuar un análisis tan pormenorizado de las caídas de presión *por los accesorios propios de la red de canalizaciones,* y si la instalación está bien ejecutada puede estimarse para estos casos que la *longitud equivalente es igual a la longitud real de los tramos* que constituye el circuito cerrado considerado. O sea puede estimarse:

$$\Sigma \, l = \Sigma \, leq.$$

Por ello la ecuación general para estimar la presión de las bombas o ventiladores de los sistemas de climatización puede expresarse en forma simplificada para el circuito cerrado más desfavorable por la ecuación:

$$H = 2 \, \Sigma \, l \, R + \Sigma \, Z'$$

En este caso, R se toma el valor constante que sirvió de base para el diseño de los diámetros de la red y los valores de Z', corresponden a los elementos particulares que intervienen en el circuito más desfavorable cuyas magnitudes se establecen directamente en valores absolutos de mmca o mca, algunos de los cuales se indican como referencia orientativa en el cuadro 3-IV.

CUADRO 3-IV. PÉRDIDA DE PRESIÓN Z′ DE DIVERSOS ELEMENTOS

Elemento	Caída de presión
Filtros de aire estándar	5 mmca
Compuertas regulación	1 a 1,5 mmca
Persiana fija tipo celosía	1,5 mmca
Persiana regulable	1,5 mmca
Pleno de cielorraso o piso	1,5 mmca
Pleno de mezcla	1 mmca
Batería de calefacción o refrigeración (aire)	1,5 mmca/hilera
Batería de calefacción o refrigeración (agua)	0,75 mca/hilera
Calderas	1 a 2 mca
Radiador	0,5 mca

Leyes físicas de los ventiladores o bombas circuladoras

El funcionamiento de todos los ventiladores o bomba es regulado por leyes físicas, por las cuales pueden determinarse las variaciones de sus características de funcionamiento. Éstas son las siguientes:

El caudal es directamente proporcional al número de vueltas.

$$C_1 = C \ (n_1/n)$$

Siendo:

C_1: caudal a n_1 vueltas.
C: caudal a n vueltas.

Las presiones varían según el cuadrado del número de vueltas.

$$H_1 = H \ (n_1/n)^2$$

En la que:

H_1: presión a n_1 vueltas.
H: presión a n vueltas.

La potencia absorbida es directamente proporcional al cubo del número de vueltas.

$$P_1 = P \ (n_1/n)^3$$

Donde:

P_1: potencia absorbida a n_1 vueltas.
P: potencia absorbida a n vueltas.

La regulación mediante el ajuste de la velocidad de giro de los ventiladores o bombas representa un considerable ahorro energético porque la potencia consumida es una función del cubo de la relación de velocidades.

Para una determinada cantidad de vueltas, generalmente expresada en revoluciones por minuto (rpm), el caudal de aire o agua será variable según la resistencia opuesta y por otra parte la presión y la potencia absorbida toman distintos valores para cada caso.

Estas variaciones son difíciles de calcular con fórmulas, por lo que son representadas por *curvas características* en diagramas o tablas apropiadas que se determinan sobre la base de ensayos.

Montaje de bombas o ventiladores en serie o paralelo

Es posible conectar los ventiladores o bombas en *serie o paralelo* recomendándose que siempre sean de igual característica, por lo que es importante determinar como se conforma el conjunto de esos dos elementos. Así puede establecerse que:

- *Conexión en serie*: se suman las presiones, caudales constantes.
- *Conexión en paralelo*: Se suman los caudales, presión constante.

Por ejemplo, se observa en la figura 11-IV el caso de conexión en paralelo y serie respectivamente de dos bombas centrífugas de 3000 l/h y 3 mca cada una.

Si se representa la curva característica de caudal-presión de cada bomba en la misma escala, la curva resultante es la que surge de sumar las absisas en el caso de conexión en paralelo y las ordenadas en la conexión en serie.

Se observa que en la conexión en paralelo se suman los caudales o sea un total de 6000 l/h y la presión se mantienen en 3 mca mmca, y en el caso de la conexión en serie el caudal se mantiene constante en 3000 l/h, pero se suman las presiones o sea es de 6 mca, detallándose en ambos casos las curvas características resultantes.

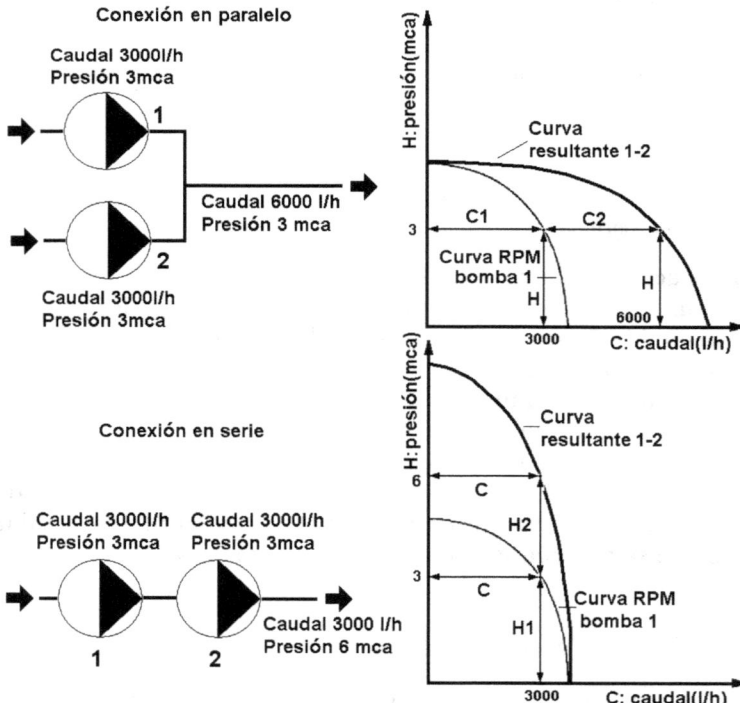

Figura 11-IV Curvas presión-caudal de bombas en paralelo y serie

RELACIÓN DEL VENTILADOR O LA BOMBA
CON EL SISTEMA DE CONDUCTOS O CAÑERÍAS

Cuando se efectúa el cálculo de cañerías o conductos, se establece el caudal que requiere el fluido para su movimiento constante por la red, en función de una presión necesaria para vencer las resistencias del circuito. Dicho caudal puede variar durante el funcionamiento de la instalación y la representación gráfica de dicha variación, referida a un sistema de ejes coordenadas *caudal-presión*, se denomina *curva característica del sistema*.

Se había mencionado que la presión valía considerando como seguridad el circuito más desfavorable:

$$H = \Sigma \ (l + leq).R + \Sigma \ Z'$$

Si se reemplaza el valor de $R = 8{,}27 \ . \ 10^{-2} \ \lambda \ C^2 \ \gamma/d^5$

$$H = \Sigma \ (l+leq). \ 8{,}27. \ 10^{-2} \ \lambda \ C^2 \ \gamma/d^5 + (\Sigma \ Z')$$

Si se establece al valor del caudal C como variable y se suponen *constantes en el circuito* todos los otros parámetros, la presión del sistema queda representada por la siguiente ecuación simplificada, proporcional al cuadrado del caudal circulante.

$$H = K \ C^2$$

Siendo:

H: presión requerida por el sistema.
K: constante del circuito.
C^2: caudal circulante.

De esa manera, el caudal circulante en el sistema va a modificarse en virtud de las fluctuaciones de presión que se van a producir en el funcionamiento de la instalación, por lo que, determinando la constante K para el punto de diseño del circuito más desfavorable, *puede construirse la curva característica del sistema* de conductos o cañerías.

Construcción de la curva del sistema

Supóngase haber determinado en una red de conductos los datos de cálculo siguientes:

- Caudal: 60 m³/min
- Presión H del circuito más desfavorable: 19 mmca

Se puede construir la curva de la red del circuito de conductos, determinando la constante K de acuerdo a la fórmula indicada precedentemente:

$$K = H/C^2 = 19/60^2 = 0,00528$$

De modo que el caudal circulante en ese circuito para otros valores de presión vale:

Para 25 mm: $C = \sqrt{H/K} = \sqrt{25/0,00528} = 68,8$ m³/min
Para 13 mm: $C = \sqrt{H/K} = \sqrt{13/0,00528} = 49,6$ m³/min

De esa manera, se confecciona sobre el gráfico: presión (H) caudal (C), la curva característica del circuito de la red del proyecto como se muestra en la figura 12-IV.

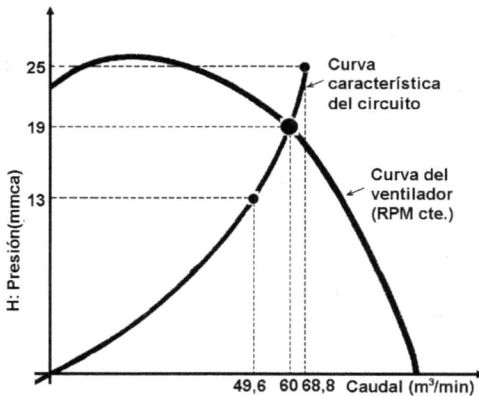

Figura 12-IV. Representación gráfica de la curva característica del circuito

Se observa que la curva del sistema debe interceptar *la curva del ventilador seleccionado* en el punto característico del caudal y contrapresión de cálculo establecida.

Sin embargo, en el funcionamiento puede haber apartamientos del punto característico debido a diferencias de presión, como puede ser el grado de limpieza de los filtros. En el ejemplo anterior si por algún motivo la contrapresión del circuito aumenta de 19 a 25 mmca, la curva real se desplaza a la izquierda, disminuyendo el caudal circulatorio como se observa en la figura 13-IV, ocurriendo lo contrario si disminuye.

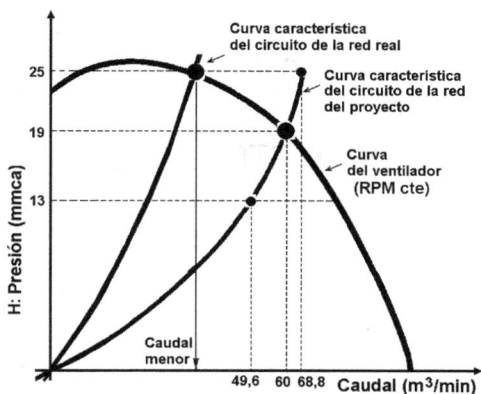

Figura 13-IV. Curvas características teórica y real

De esa manera, si se quiere ajustar el caudal a los valores de cálculo, se debe regular la presión del circuito de agua o aire accionando *la apertura de una válvula o persiana de regulación*. Otra alternativa es variar la curva de velocidad de giro o revoluciones por minuto del ventilador o la bomba circuladora en el caso de sistemas de velocidad variable.

Si por ejemplo se quiere regular el caudal de agua de la batería de una unidad de tratamiento de aire con una válvula de dos vías modulante, a medida que ésta va cerrando la circulación en el caso de cargas parciales, origina una *presión diferencial* entre las cañerías de alimentación y retorno de agua de la bomba.

Un sensor detecta esa diferencia y envía una señal al variador de frecuencia para ajustar la velocidad del motor de la bomba y entonces la operación se desplaza a lo largo de la curva del sistema a los puntos A-B y C, como se observa en la figura 14-IV.

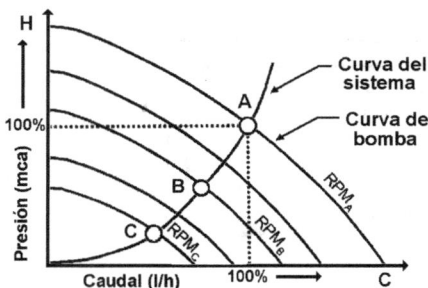

Figura 14-IV. Curva sistema-caudal de bomba de velocidad variable

CAPÍTULO V

DISEÑO DE CONDUCTOS Y REJAS

PROYECTO DE CONDUCTOS

Los conductos de chapa de hierro galvanizado son los más emplea-dos en instalaciones de aire acondicionado y en su tendido deben tener-se en cuenta una serie de factores como transformaciones, codos, acopla-mientos, eliminación de obstáculos, etc.

Cuando se modifica la forma del conducto rectangular, la inclina-ción máxima de las piezas laterales es del 25% y si se debe reducir el ta-maño para salvar obstáculos, no debe disminuirse más de un 20%, tal como se indica en la figura 1-V.

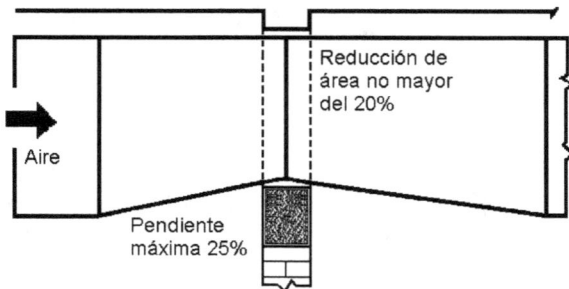

Figura 1-V. Reducciones máximas de secciones

En algunos sistemas de distribución de aire se colocan en el interior del conducto algunos elementos, tales como filtros, persianas o baterías de calefacción, cuyas dimensiones son mayores que las de conducto. En estos casos, la transformación situada antes del elemento en el sentido de la corriente de aire, debe tener una inclinación máxima de 30°, mientras que la que está situada a continuación no debe superar los 45°, como se muestra en la figura 2-V.

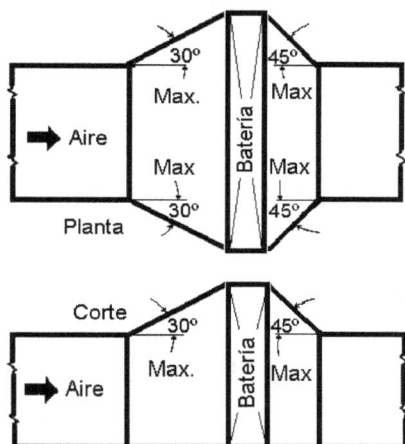

Figura 2-V. Forma de montaje de elementos en conductos

Las cañerías, conducciones eléctricas, elementos estructurales y otros obstáculos deben evitarse siempre en el interior de los conductos, especialmente en los codos y las T, dado que originan unas perdidas de carga innecesarias y pueden ser fuente de ruidos.

Codos

Los codos por cambio de dirección pueden ser:

- Codos normales o curvas.
- Codos con guiadores.

El *codo* se construye con el radio menor igual a los 3/4 de la dimensión del conducto en la dirección del giro. Cuando es igual se denomina *codo normal* según se indica en la figura 3-V y si es mayor suele llamarse *curva*.

$$Ri \geq 3/4\ D$$

Donde:

Ri: radio de giro interior (cm).
D: diámetro del conducto (cm).

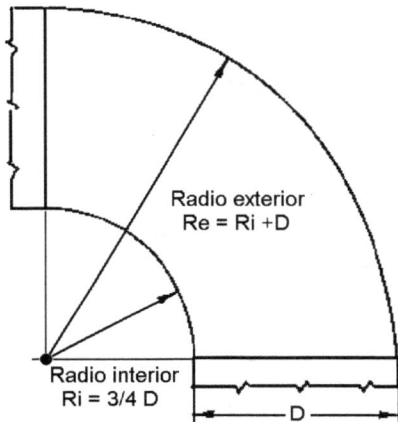

Figura 3-V. Codo normal

Cuando el radio de curvatura es muy pequeño se originan turbulencias por la desigual distribución del aire en el conducto, especialmente cuando se debe conectar ramales o rejas, debiéndose utilizar curvas o eventualmente codos con guiadores, recomendándose cierta distancia mínima, como se indica en la figura 4-V.

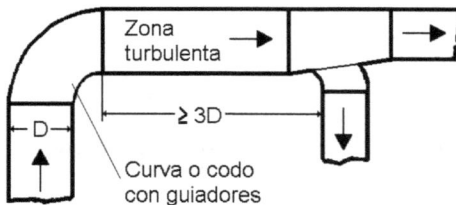

Figura 4-V. Distancia recomendada a ramales o rejas

El codo con guiadores detallado en la figura 5-V, debe emplearse cuando no se puede cumplir con la relación indicada precedentemente, siendo conveniente colocar la mayor cantidad de guiadores para mejorar la circulación. En caso de adoptarse uno, dos o tres guiadores, se pueden determinar las separaciones mediante el gráfico indicado en la figura 6-V.

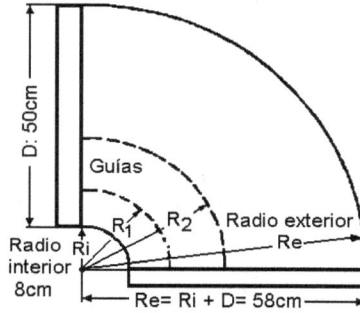

Figura 5-V. Codo con guiadores

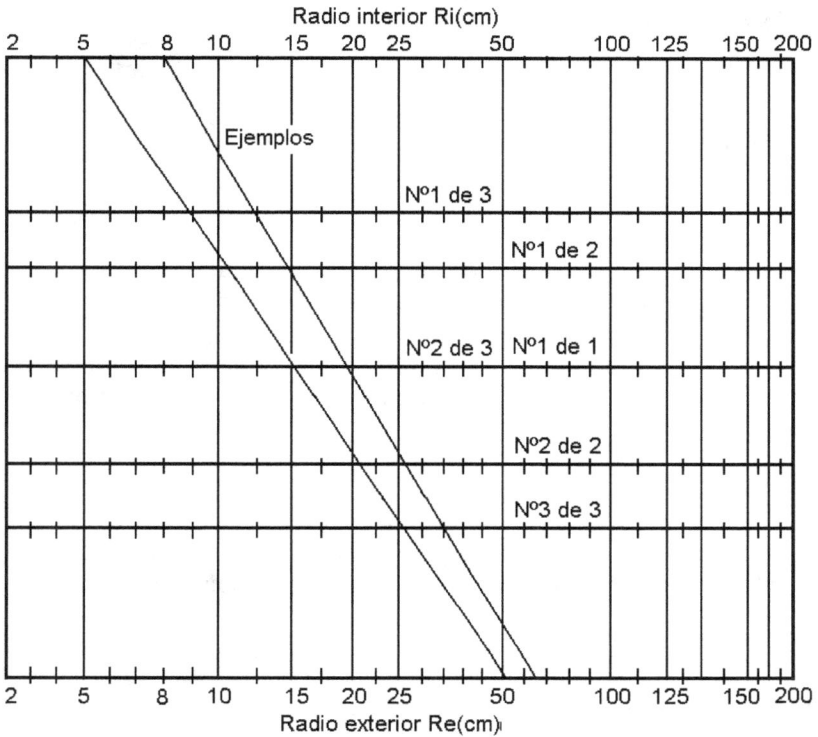

Figura 6-V. Gráfico cálculo de guiadores

Ejemplos

Determinar la posición de las guías del codo rectangular de la figura 5-V anterior, de acuerdo a los siguientes datos:

- Radio interno (Ri) 8 cm.
- Ancho del conducto (D): 50 cm.
- Radio exterior (Re): 58 cm.

Es evidente que no cumple con la relación del codo normal, dado que el radio interno Ri debería tener como mínimo la siguiente dimensión:

$$Ri = 3/4 \ D \quad Ri = 3/4 \ x \ 50 = 37,5 \ cm$$

En el caso de decidir colocar *dos guiadores*, se determina una línea en el gráfico de la figura 6-V anterior, uniendo Ri = 8 cm. y Re = 58 cm. y se lee la separación para el caso de dos guías. Así:

$$R_1 = 15 \ cm \qquad\qquad R_2 = 28 \ cm$$

En caso de colocar *tres guiadores,* se lee:

$$R_1 = 12,5 \ cm \qquad R_2 = 20 \ cm \qquad R_3 = 32 \ cm$$

Una circunstancia que suele presentarse muchas veces por razones constructivas en obra, es determinar la posición de las guías de un codo, cuyo radio interior Ri es cero.

En este caso, se supone el radio interior Ri ficticio igual a la décima parte del radio exterior Re. De esa manera, en el mismo ejemplo anterior se supone Ri = 0:

$$Re = D = 50 \ cm \qquad Ri = 0,10 \ x \ 50 = 5 \ cm$$

Se determina una línea en el gráfico uniendo Ri = 5 cm y Re = 50 cm y se lee la separación para el caso de dos guías. Así:

$$R_1 = 11 \ cm \qquad R_2 = 22 \ cm$$

Además, debe añadirse una tercera guía a 5 cm que constituye el radio interno ficticio.

CÁLCULO DE CONDUCTOS DE AIRE ACONDICIONADO

El apropiado diseño de los conductos de inyección y retorno de aire en un sistema de acondicionamiento es de fundamental importancia para lograr buenos resultados y para ello, debe tener en cuenta los siguientes aspectos:

- Distribución acorde con la estructura del edificio.
- Control de ruido en las canalizaciones.
- Determinación de caudales de aire apropiados para cada ramal.
- Ubicación óptima de las rejas o difusores.
- Análisis económico para reducir al mínimo los gastos de inversión y operación del sistema.

Para el cálculo de los conductos se parte de la ecuación fundamental del cálculo de canalizaciones deducida anteriormente en el Capítulo IV:

$$R = 8{,}27 \cdot 10^{-2}\, \lambda\, C_s^2\, \gamma/d^5$$

En este caso es conveniente trabajar con las siguientes unidades:

C: caudal circulante en m^3/min en lugar de C_s en m^3/seg.
d: diámetro interior en cm en lugar de m.
γ: peso específico se toma para aire normal a 15°C: 1,2 kg/m^3.

De modo que:

$$R = 8{,}27 \cdot 10^{-2}\, \lambda\, C^2 \cdot 10^{5} \cdot 1{,}2/d^5\ 60^2$$

Efectuando la operación de los valores numéricos queda la ecuación básica de diseño:

$$R = 2{,}76 \cdot 10^5\, \lambda\, C^2/d^5$$

Con esta fórmula y sobre la base de los valores de λ, determinados con la fórmula empírica surgida de ensayos indicados precedentemente en el capítulo IV, se ha confeccionado el diagrama para conductos de chapa galvanizada que se indica en la figura 7-V que facilita la realización práctica de los cálculos.

El mismo sirve para aire a presión atmosférica normal, no teniéndose en cuenta las pequeñas variaciones producidas por las diferentes presiones y temperaturas que se originan en las instalaciones de acondicionamiento de aire.

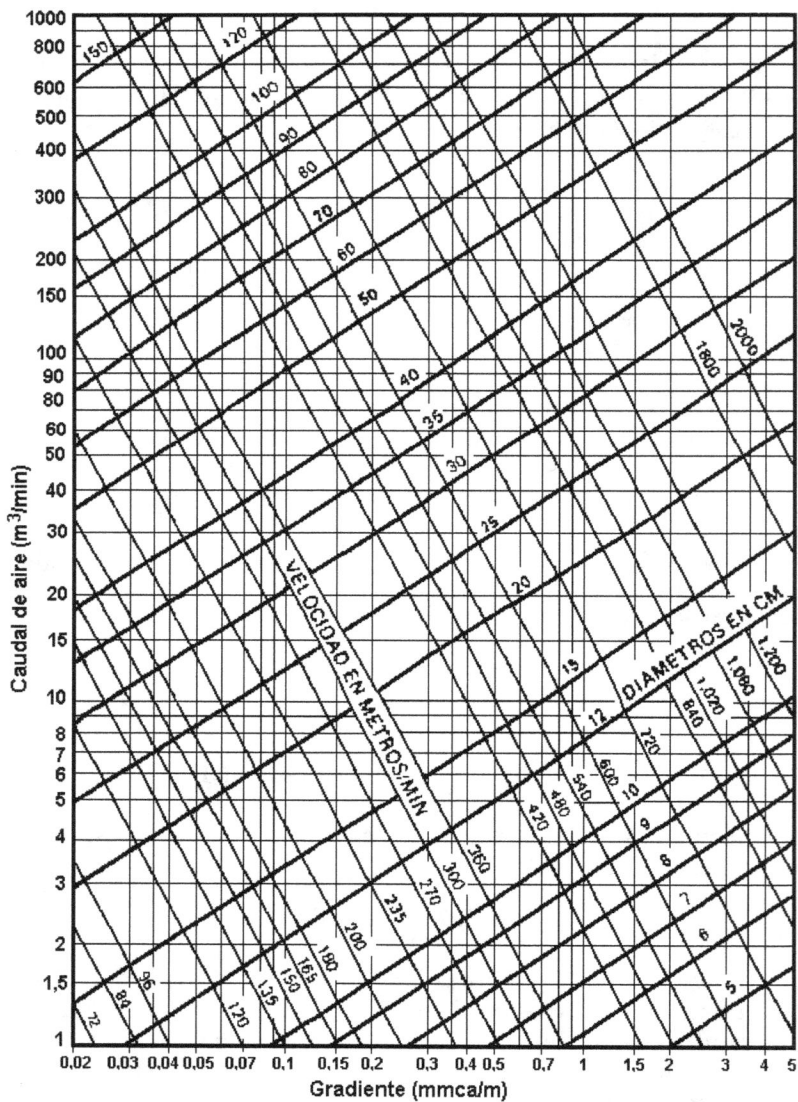

Figura 7-V. Gráfico de cálculo de conductos de aire acondicionado

Planteo del cálculo de conductos

Se desprende del gráfico de la figura 7-V que para el diseño de una red de conductos o sea para determinar los diámetros d, es necesario conocer el caudal C y el gradiente R.

Determinación de los caudales de aire en circulación

La cantidad de aire a circular está relacionada con el calor sensible a suministrar o extraer y el salto térmico entre el aire del local y el de impulsión al mismo.

Las fórmulas que permiten establecer ese caudal ya han sido analizadas anteriormente en el Capítulo III anterior:

$$C = QSi/17 \ (tA - tI) \quad \text{(verano)}$$

$$C = Qt/17 \ (tI - tA) \quad \text{(invierno)}$$

Donde:

C: caudal de aire (m³/min).
tA: temperatura del aire ambiente del local (°C).
tI: temperatura del aire de impulsión (°C).
QSi: cantidad de calor sensible de ganancia interior del local en verano (kcal/h).
Qt: cantidad de calor sensible de pérdida por transmisión en invierno (kcal/h).
17:   factor que se considera constante.

El valor de la temperatura del aire de impulsión puede estimarse en la práctica aproximadamente en 10°C menos que la temperatura del ambiente en verano y de 40 a 50°C en invierno.

Cuando la instalación es verano-invierno, los conductos se diseñan sobre la base del cálculo de verano, dado que los caudales son mayores para esa época del año.

Los caudales en cada uno de los tramos de la red de conductos, están constituidos por las necesidades de cada una de las rejas o difusores de distribución

Determinación del gradiente R

El gradiente R en mmca/m se lo fija y se lo supone constante a lo largo de todo el proyecto de la red de conductos y su determinación se efectúa en base a que la velocidad máxima de la red de la canalización no supere valores críticos de acuerdo a la aplicación del sistema.

Esa velocidad máxima se establece en el tramo principal que está constituido por el de descarga del ventilador, de modo que a medida que el fluido avanza por las canalizaciones la velocidad va disminuyendo paulatinamente, lo que constituye la base del *método de cálculo de fricción constante*.

La fijación de la velocidad máxima de circulación del aire tiene gran importancia, pues su correcta elección por el proyectista establece niveles de sonido compatibles con el funcionamiento del sistema y que no se origine una contrapresión excesiva en el ventilador producida por las dimensiones de los conductos.

Para su determinación, pueden ser útiles los valores consignados en la tabla del cuadro 1-V:

CUADRO 1-V. VELOCIDADES MÁXIMAS RECOMENDADAS

Tipos de locales	*Velocidad*
Locales de muy bajo nivel de ruidos como bibliotecas	250 m/min.
Viviendas y oficinas de bajo nivel de ruidos	300 m/min.
Oficinas y locales comerciales con algo de nivel de ruidos	450 m/min.
Locales industriales que se toleren ruidos	500 a 600 m/min.

En general, cuando se emplean velocidades de descarga mayores de 500 m/min deben emplearse trampas de sonido.

De ese modo, con la velocidad de salida del ventilador que se fija de acuerdo a lo indicado precedentemente y el caudal que es el que transporta el conducto principal, se establece en la figura 7-V anterior un punto que define el diámetro del mismo y *el gradiente de cálculo R (mmca/m), que se mantendrá constante en toda la instalación*.

A partir de ese punto se traza la recta de maniobra de R constante, sobre la cual, en función de los distintos caudales transportados se efectúa el diseño de toda la red de conductos. En la figura 8-V se indica esquemáticamente el procedimiento detallado.

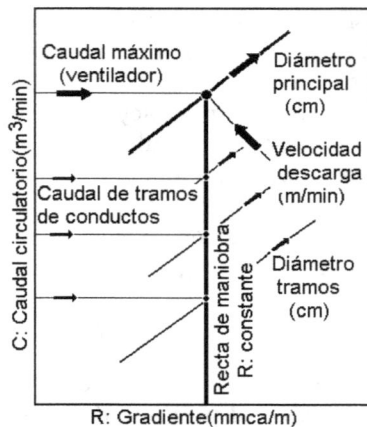

Figura 8-V. Esquema de cálculo de conductos

Diámetro de conducto equivalente

El procedimiento indicado precedentemente permite calcular los conductos de sección circular, pero en las aplicaciones prácticas de instalaciones de aire acondicionado o ventilación, suelen construirse de sección rectangular, teniendo en cuenta que normalmente debe reducirse la altura de los mismos.

Por ello, una vez determinado el diámetro del conducto, debe hallarse las dimensiones del conducto rectangular o cuadrado, equivalente a aquél. Así, considerando un conducto de lados a y b, puede ponerse:

$$d = 1,265 \sqrt[5]{(ab)^3/(a+b)}$$

Esta ecuación representa el diámetro equivalente a la sección rectangular o cuadrada, manteniendo constante la pérdida de presión y el caudal circulante.

Dicha fórmula ha permitido confeccionar el gráfico de conversión que se incluye en la figura 9-V, que permite visualizar la variación de los lados de un conducto rectangular para un conducto circular dado.

En dicha figura, sobre una diagonal se han indicado los puntos que corresponden a la conversión a conductos cuadrados.

Debe tenerse en cuenta como norma práctica de diseño que los conductos se aproximen en lo posible a la forma cuadrada, no siendo conveniente que la variación de lados exceda la relación de 5 a 1.

Diseño del ventilador

Una vez calculadas las dimensiones de los conductos, debe establecerse las características del ventilador que están determinadas por dos datos fundamentales que son el *caudal* a transportar y la *presión eficaz* que es necesario que produzca en el sistema.

El *caudal* se había calculado con la fórmula ya vista y fue la que permitió dimensionar el conducto principal que vincula al ventilador.

La *presión eficaz* necesaria que debe producir el ventilador se calcula con la fórmula de equilibrio ya analizada en el Capítulo IV, aplicándose para el circuito cerrado más desfavorable, que generalmente es el de más longitud, la fórmula:

$$Hv = \sum (l + leq) R + \sum Z'$$

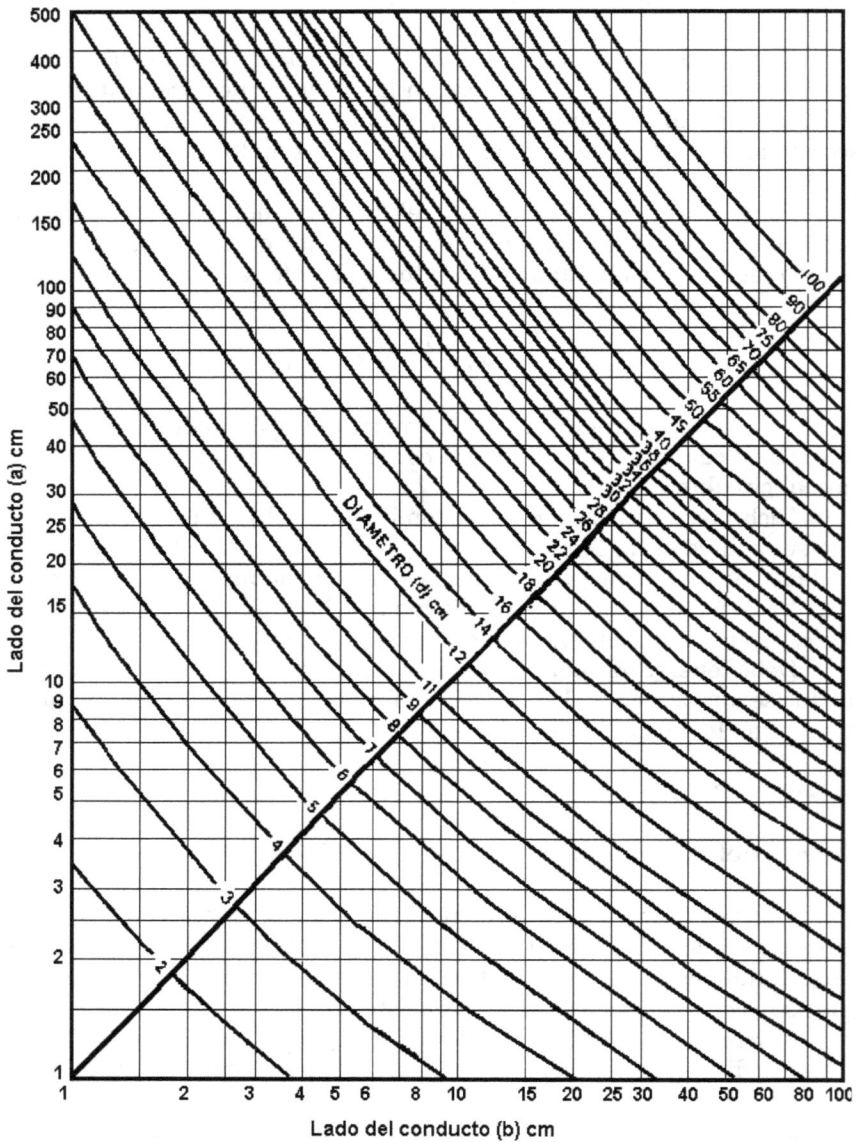

Figura 9-V. Gráfico de conversión de conductos circulares
en cuadrados o rectangulares

En la que:

Hv: presión eficaz (mmca).

R: gradiente o pérdida de presión por metro que se establece como constante en el gráfico de la figura 7-V anterior, en función del caudal del ventilador y la velocidad estimada de descarga del mismo (mmca/m).

Σ l: sumatoria de las longitudes de los tramos del circuito cerrado más largo (m).

Σ leq: sumatoria de longitudes equivalentes de las resistencias individuales del circuito cerrado de conductos más largo (m).

Σ Z': sumatoria de pérdidas de presión en resistencias particulares, como rejas, filtros, baterías, etc. (mmca).

La primera parte del término anterior representa la pérdida de presión por frotamiento en la red de conductos del circuito cerrado más largo, Σ (l + leq) R (alimentación y retorno).

Como en general las caídas de presión en los conductos es pequeña con respecto a las otras resistencias representadas en Z, no es necesario efectuar un cálculo tan minucioso pudiendo suponerse con cierta seguridad que:

$$\Sigma \text{ leq} = \Sigma \text{ l}$$

De modo que, en forma simplificada, quedaría:

$$Hv = 2 \Sigma \text{ lR} + \Sigma \text{ Z'}$$

Con estos valores de presión y caudal se pueden definir las características del ventilador a utilizar, que en la generalidad de los casos es del tipo *centrífugo*, mediante la aplicación de las tablas o gráficos de capacidades confeccionadas por los fabricantes.

Salvo casos especiales, el proyectista de un sistema de aire acondicionado no tiene actualmente necesidad de calcular los ventiladores, pues dispone en plaza de una gran variedad de marcas y modelos de equipos compactos que ya los contienen.

Es decir, una vez seleccionado el equipo que pueda cubrir las necesidades térmicas de los locales a climatizar, el ventilador del equipo y su performance queda definido dentro de ciertos límites por el fabricante.

Es entonces cuando se debe comprobar si dicho ventilador cumple con los requisitos de caudal necesario venciendo la contrapresión que ofrece el sistema de distribución que se ha proyectado. Por ello es sumamente importante que el equipo elegido no sea solo capaz de cubrir las necesidades térmicas calculadas, sino que también su sistema de circulación de aire pueda cumplir con las exigencias que le impone el proyecto de los conductos.

En el caso de equipos compactos en general la contrapresión de filtros y baterías de refrigeración ya se incluyen por el fabricante en

la presión que posee el ventilador, por lo que la información de ingeniería que proporcionan consignan los *valores que quedan disponibles
para vencer específicamente la caída de presión en las canalizaciones*,
el que va a depender del tamaño y características particulares del
equipo.

Ejemplo de cálculo de conductos

Supóngase calcular la red de conductos de chapa de hierro galvanizado para el suministro de aire acondicionado a un local para oficinas
administrativas, para el cual se ha efectuado el cálculo de las cargas en
el Capítulo III, habiéndose determinado un caudal de 60 m³/min.

Para el suministro de ese caudal de aire se instala un equipo roof-
top que cuenta con un ventilador que debe suministrar ese caudal, dis-
tribuyéndose el aire mediante una red de conductos de alimentación,
que se instalan sobre una pared, suspendido del techo y conformando
una falsa viga.

Se observa en los detalles que se muestran en la figura 10-V que
se efectúa la distribución del aire en el local mediante la utilización de
5 rejas, que por lo tanto introducirán 12 m³/min cada una.

El retorno se produce por una reja única colocada sobre el piso, vin-
culada con el pleno de mezcla mediante un conducto vertical provisto
con persiana de regulación en el piso.

Se han diferenciado los distintos tramos, anotándose sobre el esquema de conductos los caudales de aire a transportar en cada uno de ellos.

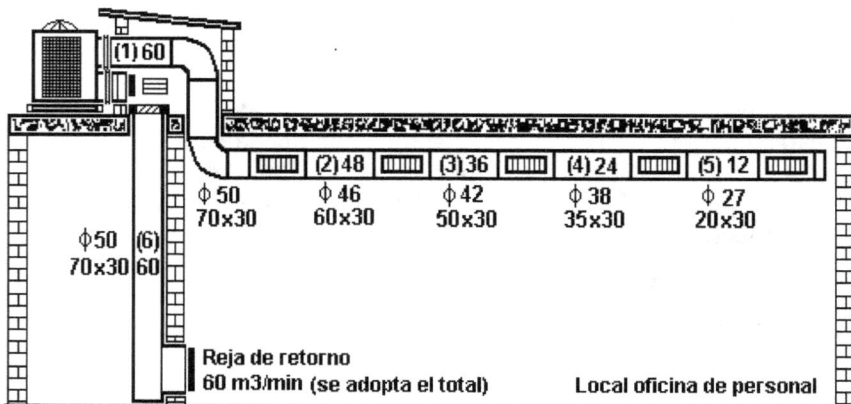

Figura 10-V. Detalle de montaje y tramos de conductos

De acuerdo al cálculo debería retornar solo el 80% de aire contaminado del local, exfiltrándose el 20% por las aberturas por sobrepresión y ese aire de retorno se mezcla en el pleno con el 20% de aire nuevo de ventilación mediante una persiana regulable.

A los fines del diseño de los conductos de retorno es de buena práctica sobredimensionarlos un poco considerando *que retorna el total del aire de impulsión*, para los casos de que se quiera poner en régimen rápidamente el sistema antes de la ocupación cerrando la toma de aire exterior y además reducir su velocidad atenuando la propagación de ruidos.

Como primera medida se fija la velocidad de descarga de aire del ventilador al conducto principal, teniendo en cuenta el nivel de ruido de la instalación. En este caso *se ha adoptado una velocidad de descarga de 300 m/min*, teniendo en cuenta que se trata de una oficina general administrativa donde se pretende poco ruido, de acuerdo a lo consignado en el cuadro 1-V anterior.

Con esta velocidad de salida del ventilador en el tramo principal y con el caudal a transportar máximo de 60 m³/min, en el gráfico para el cálculo de los conductos de la figura 7-V anterior, se halla la recta de maniobra de gradiente R constante de 0,05 mmca/m y el diámetro de tramo principal en 50 cm., tal cual se muestra en la figura 11-V. Sobre esta recta de maniobra y con los distintos caudales a circular por tramo, se hallan los diámetros de conductos.

Como se emplean conductos rectangulares, se utiliza el gráfico de la figura 9-V de conversión, fijándose la altura máxima del conducto en 30 cm., en función que el local tiene 3 m, como se describe esquemáticamente en la figura 12-V.

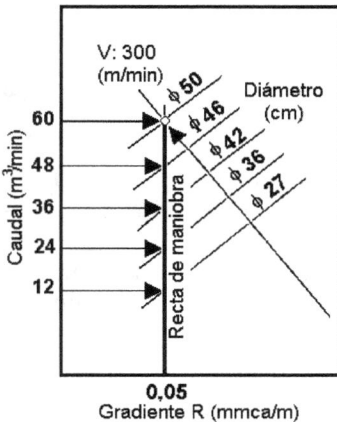

Figura 11-V. Esquema de cálculo de los conductos

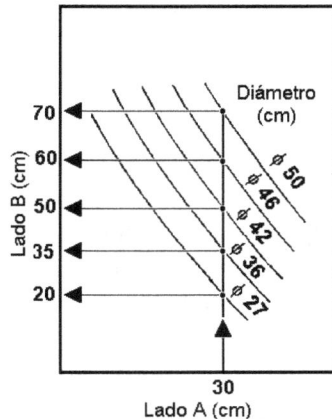

Figura 12-V. Esquema cálculo conductos rectangulares equivalentes

En la planilla de cálculo del cuadro 2-V, se han detallado las dimensiones de los conductos circulares y rectangulares hallados de esta manera.

CUADRO 2-V. PLANILLA RESUMEN CÁLCULO CONDUCTOS

Tramo (N°)	Caudal (m³/min)	Longitud (m)	Diámetros (cm)	Dimensiones (cm)
1	60	4	50	70 x 30
2	48	2	46	60 x 30
3	36	2	42	50 x 30
4	24	2	36	35 x 30
5	12	2	27	20 x 30
6	60	3	50	70 x 30

$$\sum l = 15 \text{ m}$$

Verificación de la caída de presión

Una vez dimensionada la red de conductos, es necesario establecer cuál es la caída total de presión por frotamiento en mmca, para verificar la presión disponible del ventilador del equipo. Se aplica la ecuación ya vista:

$$Hv = 2 \sum IR + \sum Z'$$

Donde:

Hv: presión disponible del ventilador del equipo.

$2 \sum IR$: pérdida de carga total de los tramos rectos de conductos y accesorios, del circuito más desfavorable o más largo (mmca).

$\sum Z'$:   frotamiento en las resistencias particulares, ubicadas fuera de la red de conductos propiamente dicha (mmca).

En este caso se supone que el equipo dispone de una presión Hv de 10 mmca en el ventilador, para gastar en la red de conductos. La longitud del circuito más desfavorable o más largo es de 15 m está constituido por los tramos que se indican el la tabla del cuadro 2-V anterior y que el gradiente R constante en el gráfico 7-V, es de 0,05 mmca/m queda:

$$Hv = 2\sum IR + \sum Z' = 2 \times 15 \times 0,05 + \sum.Z' = 1,5 \text{ mmca} + \sum.Z'.$$

La pérdida de presión Z', valen teniendo en cuenta los valores del cuadro 3-IV del capítulo anterior:

Reja de alimentación (última):	2	mmca (estimada)
Reja de retorno:	1	mmca
Persiana regulable retorno:	1,5	mmca
Pleno de mezcla:	1	mmca
Total Σ Z' :	5,5	mmca

$$Hv = 2 \sum l R + \sum Z' = 1,5 + 5,5 = 7 \text{ mmca.}$$

Verifica con un cierto margen de seguridad, dado que es menor que los 10 mmca disponible en el ventilador de equipo.

Debe destacarse que es necesario disponer de una minuciosa posibilidad de regulación del caudal de aire que circula por los distintos ramales de la red de conductos, con el objeto de llegar a resultados satisfactorios mediante este método de cálculo.

Por ello, deben incluirse dampers o persianas de regulación en las bifurcaciones más importantes, así como persianas reguladoras de caudal en las rejas o difusores de aire, para lograr un adecuado balanceo del sistema.

CONDUCTOS DISTRIBUCIÓN A VOLUMEN VARIABLE

Las formas típicas de distribuir los caudales de aire acondicionado en el edificio, están relacionada con la manera de regular el calor necesario a extraer en el funcionamiento de la instalación. En efecto, la cantidad de calor sensible que debe extraerse en todo momento del espacio acondicionado, depende del caudal de aire circulante y el salto térmico del aire de entrada y salida, de acuerdo a la ecuación vista precedentemente en el capítulo III al calcular las cargas de aire acondicionado.

$$QSi = 17 \, C \, (tA - tI)$$

Donde:

QSi: calor sensible a extraer del interior del local (kcal/h).
17: constante.
C: caudal de aire circulante (m³/min).
tA: temperatura de diseño del aire del ambiente o retorno (°C).
tI: temperatura del aire de impulsión al local (°C).

Como la temperatura del aire del ambiente tA debe permanecer constante, se deduce de esta fórmula que si se quiere regular la cantidad de calor sensible QSi a extraer del local, se tiene dos posibilidades de variables a modificar:

- Temperatura de impulsión (tI).
- Caudal circulante (C).

Por ello, existen dos tipos básicos de distribución de los caudales de aire, según se detallan en los esquemas de la figura 13-V.

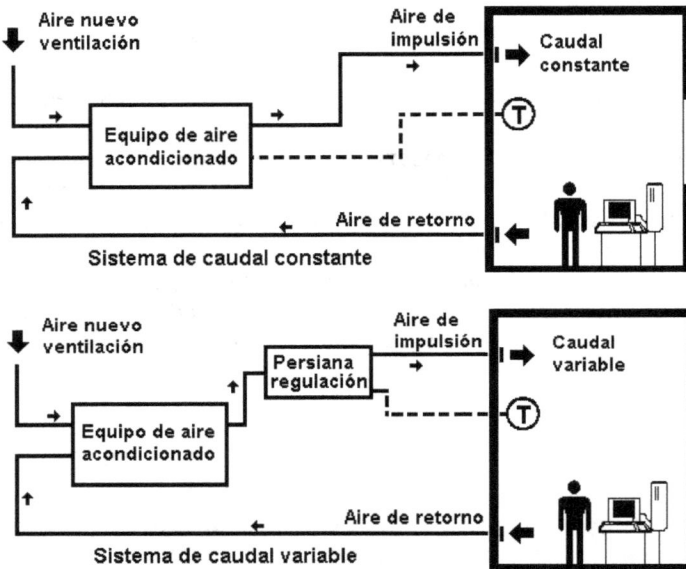

Figura 13-V. Esquemas básicos de caudal constante y variable

- *Volumen constante*: manteniendo constante el caudal de aire circulante y variando la temperatura de impulsión.
- *Volumen variable*: variando el caudal de aire circulante y manteniendo constante la temperatura de impulsión.

La forma de distribución a *volumen constante* constituyen la mayoría de las instalaciones, diseñándose para mantener el caudal circulatorio uniforme y *se varía la temperatura de impulsión a los locales.*

Cuando el termostato detecta que la temperatura del local baja de un valor predeterminado detiene el compresor del equipo, de modo que el serpentín va aumentando su temperatura y consecuentemente la del aire de impulsión al local, disminuyendo de esa forma la cantidad de calor sensible extraída.

En cambio, la forma distribución del aire a *volumen variable* denominado *VAV*, basa su regulación *modificando el caudal circulante* y manteniendo la temperatura de impulsión constante, utilizando una caja o dispositivo denominado *persiana o compuerta de regulación,* que varia el caudal de aire impulsado comandada por un termostato de ambiente. Este sistema permite una adecuada zonificación del proyecto.

Cálculo de conductos de sistemas de volumen variable

El primer aspecto a considerar en el diseño de conductos de un sistema de volumen variable, es el análisis de la zonificación del edificio, de modo de determinar las áreas que son reguladas por cada compuerta.

Supóngase ejecutar el proyecto del edificio de oficinas indicado en vista y planta en las figuras 14 y 15-V, en la que se ha considerado la zonificación en función de la radiación solar variable sobre el perímetro externo en 3 m de profundidad y un área interior de cargas prácticamente constantes.

Además se ha zonificado el servicio para la oficina privada del gerente.

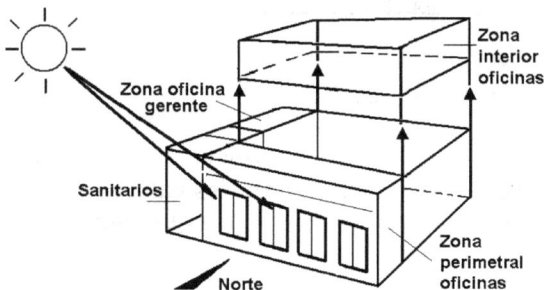

Figura 14-V. Vista zonificación de edificio de oficina

Se ha supuesto que se utiliza un equipo compacto de expansión directa, tipo roof-top con ventilador de caudal constante, por lo que se requiere un by-pass de recirculación para usarlo en caudal variable.

El diseño de la capacidad del equipo de aire acondicionado así como su caudal se determina *sobre la base de la de carga pico o máxima simultánea de todas las zonas,* no debiéndose tomar la suma de las cargas máximas que en cada zona que se producen a distintas horas.

Se supone en este caso que la carga máxima simultánea se produce a las 15 horas, requiriéndose un equipo de 30000 frig/h o sea 10 toneladas de refrigeración, con un caudal de 110 m^3/min, tal cual el resumen del cálculo de las cargas que se muestra en cuadro 3-V. Con ese caudal de 110 m^3/min se selecciona el tramo principal que sirve a todas las zonas del sistema.

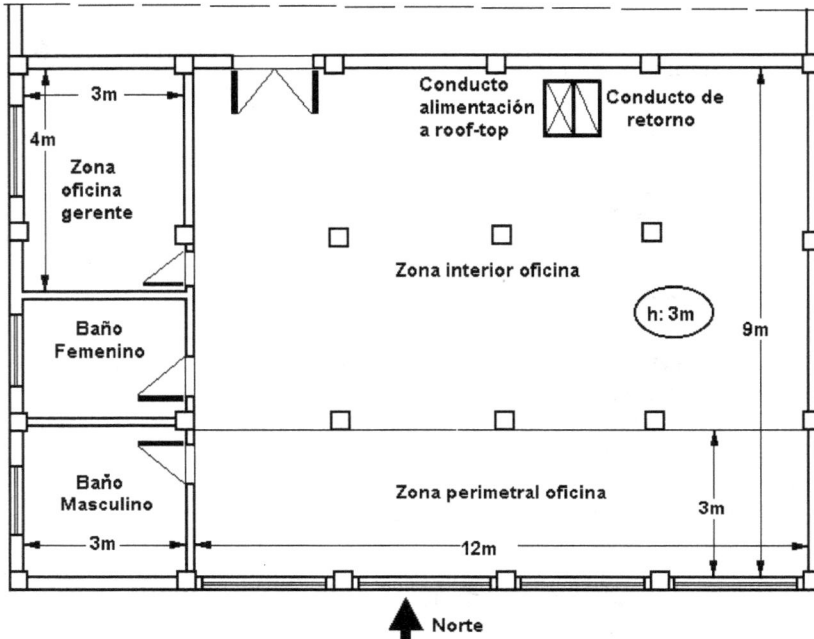

Figura 15-V. Planta zonificación edificio oficina

Sin embargo para determinar el *caudal a circular* por los tramos de conductos que compone cada zona, debe considerarse los valores a las horas que se produce *el máximo en cada una de ellas*, los que han sido remarcados en la tabla.

CUADRO 3-V. RESUMEN DE CARGAS ZONALES

Zona	Hora de cálculo							
	10		12		15		17	
	QT	C	QT	C	QT	C	QT	C
I. Oficina. perimetral	9000	33	10910	<u>40</u>	10360	38	9820	36
II. Oficina interior	13640	50	14450	53	17460	<u>64</u>	17180	63
III. Gerente	3820	<u>14</u>	2730	10	2180	8	1900	7
Total horario	26460	97	28090	103	<u>30000</u>	110	28900	106

QT: ganancia total de calor (kcal/h) C : caudal de aire requerido (m³/min)

Diseño de la red de conductos

En el esquema de la figura 16-V, se ha planteado el sistema de conductos en forma unifilar para cada zona, empleándose difusores cuadrados con aletas direccionales de 4 vías en la zona de oficinas interiores y difusores lineales de dos vías en la zona perimetral y la oficina del gerente. Conviene controlar los difusores siempre que sea posible, hasta *cuatro compuertas por zona* desde su solo termostato, como se ha indicado en el esquema.

En el caso de los difusores lineales se ha planteado la conexión con conductos flexibles, porque ello permite atenuar el ruido y facilitar la instalación, no debiendo superar una longitud de 1,80 m. El diseño del tamaño del colector de distribución que los vincula, puede ser circular o como en este caso rectangular y se lo supone de sección constante para lograr una solución de montaje más simple y económico.

Para el retorno, en este ejemplo no se utilizan conductos, aprovechándose el cielorraso armado como pleno y se han ubicando sobre el mismo cuatro rejas de retorno.

Debe tenerse en cuenta para emplear este método que haya espacios adecuados sin obstrucciones para la circulación del aire y cuidar especialmente la hermeticidad de los conductos.

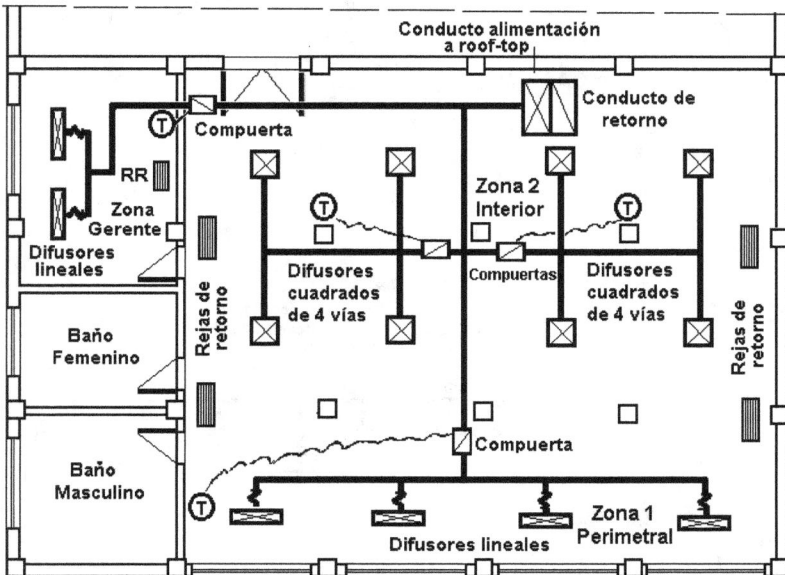

Figura 16-V. Esquema del sistema de conductos

Se observa que han ubicado las compuestas de regulación para cada zona, dividiéndose la zona interior II en dos subzonas.

Las compuertas se suministran en forma circular o rectangular y se ha indicado su vinculación con los termostatos de control de zona, que deben ubicarse sobre una pared en que no incida la descarga de los difusores, aproximadamente a 1,50 m del suelo y no sean afectados por los rayos solares o corrientes de aire.

Dimensionamiento de los conductos

Para el dimensionamiento se emplea el método de igual fricción explicado precedentemente, por lo que se han consignado sobre un detalle esquemático de la instalación los caudales a transportar tal cual se indica en la figura 17-V.

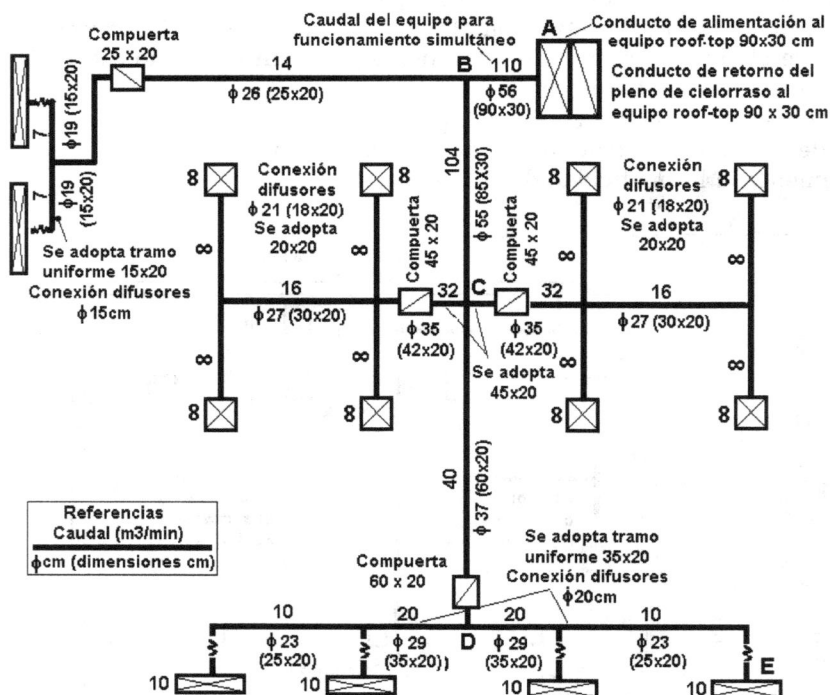

Figura 17-V. Esquema cálculo de conductos volumen variable

Los caudales surgen de los valores asignados a cada difusor, en función del máximo requerido por cada zona. El conducto principal se selecciona sobre la base de una *velocidad de descarga de 450 m / min* teniendo en cuenta el nivel de ruidos admitido para este tipo de local de acuerdo al cuadro 1-V anterior.

Con el caudal del equipo de 110 m³/min, en el gráfico de cálculo de conductos de la figura 7-V anterior, se determina para el conducto principal AB un diámetro de 56 cm, representando una caída de presión o gradiente constante R de 0,1 mmca/m, que constituye la recta de maniobra sobre la cual, con los caudales que transportan, se han diseñado los conductos circulares de todos los tramos de la instalación.

En virtud que la altura bajo viga disponible en el edificio es de 3 m, se los han convertido en conductos rectangulares con un altura máxima de 30 cm, utilizando el gráfico de conversión de la figura 9-V anterior, detallándose en el esquema de la figura 18-V el procedimiento del cálculo tanto de los conductos circulares como su conversión a rectangulares equivalentes.

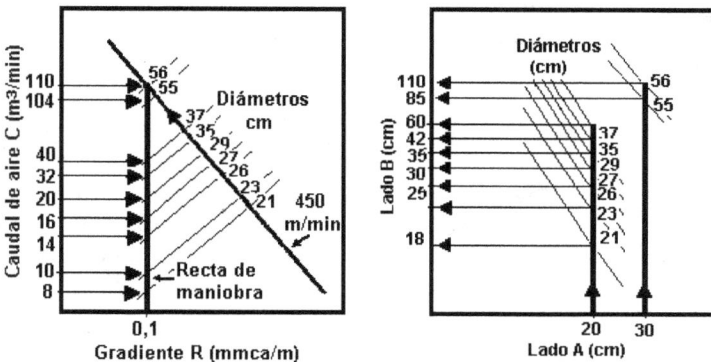

Figura 18-V. Esquemas de dimensionamiento de conductos

Diseño de las compuertas

Las compuertas se las debe ubicar lo más apartadas posible de los difusores y como mínimo a 0,60 m, para asegurar una distribución uniforme de aire y un funcionamiento silencioso.

Se pueden emplear para su dimensionamiento las tablas prácticas para compuertas estándar circulares o rectangulares que se indican en los cuadros 4 y 5-V. El diseño se basa en el caudal transportado, tratando que sus velocidades se ajusten lo más posible a la de los conductos, de manera que sus tamaños *sean del mismo orden que las dimensiones de los conductos*.

CUADRO 4-V .TABLA DE CÁLCULO DE COMPUERTAS CIRCULARES

Velocidad (m/min)	Caída presión (mmca/m)	Caudales (m³/min)					
		Dimensiones (cm)					
		$\phi15$	$\phi20$	$\phi25$	$\phi30$	$\phi35$	$\phi40$
270	0,6	4,57	8,1	13,9	18,3	27,3	29,3
360	1	5,9	10,7	18,6	23,7	36,4	42,3
460	1,9	7,3	13,8	24,1	31,1	47	54,3

CUADRO 5-V .TABLA DE CÁLCULO DE COMPUERTAS RECTANGULARES

Velocidad (m/min)	Caída de presión (mmca/m)	Caudales (m³/min)			
		Dimensiones (cm)			
		25 x 20	35 x 20	45 x 20	60 x 20
270	0,6	14,2	19,8	25,5	34
360	1	18,9	26,4	34	45,3
460	1,9	24,4	34,2	43,9	58,6

En el proyecto se han considerado compuertas rectangulares, de manera que en función del caudal transportado más aproximado se las han dimensionado, tal cual se indica en la tabla resumen del cuadro 6-V.

CUADRO 6-V . TABLA RESUMEN DE CÁLCULO DE COMPUERTAS

Zona	Caudal de aire tramo compuerta (m³/min)	Medida de la compuerta (cm)	Medida del conducto (cm)
I	40	60 x 20	60 x 20
II	32 (c/u)	45 x 20	42 x 20*
III	14	25 x 20	25 x 20

* Se adopta conducto de 45 x 20

En el diseño de los conductos es recomendable ajustar las medidas de los tramos que contienen las compuertas de zona a las medidas estándar a fin de facilitar la construcción y su montaje, sin producir caídas de presión adicionales.

Verificación de la caída de presión

Después de haber determinado la medida de los conductos el cálculo se completa con la caída de presión del sistema, para verificar si se ajusta a la presión estática externa disponible del equipo, que según el fabricante se especifica en 15 mmca.

Se había demostrado que la caída de presión, puede simplificarse a la forma:

$$Hv = 2 \Sigma lR + \Sigma Z'$$

Debe considerarse el circuito más desfavorable, que en este caso es el más largo, compuesto según se ha indicado en el esquema de cálculo de la figura 17-V, por el tramo principal AB (3 m) y los tramos subsiguientes BC (5,5 m), CD (8,5 m) y DE (6,5 m) al último difusor de la zona I. De modo que la longitud real total a considerar para dicho circuito es l = 23,5 m.

El valor de R se lo había supuesto constante en el diseño de la red en 0,1 mmca/m de modo que en este caso:

$$Hv = 2 \times 23,5 \times 0,1 + \Sigma Z' = 4,7 \text{ mmca} + \Sigma Z'.$$

Para determinar la caída de presión total, debe adicionarse las caídas de presión Z' de los distintos elementos que intervienen en el circuito considerado. Así, se adopta:

Compuerta de regulación (cuadro 5-V):	1 mmca
Difusor lineal de alimentación (estimado):	2 mmca
Reja de retorno:	1 mmca
Pleno cielorraso:	1,5 mmca
Persiana regulable retorno	1 mmca
Pleno de mezcla	1 mmca
Total Σ Z' :	7,5 mmca

De manera que la caída de presión estática total de la red de conductos vale:

$$Hv = 2 \Sigma lR + \Sigma Z' = 4,7 + 7,5 = 12,2 \text{ mmca}.$$

Por lo que el dimensionamiento verifica porque es menor presión estática eficaz disponible del equipo acondicionador de 15 mmca.

Diseño de la compuerta del by- pass

Como se emplea un equipo roof-top convencional *con ventiladores de caudal constante*, el cierre de las compuertas de regulación de las persianas en los momentos de poca carga, provocaría una variación inaceptable de la presión en los conductos. Para mantener la presión uniforme se debe instalar *un conducto en by-pass* en la descarga del ventilador del equipo, provisto con persianas de regulación *barométricas* que actúan en función directa con la presión del aire, o eventualmente pueden ser *motorizadas modulantes* comandadas por un presostato.

El conducto y la persiana de by-pass son de las mismas dimensiones y se calcula en función del caudal mínimo requerido por la instalación a cargas parciales. Ese suele estimarse en el 85% del total del caudal circulante, dado que se considera que el cierre mínimo de las persianas es el 15% para asegurar cierta ventilación en el local.

De modo que el caudal de la compuerta es de:

$$C_{comp} = C_{equipo} \times 0,85 = 100 \times 0,85 = 85 \ m^3/min$$

En los cuadros 7 y 8-V se muestran tablas que permiten dimensionar las persianas by- pass circulares y rectangulares respectivamente.

En función de los 15 mmca de presión disponible en el equipo se adopta para el caudal calculado de 85 m³/min, una persiana rectangular de 60 x 20 cm. en la tabla del cuadro 8-V.

Si es necesario de acuerdo al caudal se pueden instalar compuertas en paralelo.

CUADRO 7-V. TABLA DE CÁLCULO DE COMPUERTAS
BY-PASS CIRCULARES

Modelo	Caudal de aire (m³/min)						
	Presión estática externa (mmca)						
Diámetro(cm)	8	10	13	15	18	20	23
20	11,6	13,6	15,3	17	18,7	20,5	21,8
25	21,3	25,5	28,3	31,1	34	36,8	39,7
30	35,1	40,5	45,6	50,9	56,1	59,5	63,8
35	56,3	60	66,9	75.6	81.8	88	93,4
40	76,5	87,8	97,8	107,6	116.1	124,7	133,2

CUADRO 8-V. TABLA DE CÁLCULO DE COMPUERTAS BY-PASS RECTANGULARES

	Caudal de aire (m³/min)						
Modelo	*Presión estática externa (mmca)*						
Diámetro(cm)	*8*	*10*	*13*	*15*	*18*	*20*	*23*
25 x 20	25,5	23,8	26,8	29,6	32.6	35,4	38,3
35 x 20	31,5	37,2	40,5	45,1	49,6	54,1	58,7
45 x 20	45,5	51,4	57,8	64,2	70,6	76,9	83,3
60 x 20	59,5	68	76,5	85	93,5	102	110,5

En la figura 19-V se detalla el montaje del equipo.

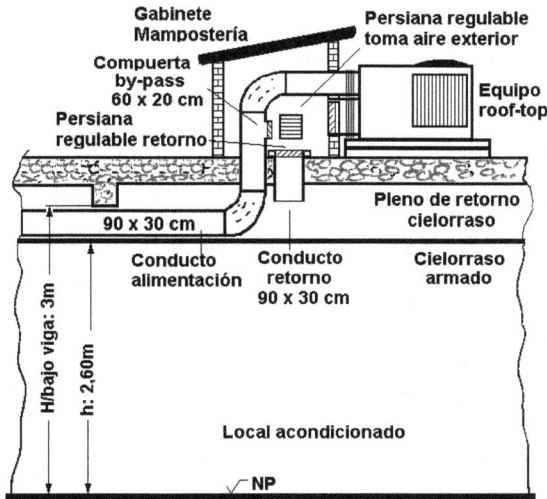

Figura 19-V. Detalle de montaje de equipo roof -top

DISTRIBUCIÓN DEL AIRE EN LOS LOCALES

Los elementos que se utilizan generalmente para la distribución del aire acondicionado en los locales, son construidos en chapa de hierro galvanizado o aluminio y se diferencian por la forma de ubicación, en:

- *Rejas:* Ubicadas en la pared inyectando el aire en forma horizontal.
- *Difusores*: Colocados en el cielorraso suministrando el aire en forma vertical o eventualmente en el piso desplazando el aire hacia arriba.

La forma de distribución más común en las instalaciones de aire acondicionado, consiste en inyectar el aire en el local a velocidades mucho más altas que las tolerables en la zona ocupada, a menor temperatura para enfriar o a mayor para calentar.

A medida que el aire insuflado que se designa como *aire primario* va alejándose de la reja de inyección, se va produciendo el *arrastre y mezclado por inducción* de un volumen importante de aire del ambiente, denominado *aire secundario*, incrementando su volumen y modificando su temperatura y humedad y por último llega lentamente a la zona de ocupación, tal cual se muestra en la figura 20-V.

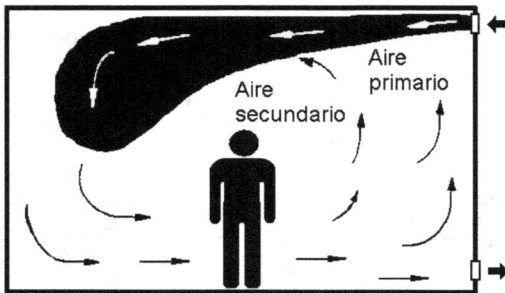

Figura 20-V. Difusión del aire por mezclado en verano

Si se supone una abertura o boquilla circular de bordes bien redondeados, el aire primario va induciendo un cono, que se va diluyendo a medida que aumenta la distancia desde la salida.

La velocidad máxima se encuentra en el eje del cono disminuyendo con la distancia y se orienta levemente hacia abajo en verano o arriba en invierno, debido a la diferencia de peso específico con el aire secundario del local, como se observa en la figura 21-V.

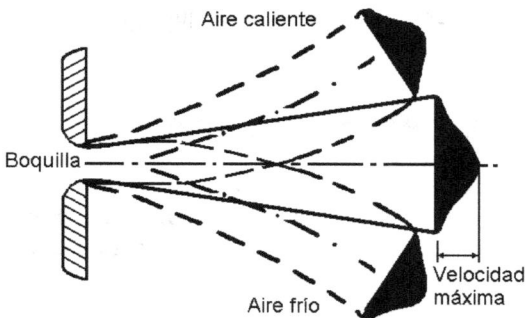

Figura 21-V. Difusión del aire

En el caso de refrigeración, con las rejas o difusores colocados bajo la superficie del cielorraso suele producirse *el efecto superficie* denominado *coanda,* detallado en la figura 22-V.

Figura 22-V. Efecto coanda

Este efecto *es similar al de capilaridad en el agua* y hace que el aire prácticamente se *adhiera* a lo largo del techo, generando una envolvente plana que reduce la caída y aumenta el alcance o propagación del flujo primario.

Por ello, es conveniente que en el caso de rejas de alimentación no estén separadas más de 20 cm del cielorraso, para lograr una buena distribución y mayor alcance.

Debe aclararse que *las rejas de retorno prácticamente no intervienen* en la distribución del aire en el local, dado que depende de la ubicación de las rejas de alimentación y difusores, pues lo que importa en definitiva es la acción inductiva de la masa de aire primario sobre el secundario.

De esa manera, la función de la reja de retorno es la de captar parte del aire contaminado del local, para devolverlo a la unidad de tratamiento de aire *en las condiciones de temperatura y humedad de diseño interior*, a fin de diluirlo adecuadamente con el aire nuevo en el pleno de mezcla.

Por tal motivo, en la mayoría de los casos *basta una sola reja de retorno* e incluso no instalarla en el local, retornando mediante *rejas de intercomunicación* a través de otros locales acondicionados de la misma zona.

Sin embargo, debe considerarse *que no se produzcan cortocircuitos* del aire entre las bocas de alimentación y la de retorno.

Por ejemplo, si se coloca en invierno una reja de retorno enfrentada con la reja de alimentación en la parte superior de la pared opuesta, al ser el aire primario de distribución más liviano y desplazarse por la zona elevada del local, la reja de retorno lo captaría directamente casi sin mezclar con el aire secundario, retornando nuevamente al equipo el aire primario caliente y sin cumplir su función de mezclado en el local.

Debe aclararse que no importa si una boca de alimentación esté al lado de una de retorno, en la medida que se inyecte el aire a una velocidad de inducción adecuada, como sucede con los acondicionadores de aire individuales o split.

Como norma básica de proyecto, debe ubicarse *la reja de retorno en un punto que capte el aire en las condiciones de diseño del ambiente*, sin que sea influida bajo ningún aspecto por el aire primario de las rejas de alimentación o los difusores, ni tampoco por corrientes de aire exteriores cercanas a puertas o ventanas.

En general, siempre es preferible ubicar las rejas en la parte inferior de los locales, debido a que en calefacción suele haber algunos grados más de temperatura en la parte superior de los locales, por la tendencia natural del aire caliente a ascender. En el caso de oficinas o locales comerciales, no deben estar muy cercanas a las personas a fin de evitar posibles molestias originadas por el movimiento del aire.

CÁLCULO DE REJAS DE ALIMENTACIÓN

Deben contar en lo posible con tres regulaciones y por ello, son denominadas comúnmente *triflex,* según se observa en la figura 23-V. La *regulación volumétrica* sirve para ajustar el caudal a distribuir y consiste en aletas colocadas en la parte de atrás y las *regulaciones direccionales* permiten orientar el aire horizontal o verticalmente, con el giro de aletas colocadas en dos planos sucesivos.

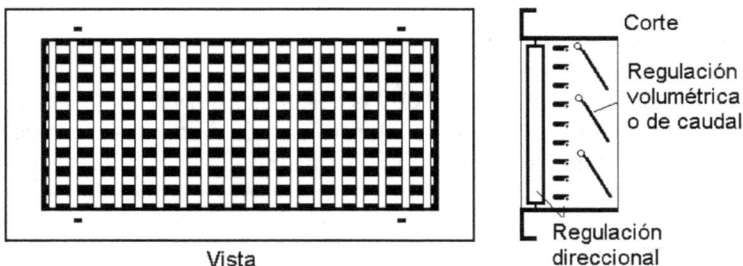

Figura 23-V. Reja de distribución tipo triflex

Para el diseño de las rejas son necesarios dos datos básicos:

- Alcance (m).
- Caudal de aire (m³/min).

El *alcance* se lo define como la distancia horizontal en metros recorrido desde la reja por el aire primario que se difunde a la velocidad
Vp sin que origine ruidos, hasta obtener un valor de velocidad de aire final Vf de 30 a 45 m/min sobre un plano de 1,80 m de altura, ubicado desde una distancia de 3/4 del largo hasta la pared opuesta, como se detalla en la figura 24-V.

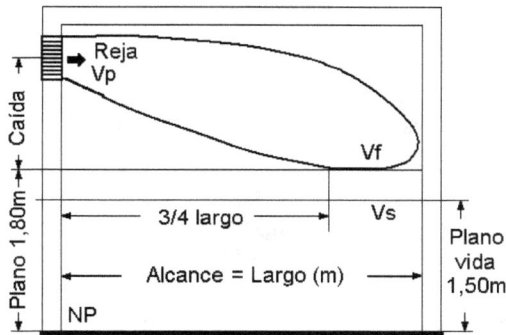

Figura 24-V. Alcance de la reja

Se busca que la velocidad del aire secundario Vs inducido en el local a 1,50 m o plano de vida, no produzcan corrientes de aire molestas a
las personas, de modo que el movimiento del aire sea imperceptible.

En la práctica, se estipula el alcance considerando *la distancia que
existe entre la reja y la pared opuesta de la habitación* y en el caso de dos
rejas ubicadas en paredes enfrentadas, se considera como la mitad de la
distancia entre ambas.

En las aplicaciones de acuerdo a las características físicas del local
y al tipo de instalación, se hace necesario que las rejas puedan ajustarse individualmente mediante la desviación de las aletas, con el fin de
compensar variaciones de condiciones de funcionamiento, procediéndo-
se de esa forma a regular el alcance.

Los máximos alcances se logran con aletas dispuestas en forma paralela y vertical en la deflexión A, mientras que los mínimos alcances se
logran con los ángulos indicados en la deflexión G. según se muestra en
la figura 25-V.

Además la reja debe tener aletas dispuestas en forma horizontal, de modo de regular la caída o descenso del aire en verano o la elevación en invierno.

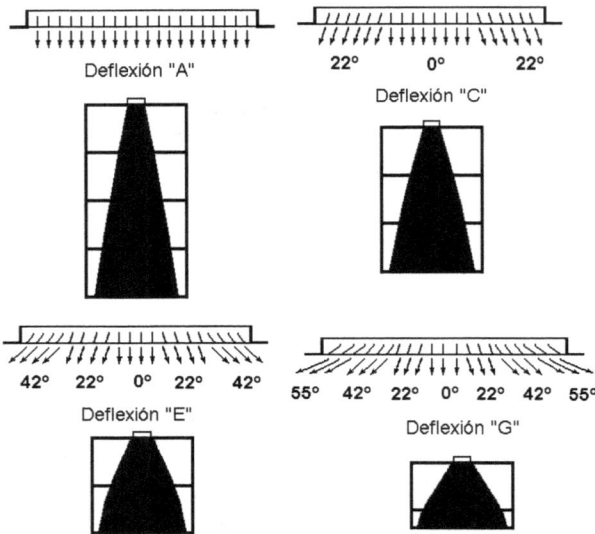

Figura 25-V. Tipos de deflexión de rejas

El *caudal de aire* en m³/min que debe suministrar la reja, se calcula con las ecuaciones ya deducidas anteriormente.

Cuando la instalación es para verano-invierno, las rejas se diseñan sobre la base del cálculo de verano, dado que los caudales son mayores para esa época del año.

Ejemplo de cálculo

Con los datos del alcance y el caudal, mediante el empleo de la tabla incluida en el cuadro 9-V, se determinan las *dimensiones de la reja,* así como su velocidad, tipo de posición de las aletas deflectoras y caída de presión.

Supóngase por ejemplo calcular la reja de alimentación del ejemplo desarrollado de cálculo de conductos, cuyo caudal era de 12 m³/min y un alcance hasta la pared opuesta de 4,50 m.

De acuerdo a la planilla y en función de esos dos datos y adoptando los valores mayores (12,6 m³/min y 5,4 m), se dimensiona una reja de 60 x 15 cm.

La reja es de deflexión tipo G, su velocidad es de 238 m/min y una caída de presión de 0.99 mmca.

CUADRO 9-V. TABLA CÁLCULO DE REJAS PARA AIRE ACONDICIONADO

Ancho (cm) —— 35 x 15 — Alto (cm)
Tipo de deflexión — G
Velocidad (m/min) — 391 2,69 — Caída de presión (mmca)

Caudal (m³/min)	Alcance del aire (m)						
	3	4,2	5,4	6,6	7,8	9	10,2
2,1	20 x 10 C 165 0,45						
2,8	20 x 10 E 244 1,04	20 x 10 A 195 0,66					
4,2	30 x 10 G 256 1,14	20 x 10 G 393 2,71	20 x 10 C 330 1,90	20 x 10 A 292 1,49			
5,6	35 x 15 G 184 0,58	25 x 10 G 414 3,02	25 x 10 E 387 2,61	20 x 10 E 489 4,10	20 x 10 C 440 3,40	20 x 10 A 388 2,66	
7		35 x 15 E 281 1,37	35 x 10 E 339 2,00	30 x 10 E 399 2.79	30 x 10 C 357 2,26	25 x 10 C 435 3,30	25 x 10 A 382 2,59
8,4		40 x 15 G 241 1,01	35 x 15 G 325 1,85	35 x 15 E 304 1,62	40 x 10 E 407 2,89	35 x 10 C 366 2,33	30 x 10 C 430 3,25
9,8		60 x 15 G 185 0,58	40 x 15 G 343 2,08	35 x 15 G 391 2,69	35 x 15 E 432 3,27	35 x 10 E 475 3,96	35 x 10 C 427 3,20
11,2		60 x 20 G 187 0,60	50 x 15 G 313 1,70	35 x 15 G 448 3,53	35 x 15 E 470 2,90	35 x 15 E 480 3,09	35 x 15 C 376 2,48
12,6		75 x 20 G 139 0,33	60 x 15 G 238 0,99	40 x 15 G 415 3,04	40 x 15 G 442 3,42	40 x 15 E 413 2,90	35 x 15 E 431 3,25
14		75 x 20 G 159 0,40	75 x 15 G 235 0,96	50 x 15 G 325 1,85	40 x 15 G 460 3,70	40 x 15 E 421 2,98	35 x 15 E 472 3,93
15,4		75 x 25 G 134 0,30	75 x 20 G 214 0,81	60 x 15 G 281 1,32	50 x 15 G 432 3,45	40 x 15 G 442 3,98	40 x 15 E 412 2,97
16,8			75 x 25 G 168 0,48	60 x 15 G 291 1,47	60 x 15 G 340 2,08	40 x 15 G 481 4,08	40 x 15 E 450 3,55
18,2			75 x 25 G 186 0,60	75 x 15 G 269 1,20	60 x 15 G 343 2,30	50 x 15 G 395 3,04	50 x 15 E 296 1,52
19,6			90 x 25 G 150 0,40	75 x 15 G 273 1,32	60 x 15 G 360 2,66	60 x 15 G 370 2,41	50 x 15 E 345 2,08
21			90 x 25 G 171 0,58	75 x 20 G 232 0,93	75 x 15 G 316 1,75	60 x 15 G 396 2,74	50 x 15 E 388 2,64

CÁLCULO DE DIFUSORES DE AIRE

En el difusor del tipo de la figura 26-V, el flujo direccional surge del diseño de las pendientes de las aletas deflectoras según los modelos. Solo cuenta con regulación de caudal o volumétrica mediante persianas interiores de accionamiento manual.

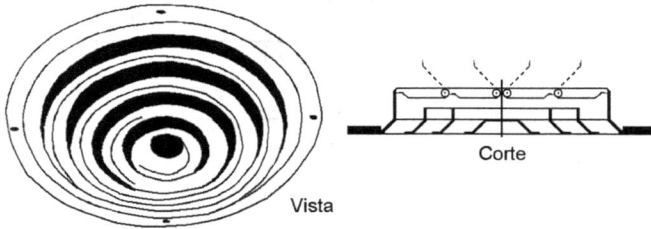

Corte

Vista

Figura 26-V.
Detalle de
difusor
circular

Existen muchos modelos de difusores, pudiendo ser *cuadrados* fijos o también con aletas en cuatro direcciones y regulación volumétrica, y los tipos *cassette* con distribución lateral regulable en dos, tres o cuatro direcciones y el retorno en el centro.

Los *difusores lineales* se ubican generalmente contra ventanas o paredes perimetrales y cuentan con regulación de caudal, pudiendo ser de ranuras fijas o con regulación direccional. Generalmente vienen con una caja de conexión efectuándose su vinculación con la red de distribución mediante conductos flexibles, como se muestra en la figura 27-V.

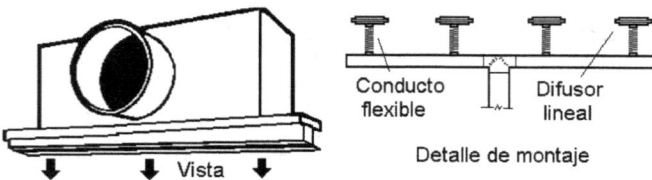

Conducto
flexible

Difusor
lineal

Detalle de montaje

Vista

Figura 27-V.
Difusor lineal

El cálculo de los difusores de aire se efectúa de la misma forma que las rejas de alimentación. El alcance es la distancia medida horizontalmente entre el centro del difusor y la pared más próxima, tal cual se indica en la figura 28-V.

Se trata de ubicar el difusor en el centro geométrico de la habitación o tratando que el radio de alcance llegue hasta todas las paredes.

El aire inyectado o aire primario, reacciona con el aire de la habitación o aire secundario y la velocidad final Vf para difusores circulares y cuadrados se establecen según gráficos de las figuras 29 y 30-V, en 30 a 45 m/min.

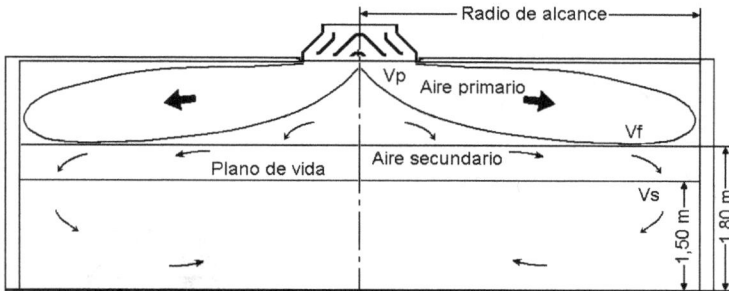

Figura 28-V. Radio de alcance de difusores de aire

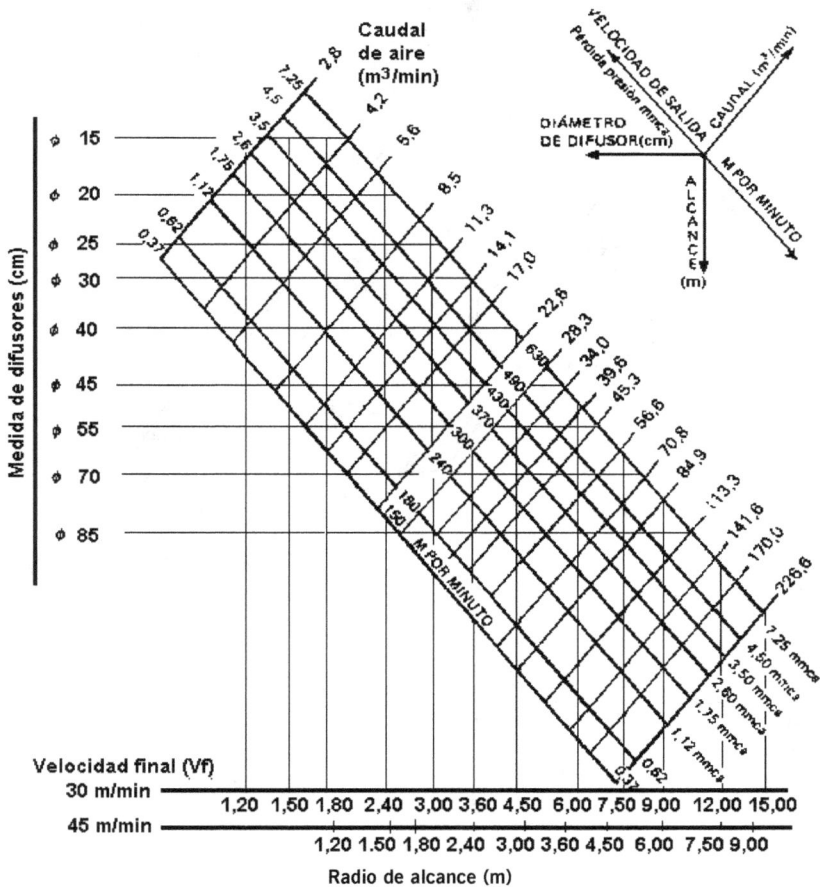

Figura 29-V. Gráfico de cálculo difusores circulares

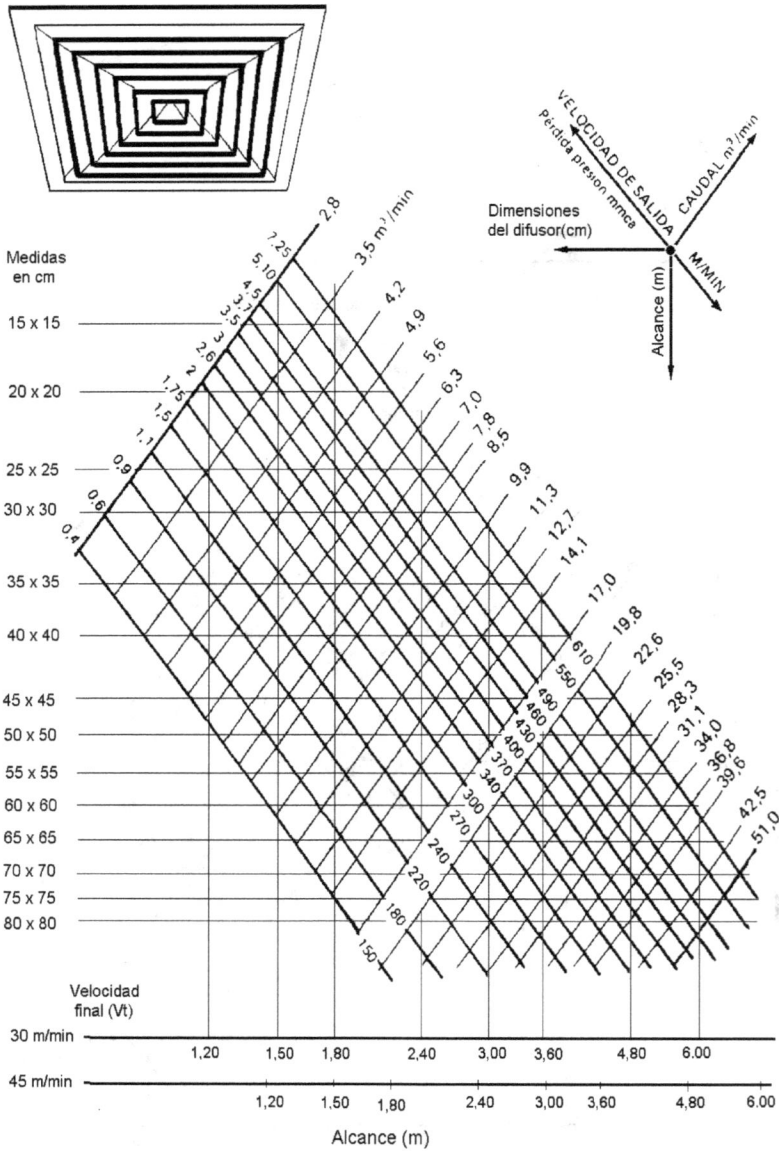

Figura 30-V. Gráfico de cálculo difusores cuadrados

CÁLCULO DE REJAS DE RETORNO
E INTERCONEXIÓN

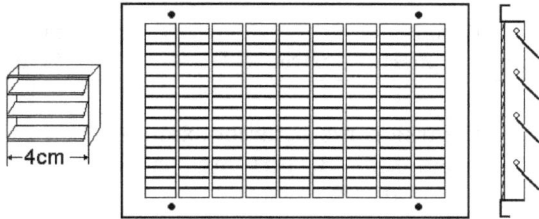

Figura 31-V. Reja de retorno estampada

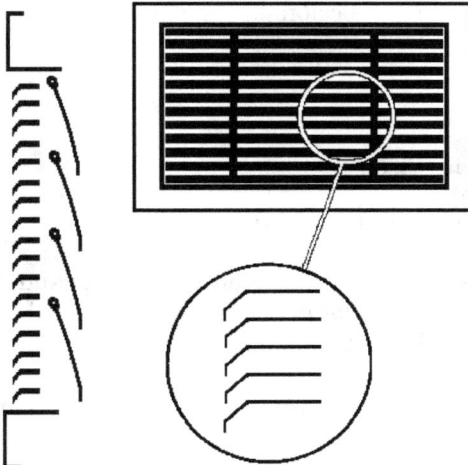

Figura 32-V. Reja de retorno especial

Estas rejas cumplen la función de captar el aire del local, por lo que no requiere ninguna regulación direccional y sólo es necesario que cuente con regulación volumétrica o de caudal.

En las figuras 31 y 32-V, se muestran los detalles de una reja de retorno de *chapa estampada* y otra denominada de *retorno especial* respectivamente.

La selección de las rejas de retorno es función de la velocidad del aire, de la caída de presión disponible y de los niveles de sonido aceptables. Esa velocidad debe ser lo suficientemente baja como para no producir corrientes de aire molestas en el local.

Para el diseño se pueden adoptar las velocidades máximas indicadas en la tabla del cuadro 10-V, en función del tipo de ubicación de la reja.

CUADRO 10-V. VELOCIDAD DE PASAJE REJAS DE RETORNO

Ubicación	*Velocidad de pasaje*
Cerca de las personas	90 a 120 m/min
Zonas no ocupadas por personas	120 a 150 m/min
Interconexión de locales en puertas o paredes	90 a 120 m/min

En el caso de utilizarse como interconexión aberturas de 10 a 20 mm bajo la puerta, los caudales de aire que pasan pueden calcularse considerando una velocidad de 90 a 120 m/min, lo que origina una caída de presión aproximada de 0,5 mmca.

Para el dimensionamiento de las rejas de retorno, se requiere como dato el caudal circulatorio en m³/min y la velocidad de pasaje en m/min, pudiéndose determinar su sección en función de la formula:

$$A = C/V$$

Donde:

A: sección transversal de la reja (m²).
C: caudal de aire (m³/min).
V: velocidad del aire, sobre el área transversal (m/min).

En este caso no interviene el alcance y en cuando al caudal, *se toma como seguridad en el diseño el total circulante* en el local, o sea el mismo caudal de las rejas de alimentación de acuerdo a lo explicado precedentemente.

Por ejemplo, supóngase calcular la reja de retorno del ejemplo de cálculo de conductos, en la que se supone que absorbe el caudal de aire total de 60 m³/min.

Si se fija una velocidad de 100 m/min, el área total de la reja de acuerdo a la ecuación anterior, vale:

$$A = C/V = 60/100 = 0,60 \text{ m}^2$$

Se adopta una reja de retorno de 60 x 100 cm. La caída de presión es de aproximadamente 1 mmca.

Dimensionamiento de filtros

En el caso de los filtros comunes de fibras sintéticas o de mallas metálicas, se establece a fin de evitar caídas de presión excesivas y un rápido ensuciamiento, una velocidad máxima de pasaje de 100 m/min.

Es decir, entonces, que con el caudal de aire a circular y esa velocidad, puede determinarse qué cantidad de filtros son necesarios, en virtud de establecer el área filtrante, mediante la fórmula:

$$A = C/V$$

Donde:

A: sección transversal del filtro (m²).
C: caudal de aire (m³/min).
V: velocidad del aire, sobre el área transversal (m/min).

Ejemplo

Supóngase calcular la cantidad de filtros de una instalación de ventilación, en la que el caudal del ventilador es de 200 m³/min.
De acuerdo a la ecuación anterior y adoptando una velocidad de pasaje de 100 m/min, la sección de los filtros valdrá:

$$A = 200/100 = 2 \ m^2$$

Los filtros se montan formando baterías o paneles. Si cada filtro mide 50 x 50 cm con un área de 0,25 m², se deduce:

$$N° \ filtros = \ A \ (m^2)/(m^2/filtro) = 2 \ m^2/0,25 \ (m^2/f) \ = 8 \ filtros$$

Los filtros pueden disponerse de acuerdo a lo indicado en la figura 33-V.
Cuando la limitación del espacio es grande, se suele *aumentar la superficie,* sobre la misma área transversal, disponiendo los paneles en forma de V o W.

Dimensionamiento de persianas fijas y regulables

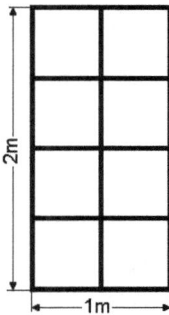

Figura 33-V. Disposición de filtros

Las persianas fijas o regulables que se utilizan en instalaciones de ventilación o aire acondicionado, se calculan de igual modo que los filtros de aire, pero adoptando velocidades de pasaje de 200 a 300 m/min, a fin de evitar niveles de ruidos excesivos y pérdidas de presiones elevadas.

CAPÍTULO VI

CÁLCULO DE CAÑERIAS

CAÑERÍAS DE DISTIBUCIÓN DE AGUA

La distribución del agua se realiza mediante una bomba circuladora y cañerías que generalmente son metálicas de *latón o hierro negro*, o plásticas de *polipropileno o polietileno reticulado*, pudiendo ser compuestas o conformadas con aluminio.

El proyecto del sistema de tuberías puede clasificarse en dos formas básicas:

- Abierto.
- Cerrado.

El *sistema abierto* es aquel en que el agua se eleva desde un depósito a otro en comunicación con la atmósfera, como se muestra en la figura 10-IV anterior. En el *sistema cerrado* el caudal de agua no está expuesto a ningún punto en la atmósfera, siendo insignificante la superficie en contacto con ella y constituye la base del diseño de las instalaciones de calefacción y aire acondicionado, salvo el caso particular de los circuitos de torres de enfriamiento.

En general, las disposiciones de las cañerías son del *tipo bitubular*, instalándose los dispositivos de transferencia de calor en paralelo, de modo que el agua llega mediante *cañerías de alimentación* desde la caldera, como se puede observar en la figura 1-VI, y por *cañerías de retorno* vuelven nuevamente a ella.

Según la disposición de las cañerías de retorno, los sistemas de distribución se pueden clasificar en:

- Retorno directo.
- Retorno compensado.

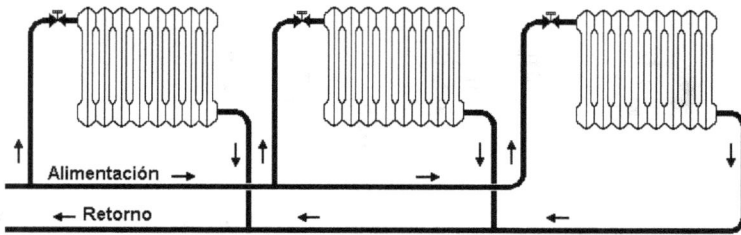

Figura 1-VI. Esquema de un circuito bitubular

En el sistema de *retorno directo*, el caño de retorno parte de la unidad terminal más alejada y va recogiendo el agua para devolverla a la caldera o la unidad enfriadora, como se ve en las figuras 1-VI anterior en corte y la 2-VI en planta, respectivamente.

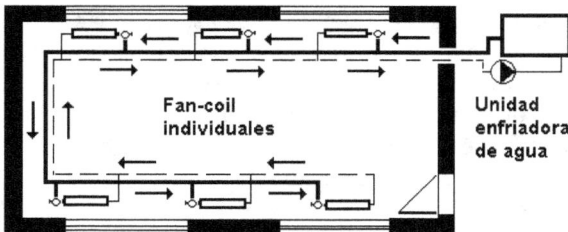

Figura 2-VI. Esquema de sistema de retorno directo

En estos sistemas el agua recorre menos longitud de cañerías en los circuitos de las unidades terminales más cercanas, por lo que al reducirse su pérdida de carga tienden a circular mayores caudales por ellas, transfiriendo más calor que las más alejadas. Por lo tanto, se necesita una adecuada regulación mediante el *uso de válvulas de doble reglaje o detentores,* pero generalmente el sistema tiende a desequilibrarse y se requiere un ajuste permanente.

En el sistema de *retorno compensado* que detalla en la planta de la figura 3-VI, la longitud de las cañerías de alimentación y retorno que debe recorrer el agua desde la unidad enfriadora es igual para todos los dispositivos terminales.

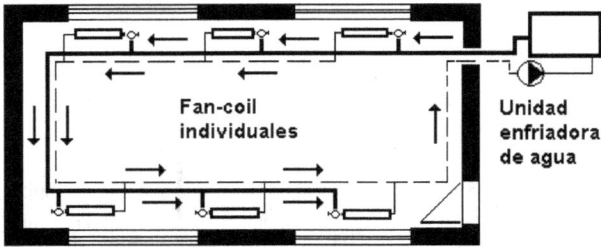

Figura 3-VI. Esquema de retorno compensado

De ese modo, al tener la misma pérdida de carga todos los circuitos están hidráulicamente equilibrados, por lo que prácticamente no es necesario regularlos.

Si las *unidades terminales tienen aproximadamente la misma caída de presión se recomienda el sistema de retorno compensado.* En caso que tengan diferentes caídas de presión o se necesite por algún motivo válvulas auxiliares, entonces es generalmente más económico usar el sistema de retorno directo.

Normalmente los tipos de *válvulas* que se emplean tienen una función definida en el sistema de tuberías. Las *esclusas y esféricas son* para corte, las *globo, mariposa y diafragma* son para regulación y las de *retención* para asegurar que el fluido tenga sólo una dirección al fluido.

Para facilitar el montaje y las operaciones de mantenimiento y reparación en la instalación se utilizan *uniones dobles o bridas* que se colocan en los sitios en que es necesario desmontar los componentes del equipo y sus accesorios.

Dilatación de los tubos

Las cañerías sometidas a cambios de temperatura se *dilatan o contraen,* por lo que deben utilizarse tubos y accesorios capaces de absorber el esfuerzo resultante, así como diseñar el trazado de la conducción de forma que compensen adecuadamente los movimientos que se originan.

En el montaje, debe evitarse que los cambios de longitud originen tensiones perjudiciales en las uniones o bifurcaciones. La incorrecta disposición de las sujeciones puede dar lugar a la formación de un sistema rígido que no permita la libre dilatación.

Se emplean normalmente para contrarrestar los efectos de la dilatación y contracción *bucles o codos de expansión, juntas de dilatación o tubos flexibles* metálicos o de caucho. Los bucles o codos de expansión que son construidos con el mismo material de la cañería, constituyen los elementos más comunes y sencillos para absorber las dilataciones.

En el caso de cañerías como predomina la longitud sobre las restantes dimensiones, la dilatación se origina en forma lineal o sea en el sentido de la mayor dimensión, de acuerdo a lo indicado en la figura 4-VI, de modo que:

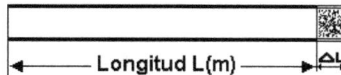

Figura 4-VI. Dilatación de las cañerías

L final = L inicial + ΔL

La variación de la longitud ΔL esta dada por la ecuación:

$$\Delta L = \alpha \; L \; \Delta t$$

Donde:

ΔL: dilatación de cañería por variación de temperatura (mm).
α: coeficiente de dilatación térmica del material (mm/m°C).
L: longitud inicial del caño (m).
Δt: variación de temperatura de la cañería (°C).

En el cuadro 1-VI se indican algunos coeficientes.

CUADRO 1-VI COEFICIENTES DE DILATACIÓN DE CAÑOS

Material caño	α *(mm / m°C)*
Polietileno o polipropileno	0,15
Latón o cobre	0,018
Hierro	0,012
Aluminio	0,023

Se observa que la dilatación es mucho mayor en los caños plásticos que en los metálicos. En los caños plásticos con capa de aluminio incorporada, la dilatación se adapta al mismo.

Supóngase calcular la dilatación de un tramo de un tubo de latón (hidrobronce) para una instalación de calefacción, en las siguientes condiciones:

- Longitud del caño: L = 5 m.
- Temperatura máxima del agua de suministro 90°C.
- Temperatura del agua de provisión de la red 10°C.
- Coeficiente de dilatación del tubo α: (0,018 mm/m°C).

De esa manera:

$$\Delta L = \alpha \ L \ \Delta t = 0,018 \times 5 \times (90 - 10) = 7,2 \ mm$$

Tanque de expansión

La misión del tanque de expansión es la de mantener constante la presión, permitiendo almacenar la expansión del agua que se origina cuando aumenta la temperatura En la figura 5-VI se representa un detalle de un tanque de expansión abierto.

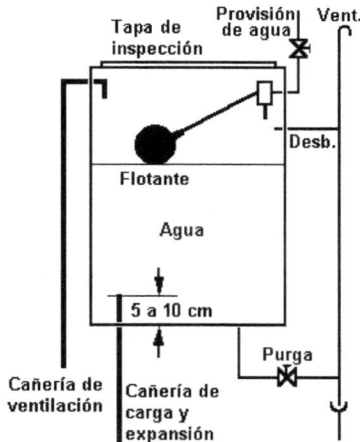

Figura 5-VI. Detalle tanque expansión abierto

Se lo coloca en la parte superior de las instalaciones y sirve además, como elemento de carga de agua a la instalación. En la línea de expansión que lo vincula con la caldera no se deben colocar válvulas de cierre, ya que éstas pueden llegar a quedar accidentalmente obturadas.

Generalmente en las instalaciones pequeñas de calefacción suelen usarse *tanque de expansión cerrados*, que cuenta con un fuelle dilatable y que vienen generalmente incorporados a las calderas murales o bajo mesada.

Cálculo de la capacidad del tanque de expansión

La capacidad del tanque de expansión debe ser la necesaria para contener el aumento de la dilatación del agua, como se indica en la tabla del cuadro 2-VI.

CUADRO 2-VI. VOLUMEN DEL AGUA
PARA DIVERSAS TEMPERATURAS.

Temp. (°C)	Volumen (litros)
0	1,00013
4	1,00000
10	1,00027
20	1,00177
30	1,00435
40	1,00782
50	1,0121
60	1,0171
70	1,0227
80	1,0290
90	1,0359
100	1,0434
110	1,0516
120	1,0600
130	1 0694

Por ejemplo para un aumento de temperatura del agua de suministro de 10°C a 80°C para calefacción por radiadores, se puede considerar un 3% del volumen de agua de toda la instalación de acuerdo a los valores consignados.

Sin embargo toda vez que el tanque de expansión abierto se utiliza como *carga de agua del sistema* tanto para calefacción como refrigeración, para el cálculo se puede emplear una fórmula práctica que ha dado resultados satisfactorios:

$$VT = QT/500$$

Donde:

VT: volumen total del tanque de expansión (litros).
QT: capacidad de la caldera o la enfriadora de agua. (kcal/h).

CÁLCULO DE CAÑERÍAS

Se había establecido en el Capítulo IV la ecuación fundamental del escurrimiento mediante la siguiente expresión:

$$R = 8{,}27 \cdot 10^{-2}\ \lambda\ Cs^2\ \gamma/d^5$$

Puede considerarse sin muchos errores en los cálculos prácticos que el peso específico vale: $\gamma = 1000$ kg/m^3.

La ecuación anterior debe ajustarse para aplicar las unidades que se utilizan en la práctica.

Así:

d: diámetro se expresa en mm en lugar de m.
C: caudal se lo representa en (l/h) en lugar de Cs: (m^3/seg).

De esa manera:

$$R = 8{,}27.10^{-2}\ \lambda \cdot C^2\ (1000\ \times 1.000^5)/d^5\ (1.000^2 \cdot 3.600^2)$$

O sea:

$$R = 6{,}4.10^3\ \lambda\ C^2/d^5$$

Donde:

R: gradiente o pérdida de carga por metro (mmca/m).
λ: coeficiente de frotamiento (sin unidad).
C: caudal de agua en circulación (l/h).
d: diámetro de la cañería (mm).

Con esta fórmula se ha construido el gráfico para el cálculo de cañerías de hierro negro de la figura 6-VI en la que se han representado los diámetros en función del gradiente R y del caudal de agua en circulación C, para distintas velocidades de circulación.

Radio interior Ri(cm)

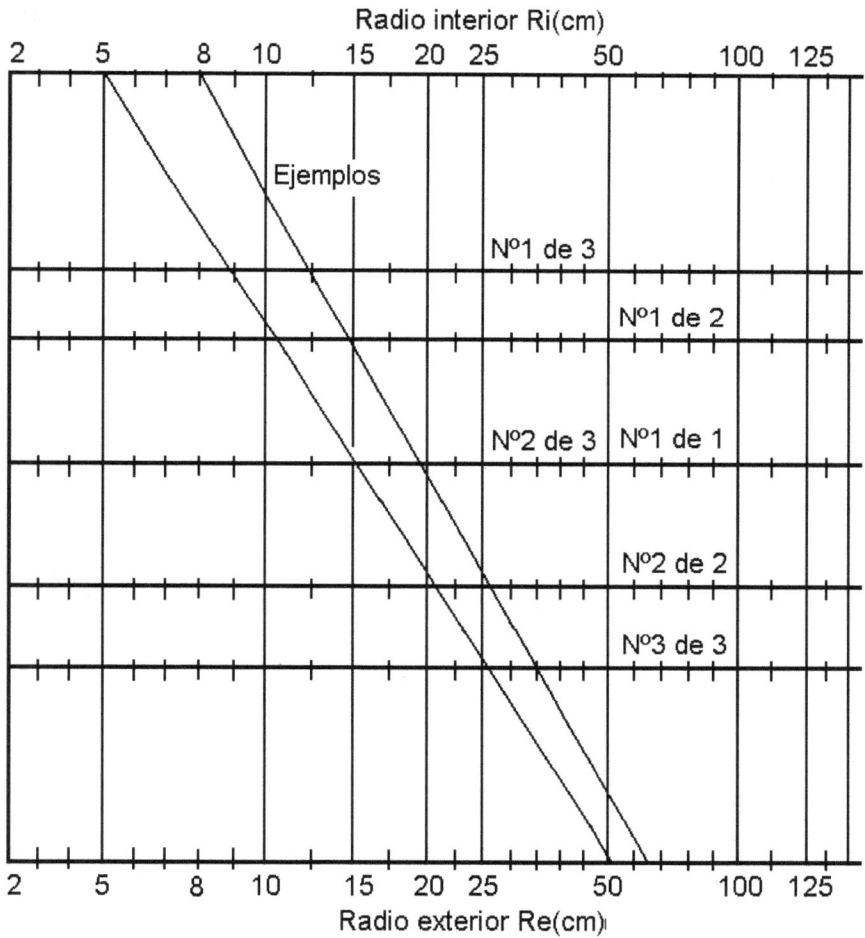

Figura 6-VI. Gráfico de cálculo de cañerías de agua

Planteo de cálculo de las cañerías

Se desprende del gráfico de la figura 6-VI que para la determinación de los diámetros d de una red de cañería, *es necesario conocer el caudal C y el gradiente R.*

Determinación de los caudales de agua en circulación

La cantidad de agua a circular está relacionada con la cantidad de calor a suministrar o extraer y el salto térmico, de acuerdo a la ecuación de la cantidad de calor ya vista anteriormente:

$$Q = Ce \; Gh \; (t_1 - t_2)$$

Siendo:

Q: cantidad de calor a transportar (kcal/h).
Ce: calor específico del agua (kcal/kg°C).
Gh: gasto horario (kg/h).
$(t_1 - t_2)$: salto térmico de entrada y salida del agua en los dispositivos de calentamiento o enfriamiento (°C).

El gasto horario vale: $Gh = C \; \gamma$

Donde:

C: caudal de agua (l/h).
γ: peso específico del agua (kg/l).

De ese modo: $Q = Ce. \; \gamma .C . (t_1 - t_2)$

Despejando el caudal queda:

$$C = Q/Ce . \gamma . (t_1 - t_2)$$

En los cálculos se suele considerar el peso específico y el calor específico igual a la unidad, dado que prácticamente no afecta el resultado. En efecto, al aumentar la temperatura del agua se incrementa el calor específico, lo que tiende a compensar la disminución que se produce en el peso específico.

De ese modo la ecuación anterior se simplifica de la siguiente manera:

$$C = Q/(t_1 - t_2)$$

Para resolver esta ecuación, la cantidad de calor Q a transportar es un dato que surge del análisis de las cargas de refrigeración o calefacción.

En cambio las temperaturas de entrada y salida del agua (t_1- t_2), deben fijarse en función de las necesidades y características particulares de funcionamiento de los dispositivos de calentamiento o enfriamiento.

Debe aclararse que la *temperatura máxima* que se trabaja en instalaciones de calefacción por agua caliente abiertas es de 90°C, dado que si es mayor podría producirse vapor por algún desfasaje en los sistemas de control. En cuanto a las *temperaturas mínimas* para instalaciones de refrigeración por agua fría sin empleo de salmueras es de 5°C, para evitar problemas de congelamientos.

Se observa en la ecuación anterior que si se disminuye el salto térmico que está en el denominador, se necesita circular más caudal de agua, por lo que en consecuencia las cañerías serán más grandes y la bomba circuladora de mayor tamaño con mayor consumo energético.

Sin embargo, como la capacidad de los dispositivos de calefacción o refrigeración *están en relación directa con su temperatura promedio*, es conveniente para una determinada temperatura de entrada de agua disminuir al mínimo el salto térmico entre la entrada y salida.

En efecto, si se disminuye el salto térmico, aumenta la temperatura promedio del agua de los dispositivos de calefacción y desciende para las unidades de refrigeración, por supuesto para una misma temperatura de entrada, por lo que los mismos rendirán más y por ende serán de menor tamaño.

Por tal motivo para fijar el salto térmico más conveniente, debe estudiarse la incidencia de los costos del tamaño de los elementos de calentamiento o enfriamiento y compararlos con los que se producirían en bomba y cañerías. La experiencia ha llevado a adoptar los siguientes valores de saltos térmicos de entrada y salida de agua, que han dado buenos resultados en la práctica:

- Agua fría refrigeración: $\Delta t = 5,5°C$.
- Agua caliente calefacción: $\Delta t = 10°C$.

Determinación del gradiente de cálculo

Para determinar el gradiente R constante que permita el diseño de las cañerías, se *elige la velocidad máxima de descarga de la bomba en la cañería principal* sobre la base de que el nivel de ruido sea aceptable para el uso a que está destinada la red, no se produzcan erosiones y la contrapresión total no sea excesiva, de modo que no incremente el tamaño y consumo eléctrico de las bombas circuladoras.

La erosión en los sistemas de cañerías de agua se produce por el choque en la superficie interior del tubo de la corriente de agua que se mueve rápidamente conteniendo burbujas de aire, arena u otras materias sólidas. En algunos casos esto puede significar el deterioro del caño en las superficies interiores y en los codos.

En general, *no es conveniente que la velocidad máxima de salida supere los 2,5 m / seg*, recomendándose en la práctica los valores de velocidades de descarga de agua de bombas circuladoras de acuerdo al tipo de instalación, indicadas en el cuadro 3-VI.

CUADRO 3-VI. VELOCIDADES RECOMENDADAS DE DESCARGA
DE BOMBAS (m/seg).

| Agua caliente para calefacción : | 0,4 a 0,8 m/seg |
| Agua fría para refrigeración : | 0,8 a 1,7 m/seg |

En la figura 7-VI se indica el procedimiento de dimensionado, en forma esquemática

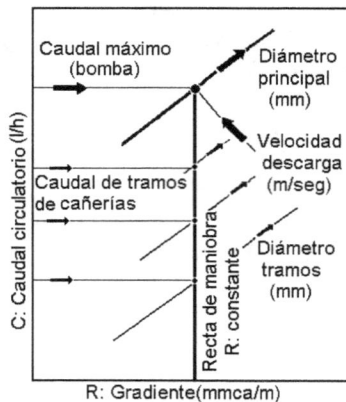

Figura 7-VI. Esquema del procedimiento de diseño de cañerías

De esa manera, con la *velocidad de salida de la bomba y el caudal que transporta la cañería principal* o sea el caudal de la bomba circuladora, se establece en el gráfico de la figura 6-VI anterior un punto que define además del diámetro de dicha cañería, el *gradiente de cálculo R (mmca / m) que se mantendrá constante en toda la instalación.*

A partir de ese punto se traza *una recta de maniobra* correspondiente a R constante, sobre la cual, en función de los diversos caudales transportados por tramos se dimensionan los diámetros de la red de cañerías, el que se efectúa en función del caudal *más aproximado* sobre la recta de maniobra.

Debe destacarse que para llegar a resultados satisfactorios mediante este sistema de cálculo, *las caídas de presión de las unidades terminales deben ser lo más uniformes posible* y siempre se debe contar con la *disponibilidad de regulación del caudal de agua que circula en los distintos ramales de la red de tuberías*. Por ello y para lograr un adecuado balanceo del sistema, deben incluirse válvulas de doble reglaje o válvulas comunes y detentores de regulación en la descarga de los dispositivos de cesión de calor.

Diseño de la bomba circuladora

Para determinar la característica de una bomba circuladora, se deben conocer dos datos fundamentales que son:

- Caudal a transportar (l/h).
- Presión eficaz o presión disponible: H (mmca).

El caudal se calcula con la fórmula ya vista:

$$C = Q/\Delta t$$

Donde:

Q: cantidad de calor máxima a transportar, que corresponde al tramo principal (kcal/h).

Δt: salto térmico, que para calefacción que adopta en 10°C y para refrigeración en 5,5°C.

La *presión eficaz* necesaria de la bomba, se determina con la ecuación desarrollada precedentemente:

$$Hb = 2 \Sigma lR + \Sigma Z'$$

En la que:

Hb: presión eficaz de la bomba (mmca/m).

Σl: sumatoria de las longitudes de los tramos del circuito cerrado de alimentación y retorno más desfavorable (m).

2:   para tener en cuenta la longitud equivalente por pérdida de presión en los tramos por los accesorios propios de las cañerías como ser codos, curvas, tés, etc.

Σ Z': pérdidas de presión en los tramos por accesorios particulares como equipos, dispositivos de calentamiento o enfriamientos o elementos especiales que intervienen en el circuito.

Con estos valores de caudal y presión se pueden definir las características reales de la bomba a utilizar, mediante la aplicación de tablas o curvas características de capacidades confeccionadas por los fabricantes en base a valores experimentales.

En la figura 8-VI se muestra las características constructivas de un modelo bomba autocontenida utilizada en las instalaciones de agua fría o caliente y en la figura 9-VI se detallan las curvas características presión-caudal de dichas bombas.

Se destaca que la nomenclatura de las bombas surge de la presión que originan con un caudal de 1 m³/h. Por ejemplo para que la bomba sea 5-1, su curva característica debería pasar por el punto de Hb: 5 m y caudal 1 m³/h, en este caso 1000 l/h.

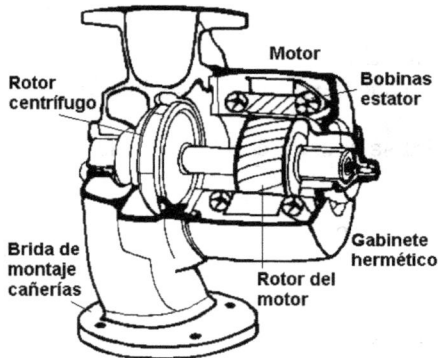

Figura 8-VI. Bomba autocontenida

El consumo eléctrico o potencia de la bomba, está en función directa del caudal y presión eficaz de la misma, de acuerdo a la expresión:

$$CV = H \cdot Cs \cdot \gamma/75.\eta \quad ó \quad KW = H \cdot Cs \cdot \gamma/102.\eta$$

Donde:

CV ó KW: potencia absorbida por la bomba (caballos o kW).
H: presión eficaz (m ca).
Cs: caudal de agua (l/s).
γ: peso específico del agua (kg/l).
η: rendimiento de la bomba (%).

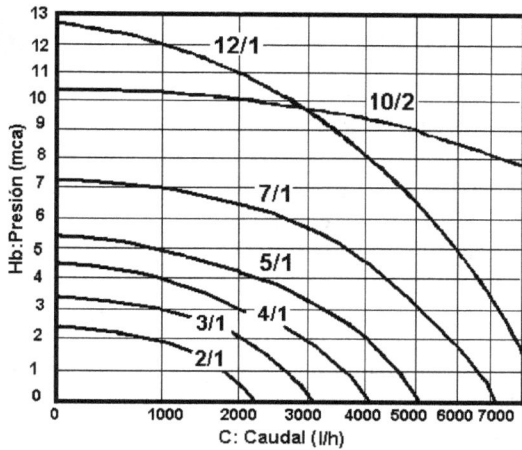

Figura 9-VI. Gráfico selección de bombas autocontenidas

CALCULO DE CAÑERÍAS DE REFRIGERACIÓN POR AGUA FRÍA

Supóngase calcular la instalación de cañerías para alimentar cuatro fan-coil con agua fría según el esquema de la figura 10-VI.

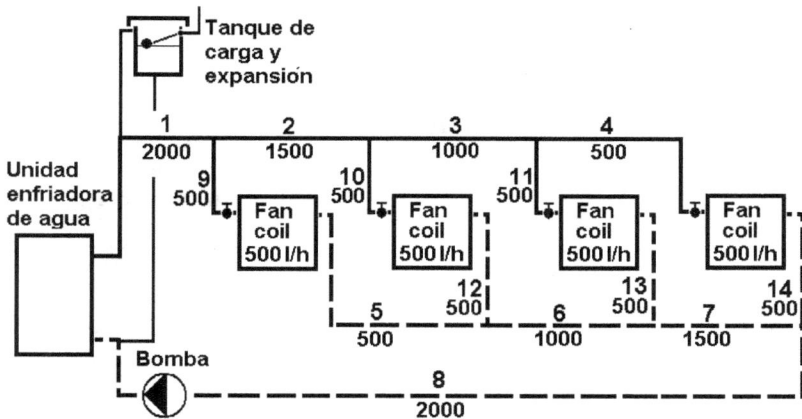

Figura 10-VI. Esquema cálculo cañerías

Del cálculo de las cargas de refrigeración se determinó que la ganancia de calor que debe extraer cada fan-coil es de 2750 kcal/h. Por lo tanto, considerando un salto térmico de 5,5°C, que surge de un agua de alimentación a 7°C y retorno de 12,5°C, el caudal transportado por cada uno de ellos, vale:

$$C = Q/5,5 = 2750/5,5 = 500 \text{ l/h c/u}$$

Se observa que se han numerado los tramos de cañerías, indicándose los caudales de agua transportada desde cada fan-coil hasta la unidad enfriadora. El caudal de la bomba es de 2000 l/h.

Con el gráfico de cálculo de cañerías de la figura 6-VI anterior, *se fija una velocidad de salida máxima de la bomba de 1 m/seg* y con ese caudal de 2000 l/h se determina el *gradiente constante o recta de maniobra R: 45 mmca/m.*

Los diámetros de los demás tramos se determinan con su caudal transportado sobre dicha recta, adoptando el diámetro *más aproximado en más o en menos*, según el procedimiento que se detalla en el esquema simplificado de la figura 11-VI y en el cuadro 4-VI se resume el cálculo realizado.

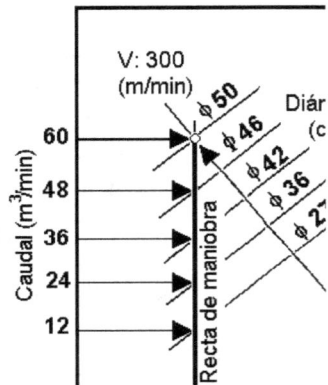

Figura 11-VI. Detalle esquemático del procedimiento de cálculo

CUADRO 4-VI. PLANILLA RESUMEN CÁLCULO CAÑERÍAS

Tramo (N°)	Caudal (l/h)	Diámetros
1 y 8	2000	25 mm (1")
2 y 7	1500	19 mm (3/4")
3 y 6	1000	19 mm (3/4")
4, 5, 9, 10,11,12,13 y 14	500	13 mm (1/2")

Se destaca que el diámetro mínimo empleado es de 13 mm.

Cálculo de la bomba circuladora

Se había determinado, que el caudal era de 2000 l/h y la presión eficaz de la bomba Hb, se calcula con la fórmula simplificada deducida en el Capítulo IV:

$$Hb = 2 \Sigma IR + \Sigma Z'$$

En este caso, cuando las longitudes de todos los circuitos cerrados son iguales por ser el retorno compensado, se puede considerar que el más desfavorable es el del fan-coil *más alejado*, compuesto por los tramos 1, 2, 3, 4, 14 y 8, cuyo valor se estima en 30 metros y como el gradiente R es de 45 mmca/m, queda:

$$Hb = 2 \Sigma lR + \Sigma Z' = 2 \times 30 \text{ m} \times 45 \text{ mmca/m} + \Sigma Z'$$
$$Hb = 2700 \text{ mmca} + \Sigma Z' = 2.7 \text{ mca} + \Sigma Z'$$

Para calcular la presión de la bomba, debe sumarse la caída de presión $\Sigma Z'$ en mca, compuesta por el fan-coil del circuito más desfavorable y la unidad enfriadora de agua, datos suministrados por los fabricantes para la selección de equipos.

Suponiendo:

Unidad enfriadora:	2,6 mca
Fan coil:	1,3 mca
$\Sigma Z'$:	3,9 mca

De modo que:

$$Hb = 2,7 + 3,9 \text{ mca} = 6,6 \text{ mca}$$

Con el caudal 2000 l/h y la presión 6,6 mca se diseña la bomba circuladora. En la curva de capacidades del tipo indicado en la figura 9-VI anterior, correspondería una bomba modelo 7/1.

Cálculo de colectores

La función de estas cañerías es la de recolectar el agua de varios circuitos de modo de efectuar una correcta distribución.

Esta cañería debe tener un diámetro amplio de modo que el agua se remanse, o sea que pierda su velocidad para utilizarse como punto de enlace y regulación de flujos, conexión de cañerías de ventilación, emplazamiento de elementos de control, etc. Para el cálculo se lo considera incluido dentro del tramo del circuito principal.

Supóngase calcular el colector de la figura 12-VI. El tramo principal transporta un caudal de 2000 l/h.

En el gráfico del cuadro 6-VI anterior, con ese caudal y fijando una velocidad de 1 m/seg., se puede adoptar un diámetro de 25 mm o sea de 1" que es el que más se aproxima. Con ese diámetro y el caudal de 2000 l/h, la velocidad y gradiente real es de 0,9 m/seg. y 35 mmca/m respectivamente.

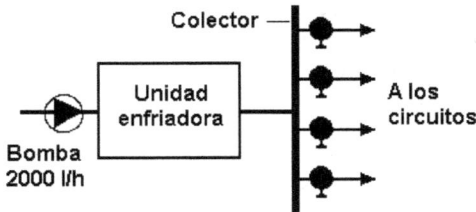

Figura 12-VI. Esquema montaje colector

Para el dimensionamiento del colector, se adopta como norma práctica *2 rangos más de la cañería principal que lo alimenta*. Los rangos de cañerías son indicados en el cuadro 5-VI.

CUADRO 5-VI. DIÁMETROS NOMINALES
(MM Y PULGADAS).

mm	13	19	25	32	38	51	64	75	100	125	150	200
"	1/2	3/4	1	1$^{1/4}$	1$^{1/2}$	2	2$^{1/2}$	3	4	5	6	8

De esa manera, como la cañería principal es de 25 mm, el diámetro del colector de acuerdo al cuadro es de 38 mm o sea 1,1/2".

Se observa en el gráfico del cuadro 6-VI anterior, que para el caudal de 2000 l/h y el diámetro de 38 mm, la velocidad desciende a 0,45 m/seg. y el gradiente a 6 mmca/m.

CÁLCULO DE CAÑERÍAS DE ENFRIAMIENTO DE AGUA PARA CONDENSACIÓN

Los equipos de aire acondicionado pueden estar diseñados de modo que el condensador sea enfriado por agua mediante la utilización de torres de enfriamiento, indicándose en la figura 13-VI, las características de una torre del tipo compacta de plástico de tiro forzado vertical y en el cuadro 6-VI sus capacidades y dimensiones aproximadas.

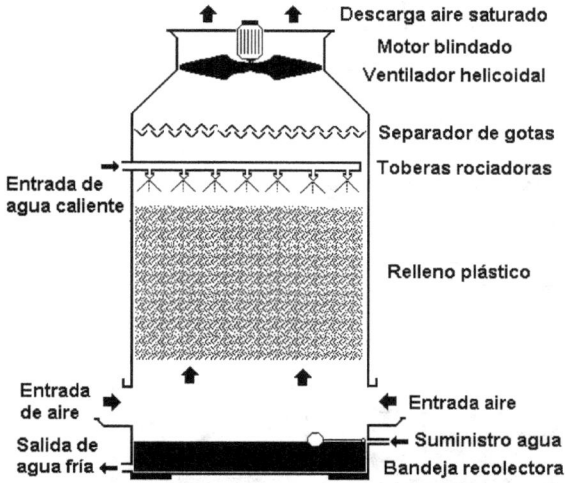

Figura 13-VI. Torre de enfriamiento

CUADRO 6-VI. CAPACIDADES DE TORRE DE ENFRIAMIENTO

Ton	Dimensiones (m)			Vent.
	Ancho	Largo	Alto	HP
5	0,60	0,60	1,50	0.5
7,5	0,70	0,70	1,50	0,5
10	0,80	0,80	2,00	0,75
15	0,90	0,90	2,00	1
20	1,10	1,10	2,00	1,5
30	1,30	1,30	2,00	2
40	1,50	1,50	2,00	2
50	1,65	1,65	2,50	3
60	1,75	1,75	2,50	3
80	1,90	1,90	2,60	4
100	2,00	2,00	2,60	5,5

En el esquema de conexión indicado en la figura 14-VI, se observa que el circuito de cañerías que une el condensador del equipo de aire acondicionado con la torre de enfriamiento, *está abierto desde las toberas de pulverización hasta la batea recolectora*, en una altura h (m) que depende del tamaño de la torre.

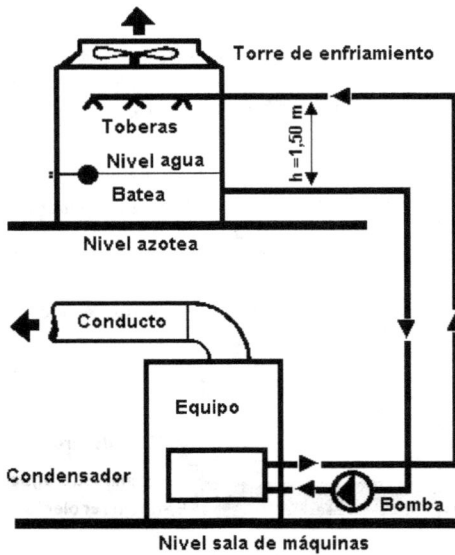

Figura 14-VI. Esquema de conexión de cañerías

El gráfico para cálculo de cañerías de hierro galvanizado que se indica en la figura 15-VI, es empleado en los circuitos abiertos, siendo de similar característica que el de los circuitos cerrados, pero difiere en que el coeficiente de frotamiento es mayor porque en estos sistemas hay más suciedades e incrustaciones debido a la evaporación que va concentrando las sales.

El procedimiento de cálculo de las cañerías parte de los mismos conceptos mencionados anteriormente, debiéndose conocer el caudal circulante y el gradiente R en mmca/m.

Determinación del caudal de agua circulante

Las cantidades de agua a circular por la torre de enfriamiento surgen de la ecuación ya vista, considerando el calor y el peso específico igual a la unidad.

$$C = Q/(te - ts)$$

Donde:

C: caudal horario (l/h).
Q: cantidad de calor a extraer por el agua circulante (kcal/h).
te: temperatura de entrada del agua a la torre (°C).
ts: temperatura de salida del agua de la torre (°C).

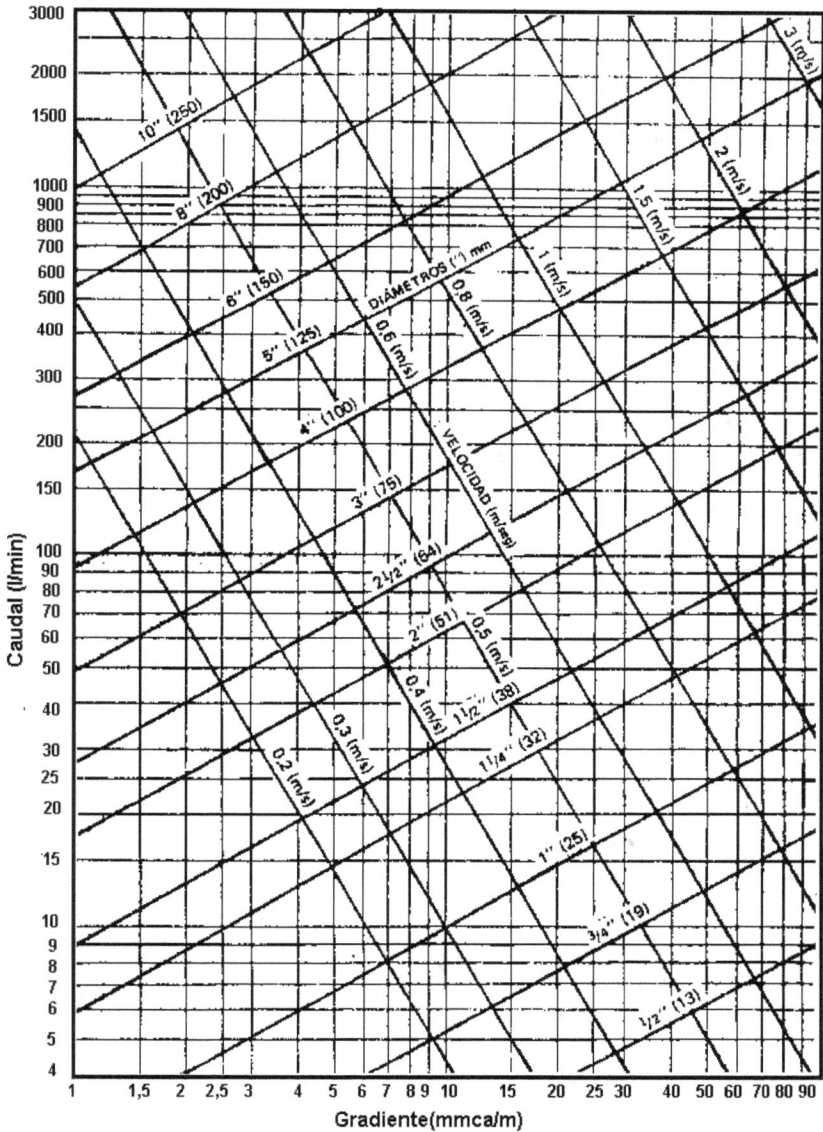

Figura 15-VI. Gráfico cálculo de cañerías de condensación

Como se había explicado en el Capítulo II, la menor temperatura a que puede ser enfriada adiabáticamente el agua en una torre de enfriamiento es la temperatura de bulbo húmedo (TBH) del aire exterior. Estas condiciones no se cumplen en la práctica y por lo general la temperatura final de salida del agua (ts) en una torre de enfriamiento es de unos 5,5°C superior a la TBH del aire exterior en cada momento.

Por ejemplo, en Buenos Aires si se considera una condición exterior de diseño de 35°C y 40% de HR, la temperatura de bulbo húmedo consultando el ábaco psicrométrico del cuadro 8-II anterior, es de 24°C. De ese modo, la temperatura de enfriamiento del agua será de aproximadamente de 29,5°C.

Normalmente se fija para las instalaciones de aire acondicionado comunes un salto térmico (te - ts) de 5,5°C, entre la temperatura que entra y que sale de la torre de enfriamiento. En el caso de Buenos Aires sería te de 35°C y ts de 29,5°C.

En cuando al calor total Q a extraer por el condensador, *se considera un 25% mayor que la capacidad del equipo*, dado que debe eliminar el calor producido fundamentalmente por la transformación de la energía mecánica del compresor, además de otras pérdidas. Por ello, la cantidad de calor disipada puede expresarse por tonelada de refrigeración de la siguiente manera:

$$Q = 3000 \text{ kcal/hTR} + 25\% = 3750 \text{ kcal/hTR}$$

De modo que el caudal circulante en l/min valdrá:

$$C = Q/(te - ts) = 3750 \text{ kcal/hTR}/(5,5°C \times 60 \text{ min/h})$$

O sea que:

$$C = 11,4 \text{ l/minTR}$$

Determinación del gradiente R

Como en los casos anteriores, el gradiente R en mmca/m se fija constante en base a una velocidad máxima de circulación recomendada que no provoque ruidos ni erosión en las cañerías, variable de 0,8 a 1,7 m/seg. De esa manera con el caudal circulante y fijado el entorno de dicha velocidad, se determina el diámetro de la cañería y el gradiente, según el procedimiento ya descripto.

Selección de la bomba circuladora

La bomba se define por el caudal C considerando 11,4 l/min por tonelada de refrigeración y la presión eficaz H para vencer los frotamientos del circuito, empleando la misma ecuación que los casos anteriores pero *incluyendo la altura o desnivel h (m),* de modo que:

$$Hb = 2 \, \Sigma \, lR + \Sigma \, Z' + h$$

Ejemplo

Se desea calcular el diámetro de las cañerías de interconexión de hierro galvanizado entre un equipo de refrigeración de 10 TR de refrigeración y una torre de enfriamiento colocada en la azotea, según se indica en el esquema de la figura 14-VI anterior, así como determinar las características de la bomba circuladora de agua. La longitud total de los tramos de cañerías es de 30 m que comprende el circuito de alimentación y retorno.

Según datos del fabricante, la torre de enfriamiento tiene un desnivel h entre la parte superior de descarga de agua por las toberas y el nivel de batea de 1,5 m. Además, de acuerdo a los datos del equipo de refrigeración, la pérdida de presión de agua a través de los condensadores es de 2,20 m de columna de agua y la pérdida de presión de las toberas de la torre de enfriamiento se estima en 0,10 m.

De esa manera, el *caudal de agua* vale:

$$C = 11,4 \; l/min \; TR = 11,4 \times 10 \; TR = 114 \; l/min$$

Para determinar el *gradiente R* se estima una velocidad de salida de la bomba comprendida entre 0,8 y 1,70 m/seg.

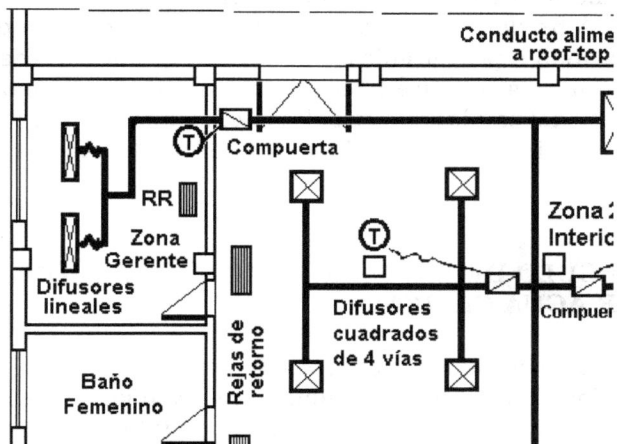

Figura 16-VI. Esquema cálculo cañería de condensación

De modo que empleando el gráfico de la figura 13-VI anterior, con el caudal 114 l/min, se selecciona el diámetro de 2" (51 mm) con una velocidad de 0,85 m/min, que representa un gradiente R de 30 mmca/m, según se indica en el esquema de la figura 16-VI.

El caudal de la bomba circuladora es de 114 l/min y la presión eficaz H surge de la ecuación ya vista de un circuito abierto:

$$Hb = 2\Sigma\, lR\ \Sigma\, Z' + h$$

De esa manera:

2Σ 1R:	2 x 30 m x 30 mmca/m	1800 mmca
Σ Z':	Condensador (2,20 m)	2200 mmca
	Toberas rociadoras (0,10 m)	100 mmca
h:	Desnivel (1,50 m)	1500 mmca
Hb:	Presión total	5600 mmca

Con el caudal de 114 l/m y la presión de 5,6 mca se diseña el modelo de bomba circuladora, adecuada para un circuito abierto.

Cálculo del agua de reposición

Debe tenerse en cuenta en estas instalaciones el agua de reposición necesaria debido a la *evaporación y el arrastre mecánico* de parte de ella y además una *purga continua de agua* del sistema, con objeto de evitar una excesiva concentración de sólidos disueltos como carbonatos o sulfatos, que pueden llegar a producir incrustaciones o ataques químicos en los condensadores o cañerías.

A fin de determinar el diámetro de la cañería de suministro y la capacidad a prever en caso de existir tanque de reserva en el edificio, como norma práctica puede establecerse que el agua de reposición es del 2% del caudal que circula en el sistema. En el ejemplo desarrollado si se circulan 114 l/min, el 2% sería 2,28 l/min.

CÁLCULO DE CAÑERÍAS DE CALEFACCIÓN POR AGUA CALIENTE

Supóngase calcular la red de cañerías correspondiente a una instalación de calefacción bitubular con radiadores de agua caliente, empleando una caldera mural con bomba y tanque de expansión incorporado, como se indica en el esquema de la figura 17-VI.

En el esquema de montaje de la instalación se han determinado los tramos componentes de la red de cañerías que generalmente van de un nudo o bifurcación T a otro T, indicándose números en este caso y en ellos se ha consignado la cantidad de calor transportado, en función de la capacidad de cada uno de los radiadores que surgen del balance térmico de la instalación.

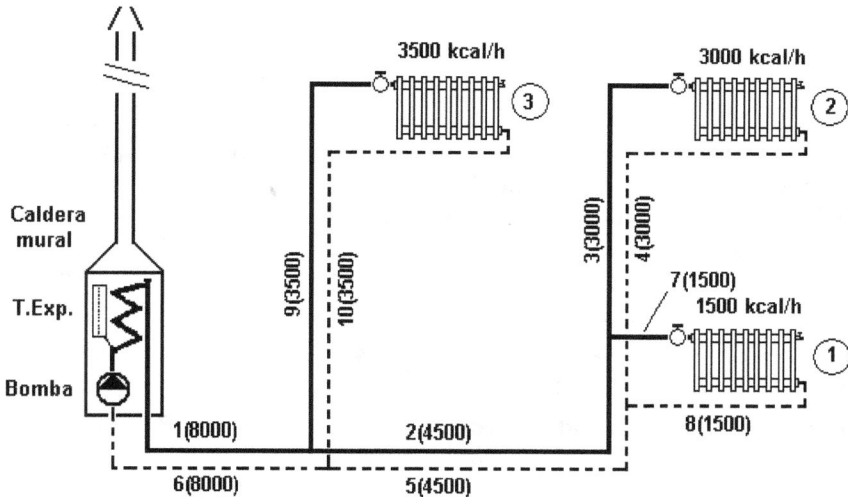

Figura 17-VI. Esquema de cañerías de la instalación de calefacción

Cada radiador se conecta en la entrada con una válvula de regulación manual de doble reglaje contando además cada uno de ellos, con grifo de desaire manual.

Dimensionamiento de las cañerías

Para el dimensionamiento de las cañerías es necesario conocer el *caudal circulatorio* C(l/h) y *el gradiente o pérdida de carga por metro* R (mmca/m).

Caudal

En el esquema se consignan la cantidad de calor Q (kcal/h) transportada por los diversos tramos de cañerías y con una temperatura de agua de alimentación de 90°C y de retorno de 80°C, o sea un salto térmico Δt de 10°C, se determinan los caudales de agua C(l/h) en cada uno de ellos, con la ecuación ya deducida:

$$C = Q/\Delta t = Q/10$$

El caudal máximo o caudal de la bomba en el tramo principal (6), surge de considerar que la mayor cantidad de calor transportada es de 8000 kcal/h de modo que:

$$C = Q/\Delta t = 8000/10 = 800 \text{ l/h}$$

Gradiente R

Para la determinar el *gradiente R constante* se establece una *velocidad máxima* en la descarga de la bomba circuladora comprendida entre 0,4 a 0,8 m/seg. En este caso se *adopta 0,5 m/seg* y con el caudal máximo de la bomba de 800 l/h, en el gráfico de cálculo de cañerías de la figura 6-VI anterior, se halla R = 14 mmca/m en función de la velocidad fijada.

Cálculo de los diversos tramos

De esa forma, con el caudal circulante y sobre la recta de R constante de 14 mmca/m denominada *recta de maniobra*, se calculan los diámetros de los diversos tramos de las cañerías en base al valor más aproximado, según el esquema de la figura 18-VI que se resume en la tabla del cuadro 7-VI. El diámetro mínimo utilizado es de 13 mm.

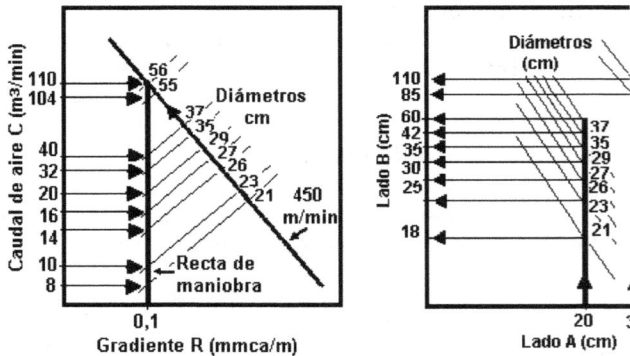

Figura 18-VI. Detalle esquemático del procedimiento de cálculo

CUADRO 7-VI. PLANILLA RESUMEN CÁLCULO CAÑERÍAS

Tramo	Q (kcal/h)	C (l/h)	Diámetros
1 y 6	6000	600	19 (3/4")
2 y 5	4500	450	19 (3/4")
3 y 4	3000	300	13 (1/2")
7 y 8	1500	150	13 (1/2")
9 y 10	3500	350	13 (1/2")

Cálculo de la bomba circuladora

El *caudal* (C) de la bomba o *máximo de la instalación* es de 800 l/h y la *presión eficaz necesaria* (Hb) se determina en función de la ecuación vista precedentemente

$$Hb = 2 \sum l\, R + \sum Z'$$

Donde:

R: gradiente hidráulico fijado en 14 mmca/m.
$\sum$ l: sumatoria de la longitud de los tramos del circuito cerrado más largo o radiador más desfavorable.
$\sum$ Z': sumatoria de las caídas de presión en resistencias particulares de la instalación como caldera y radiador (mmca).

El circuito cerrado más largo es el del radiador N° 2 y está compuesto por los tramos 1, 2, 3, 4, 5 y 6, cuya longitud total se supone es de 31,9 m. De modo que:

$$H = 2 \sum l\, R + \sum Z' = 2 \times 31,9 \text{ m} \times 14 \text{ mmca/m} + \sum Z'$$

$$H = 893 \text{ mmca} + \sum Z' \cong 0,90 \text{ mca} + \sum Z'$$

Para calcular la presión de la bomba debe sumarse la caída de presión Z´ en mca del radiador correspondiente al circuito más desfavorable y la caldera de agua caliente, datos suministrados por los fabricantes.
Suponiendo:

Caldera mural	1,5 mca
Radiador de aluminio	0,5 mca
$\sum$ Z' =	2 mca

La presión eficaz de la bomba valdrá:

$$Hb = 0,9 + 2 = 2,9 \text{ mca}$$

Con el caudal 800 l/h y la presión 2,9 mca se debe verificar la bomba circuladora de la caldera, con las curvas características de las bombas dada por el fabricante. En el caso de adoptar una bomba por separado, de acuerdo al gráfico de la figura 9-VI anterior, correspondería un modelo 3/1.

CÁLCULO DE CAÑERÍAS DE REFRIGERACIÓN

Ciclo frigorífico

En un ciclo frigorífico por compresión, como el que se muestra en los detalles de la figura 19-VI, el refrigerante entra al evaporador en forma de una mezcla de líquido y vapor frío y a baja presión (A).

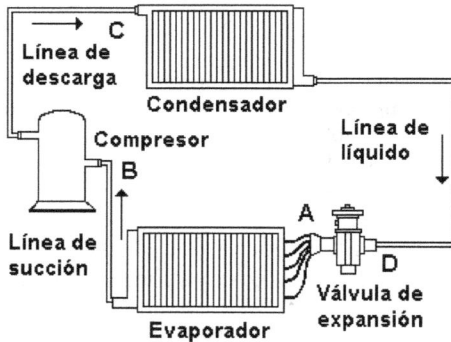

Figura 19.VI. Detalle de líneas refrigerante

El calor del aire del local provoca la ebullición del líquido refrigerante (B) y el vapor es succionado por el compresor y luego comprimido aumentando su presión y temperatura, es impulsado hasta el condensador (C) donde el calor del vapor es transferido hacia el aire exterior más frío, condensándose.

Luego el refrigerante en estado líquido fluye desde el condensador hacia el dispositivo de expansión (D) donde se reduce la presión a la del evaporador y una pequeña parte del refrigerante líquido se evapora repentinamente (flash), enfriando el líquido restante a la temperatura y presión del evaporador.

Luego la mezcla fría de líquido y vapor refrigerante (A) entra al evaporador para repetir el ciclo. De ese modo, las cañerías que componen un ciclo de refrigeración por compresión son las siguientes:

- *Línea de gas de succión*: del evaporador al compresor.
- *Línea de gas de descarga*: del compresor al condensador.
- *Línea de líquido*: del condensador al dispositivo de expansión.

El compresor es lubricado mediante el contacto del aceite con el refrigerante en las paredes del cilindro y una parte de ese aceite es arrastrado durante su funcionamiento. Por lo tanto es imprescindible que el aceite retorne al compresor para su lubricación, recorriendo el ciclo frigorífico.

De ese modo el *aceite es arrastrado conjuntamente con el gas comprimido* por el compresor y llega por la línea de descarga al condensador, *donde se mezcla con el refrigerante* en la fase líquida y en estas condiciones pasa al evaporador a través de la línea de líquido, donde separa por destilación al producirse la vaporización, volviendo nuevamente al compresor *arrastrado por las cañerías de aspiración* del gas refrigerante.

Por ello, el aceite lubricante *debe tener la propiedad de ser miscibles con el refrigerante en la fase líquida*, mientras que en la fase gaseosa la velocidad del refrigerante debe ser lo suficiente alta como para arrastrarlo.

Además en las paradas el aceite se deposita en las paredes de las cañerías y luego se drena en los puntos inferiores, por lo que las líneas de refrigerante deben diseñarse para lograr que la velocidad del refrigerante pueda transportar ese aceite a través de la tubería. Sin embargo, el diámetro no debe ser tan pequeño que provoque una caída excesiva de presión y por consiguiente una reducción de la capacidad del sistema.

En cada caso debe analizarse las características del diseño de las tuberías en función del tipo de fluido refrigerante que se trate como ser las líneas de gas y la de líquido.

Líneas de gas refrigerante

Deben adoptarse en el proyecto de cañerías algunas medidas prácticas para hacer que el refrigerante en estado gaseoso en las líneas de aspiración y descarga arrastre el aceite correctamente.

Para que el aceite no se asiente o estratifique en las cañerías horizontales, deben instalarse con una pendiente en el sentido de circulación del refrigerante mayor del 1%. De esa manera se forma un pequeño depósito de aceite al final del tramo horizontal, el cual facilita que sea arrastrado satisfactoriamente por el flujo del refrigerante, como se observa en la figura 20-VI.

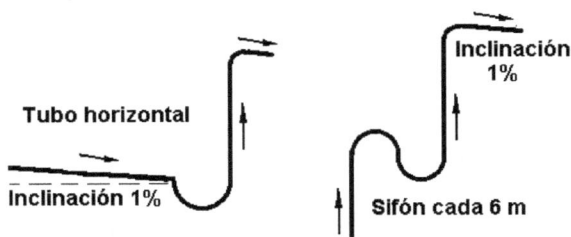

Figura 20-VI. Pendientes y sifones en cañerías de refrigeración

En tuberías verticales de flujo ascendente, se suelen utilizar sifones cuando la distancia es superior a los 6 metros. El sifón cumple la función de recolección del aceite el que es empujado y transportado por el gas refrigerante al circular y además, recolectan y empujar el líquido refrigerante que puede haberse producido en los períodos de parada de la instalación en las líneas de gas.

Si el compresor se instala por debajo o a igual altura del condensador debe ejecutarse un *lazo invertido*, que consiste en un bucle en forma de U por sobre el condensador, para evitar que el líquido refrigerante del condensador pase al compresor en los momentos de parada, como se muestra en la figura 21-VI.

Puede ocurrir cuando se trabaja a bajas cargas en el caso de las *cañerías de aspiración*, que la velocidad del refrigerante se torne demasiado lenta como para arrastrar el aceite. Para solucionarlo se puede recurrir a la conexión de *dos tubos* como se muestra en la figura 22-VI.

Cuando la velocidad del refrigerante decrece y en el tubo de mayor diámetro el refrigerante no es capaz de arrastrar el aceite, éste drena hacia

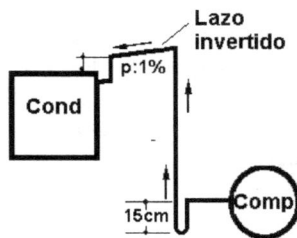

Figura 21-VI. Lazo invertido

el sifón ubicado en la parte inferior obstruyendo el paso, por lo que todo el refrigerante asciende por el de menor de diámetro que debe ser lo suficientemente pequeño como para mantener la velocidad de arrastre adecuada.

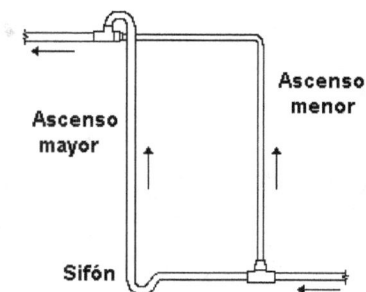

Figura 22-VI. Doble caño aspiración

Cuando la capacidad del sistema aumenta nuevamente, la velocidad más alta de refrigerante libera la trampa del aceite, permitiendo nuevamente el flujo de refrigerante hacia arriba por ambos ascensos.

Línea de líquido

En caso que el condensador se ubique sobre el evaporador, es conveniente que las líneas de líquido no superen los 18 metros a fin de evitar que el peso de la línea origine excesivas presiones y un funcionamiento deficiente de la válvula de expansión. Si las alturas son elevadas debe colocarse una *válvula solenoide* que cierre el paso del líquido en las paradas del compresor, para evitar que fluya por gravitación al evaporador. Cuando el evaporador se instala por sobre el condensador, el desnivel máximo debe ser de 6 m para evitar depresiones excesivas.

DIMENSIONAMIENTO DE LAS CAÑERÍAS

El fabricante es el mejor conocedor de la información requerida para la selección de los tamaños óptimos de las líneas refrigerantes y *por lo tanto deben adoptarse los valores que ellos recomiendan.*

Sin embargo, si los tamaños de línea no son consignados por el fabricante, se podrían analizar algunos aspectos básicos en el diseño, como ser:

- Las velocidades en las líneas de gas deben ser igual o mayor a 2,5 m/seg para permitir que el aceite sea arrastrado por el refrigerante.
- Evitar caídas de presiones excesivas, para no disminuir la capacidad refrigerante e incrementar la potencia del equipo.

El cálculo de cañerías se efectúa teniendo en cuenta el tipo de refrigerante y la línea del circuito En las aplicaciones prácticas suelen utilizarse gráficos que permiten dimensionar las tuberías de succión, descarga y líquido de cobre para refrigerante como la indicada para R-22 en la figura 23-VI, en función de:

- Longitud total de las cañerías (m).
- Capacidad frigorífica (frig/hora).

Freon 22 Tubos de cobre

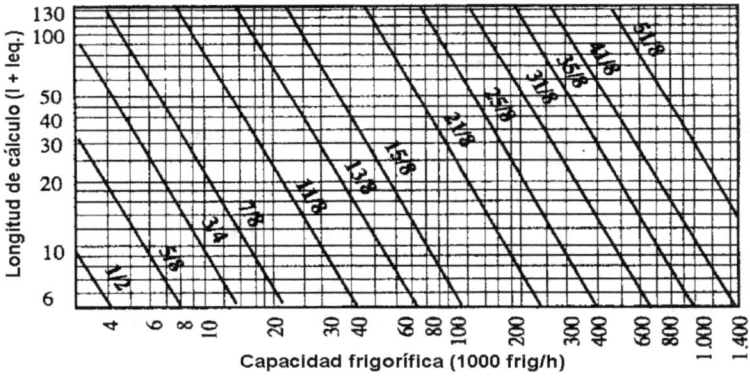

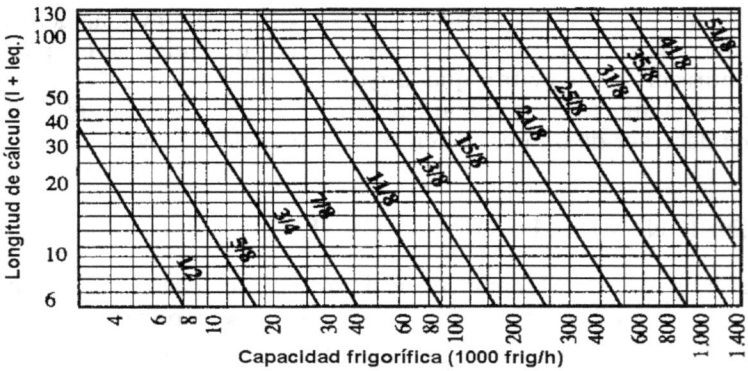

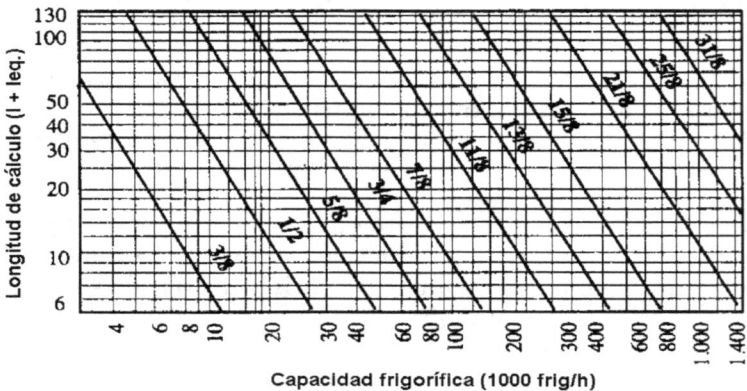

Figura 23-VI. Gráficos cálculo cañería de refrigeración

La longitud total de las cañerías está compuesta por la longitud real, más la longitud equivalente que debe adicionarse por la caídas de presión en los accesorios que intervienen en el circuito.

En la práctica suelen considerarse la longitud equivalente el 50% de la longitud recta de cañería. De modo que:

$$L = l + lequiv.= l + 0,5\ l = 1,5\ l.$$

Ejemplo:

Determinar el diámetro de las cañerías de descarga y líquido para la instalación indicada en la figura 24-VI.

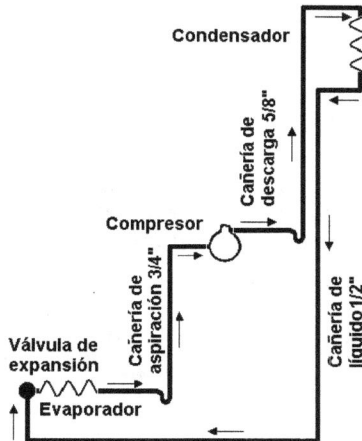

Figura 23-VI. Gráficos cálculo cañería de refrigeración

Se supone que el circuito frigorífico, está compuesto con cañerías de cobre, para R-22, para una capacidad de 15000 frig/h.

Las longitudes reales l de las cañerías son:

- Aspiración: 4 m.
- Descarga: 6 m.
- Líquido: 10 m.

Se adopta como longitud equivalente el 50% de modo que las longitudes totales de cálculo serán:

$$L = l + l_{equiv.} = l + 0{,}5.l$$

- Aspiración: 4 + 2 = 6 m.
- Descarga: 6 + 3 = 9 m.
- Líquido: 10 + 5 m = 15 m.

Surge del gráfico de la figura 23-VI anterior, que con 15000 frig/h y las longitudes indicadas, los diámetros de las cañerías más aproximados son:

- Cañería de aspiración: 3/4".
- Cañería de descarga: 5/8".
- Cañería de líquido:1/2".

CAPÍTULO VII

SELECCIÓN DE EQUIPOS DE AIRE ACONDICIONADO

FORMULARIO DE CÁLCULO PARA EQUIPOS INDIVIDUALES Y SPLIT

Los equipos compactos autocontenidos del tipo individual de muro o ventana o los equipos separados split, cuya capacidad llegan normalmente hasta las 9000 frig/h o 3 TR, pueden seleccionarse en base al *formulario práctico* para la estimación de las cargas de verano, que se muestra en la figura 1-VII.

En efecto, en estos casos no es necesario un cálculo tan pormenorizado de las cargas de verano como para los equipamientos de más envergadura, dado que generalmente para la selección solo se requiere como único dato *la carga total,* sin discriminación de la parte sensible o latente, ni el caudal de aire a circular.

En el formulario se han agrupado los valores tabulados confeccionados para una temperatura de diseño exterior 35°C, pudiendo ser utilizado para cualquier área del país, mediante un factor de corrección que se establece en el mapa.

El mismo está basado en una temperatura de diseño interior de 25° o sea para un salto térmico de 10°C y en caso de considerar una temperatura de diseño interior distinta, por ejemplo 24°C, se multiplica directamente el valor final determinado en el formulario por la relación de salto de temperatura: 11/10.

Instrucciones para el uso del formulario

Los números se refieren a los ítems de la planilla de cálculo

1. Multiplicar la superficie de la ventana expuesta solamente a la orientación de mayor carga solar, por el factor que corresponda. Para cortina interior, por ejemplo persiana de tipo veneciano, se aplica el factor persiana o sombra. Para protección exterior como toldos o parasol se usa el factor toldo exterior.
2. Multiplicar el área total de todas las ventanas por el factor.
3. Multiplicar el área de todas las paredes exteriores e interiores por su factor. Una pared de mampostería de 0,20 m. o menos es una construcción liviana y si es mayor de 0,20 m. de espesor, construcción pesada. No se deben considerar las paredes que limitan con locales acondicionados. Las puertas interiores se las consideran incluidas dentro del área de la pared.
4. Multiplicar la superficie total del techo o entrepiso por su factor.
5. Multiplicar la superficie total del piso por su factor. No se debe tener en cuenta este ítem para el caso de piso sobre tierra.
6. Multiplicar el número de personas por su factor. Se ha considerado en el factor de este ítem, el calor total (sensible y latente) aportado por el aire de ventilación mínimo requerido por las personas.
7. Multiplicar el número de watt consumidos por luces y aparatos eléctricos por su factor.
8. Subtotal, suma de cargas de los 8 ítem anteriores.
9. Multiplicar el valor obtenido en el ítem 9 por el factor del mapa.

Ejemplo

Supóngase acondicionar el living de una casa ubicada en la ciudad de Buenos Aires, cuyas dimensiones y características constructivas se indican en la figura inserta en el mismo formulario.

Surge del cálculo realizado que el equipo acondicionador debe suministrar aproximadamente 1767 frig/h. y para su selección deben tenerse en cuenta las especificaciones de capacidades suministradas por los fabricantes.

FORMULARIO CALCULO DE CARGAS DE VERANO

Nº	Tipo ganancia calor	Dimen- siones	Area Unidad	Factor			Ganancia (kcal/h) Dimens. x factor
	Ventanas calor solar (Exposición con la mayor carga)			No protegido	Persiana o sombra	Toldo exterior	
1	a) NE Noreste		m^2	32	10	6	
	b) E Este		m^2	35	11	7	
	c) SE Sudeste		m^2	38	11	8	
	d) S Sur		m^2	38	11	8	
	e) SO Sudoeste		m^2	230	69	46	
	f) O Oeste		m^2	395	119	79	
	g) NO Noroeste		m^2	427	128	85	
	h) N Norte	2 x 2,10	4,20 m^2	190	57	38	239
2	Ventanas transmisión (Sumar el total de las ventanas) a) Vidrio simple		m^2	50			
	b) Vidrio doble	2 x 2,10	4,20 m^2	30			126
	Paredes			Construcción			
	a) Exteriores			Liviana		Pesada	
3	Orientación Sur		m^2	25		17	
	Otras orientaciones	(7x2,7)-(2x2,1)	14,7 m^2	30		20	294
	b: Interiores (A espacios no acondicionados)	4x2,7	10,8 m^2	15			162
4	Techos o cielorrasos a) Techo no aislado		m^2	30			
	b) Techo aislado	4 x 3	12 m^2	20			240
	c) Entrepiso		m^2	10			
5	Piso (Omitir cuando está sobre tierra)		m^2	10			
6	Personas y ventilación (Número de personas)	2	Nº	250			500
7	Luces y artefactos eléctricos	240	Watts	0,86			206
8	Subtotal						1767
9	Ganancia total calor	1767	(Item8) x 1	Factor del mapa =			1767

Croquis del ambiente

Ventana con persiana exterior 2 x 2,10 m

Factor de corrección

Figura 1-VII. Formulario cálculo cargas equipos compactos y split

Método de los cubajes

Es un método que relaciona el volumen de los locales, con la cantidad de calor necesario a extraer en refrigeración o a suministrar en calefacción, mediante la aplicación de un *coeficiente de ganancia o pérdida de calor volumétrico*. De modo que:

$$Q = c \cdot V$$

Donde:

Q: cantidad de calor necesaria (kcal/h).
c: coeficiente volumétrico de ganancia o pérdida de calor (kcal/hm³).
V: volumen del local (m³).

Este sistema de cálculo suele utilizarse por su simpleza para la estimación de las cargas de aire acondicionado de verano o invierno, con algunos ajustes para el tipo de construcción o el clima de emplazamiento, pero es *incorrecto* por los siguientes motivos:

- El valor teórico del coeficiente de pérdida de calor volumétrico es sumamente variable, porque independientemente del tipo de construcción o clima exterior pueden tener grandes ventanas, ser lindantes con otros que pueden estar acondicionados o no, tener diversas cargas interiores, entrada de aire por infiltración, etc.
- Para un mismo volumen, la superficie de pérdida puede ser más o menos importante, dependiendo de la relación de lados. Si se comparan dos ambientes de una misma altura, por ejemplo, uno de 3 x 3 m, tiene el mismo volumen que otro de 2 x 4,5 m, pero la superficie perimetral de transmisión de calor del ambiente cuadrado es menor que el rectangular.
- El valor de c, despejado de la ecuación anterior vale c= Q/V, y se lo supone constante para cualquier volumen. Sin embargo, mientras las pérdidas por transmisión de calor Q, varían en relación cuadrática con el área o superficie de los cerramientos, el valor del volumen V varía en relación cúbica y como está en el denominador, el coeficiente c se reduce notablemente cuando aumenta el volumen de los locales.

Con las limitaciones expuestas, este sistema puede llegar a emplearse para la estimación de cargas de equipos electrodomésticos, como pequeños acondicionadores portátiles o las estufas a gas o eléctricas para uso hogareño que generalmente cuentan con control sensitivo de funcionamiento, pretendiendo el usuario sólo un refrescamiento o calentamiento en períodos intermitentes.

En estos casos, pueden considerarse valores de c, que tanto para verano como para invierno, varían entre 35 y 65 kcal/hm³, según el tipo de emplazamiento y características constructivas del edificio.

Selección de equipos individuales

En la figura 2-VII y el cuadro 1-VII se detallan las características promedios de los equipos acondicionadores de ventana o muro para su selección.

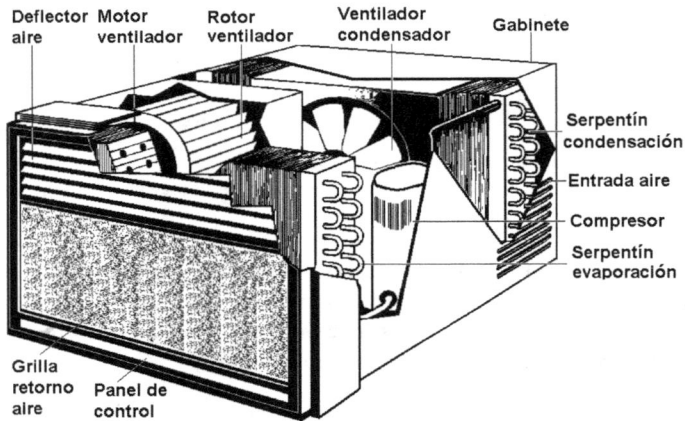

Figura 2-VII .Equipo individual de ventana

CUADRO 1-VII. CAPACIDADES ACONDICIONADORES INDIVIDUALES

Rendimiento (frig/h)	900	1500	2150	3350	4600	6000
Rendimiento (kcal/h)	1000	1650	2310	3650	5060	6600
Compresor (HP)	1/2	3/4	1	1 1/2	2	2 1/2
Caudal aire (m^3/min)	4	6	8	12,5	17,5	22
Dimensiones (cm)						
Ancho	45	50	55	60	70	80
Alto	35	40	45	50	55	60
Profundidad	50	55	60	65	75	90

Selección de equipos separados *split* o *multisplit*

En los equipos *split*, la unidad condensadora sirve a una y en los *multisplit* a varias unidades evaporadoras interiores, tal cual se muestran en la figura 3-VII, donde se indican las capacidades promedio de los equipos. En los equipos multisplit se incrementa la *capacidad de los evaporadores* debido a que la *temperatura de evaporación aumenta,* permitiéndose conectar una capacidad nominal total mayor que la nominal de la condensadora.

EV : Evaporador consola

EP: Evaporador de pared

C: Condensador

EH: Evaporador horizontal

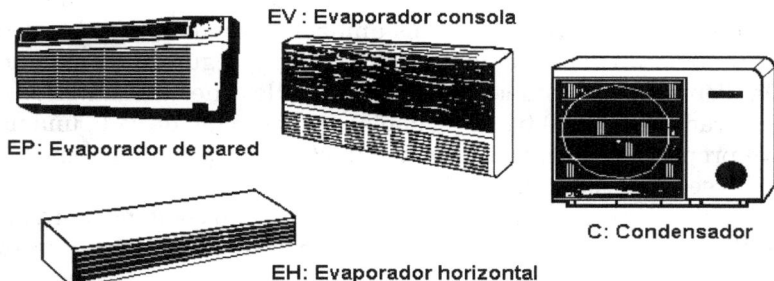

Tipos	Evaporador					Condensador	
	EP	EV	EV	EH	EH	Simple	Múltiple
Miles frig/h nominal	22	35	45	35	45	22 35 45	55
Caudal (m³/min)	9	11	13	8	10		
Alto (mm)	320	600	600	250	250	445 600 600	600
Ancho (mm)	800	1000	1150	910	1055	512 760 760	760
Prof. (mm)	230	230	230	600	600	397 430 430	430

Capacidad		Evaporador (kcal/h)	Condensador (kcal/h)	Consumo (Watts)
Condens	Evaporador			
C 22	EP 22	2000	2000	890
C 35	EV, EH 35	3150	3150	1630
C 45	EV, EH 45	4000	4000	2110
Multsplit C: 55	EP EV. EH			
	22	2500	2500	1840
	35	3480	3480	1950
	45	4000	4000	2110
	22 + 22	2000 + 2000	4000	2030
	22 + 35	1730 + 2740	4470	2130
	22 + 45	1560 + 3150	4710	2270
	35 + 35	2380 + 2380	4760	2230
	35 + 45	2170 + 2760	4930	2380
	45 + 45	2500 + 2500	5000	2520
	22 + 22 + 22	1580 + 1580 + 1580	4740	2190
	22 + 22 + 35	1380 + 1380 + 2190	4950	2300
	22 + 22 + 45	1250 + 1250 + 2500	5000	2440
	22 + 35 + 35	1220 + 1930 + 1930	5080	2400
	22 + 22 + 22 + 22	1250 + 1250 + 1250 + 1250	5000	2360

La capacidad de enfriamiento está basada en una
temperatura interior de 25°C y exterior de 35°C

Figura 3-VII. Planilla modelo selección de equipos split o multisplit

Supóngase que a una unidad condensadora de una capacidad nominal de 4000 frig/h se la vinculan dos unidades evaporadoras de 2000 frig/h, el rendimiento del sistema es de 4000 frig/h, según se observa en la planilla. Pero si a esa unidad condensadora se le conectan cuatro unidades evaporadora de 2000 frig/h (el doble), la capacidad de cada una no disminuye proporcionalmente a 1000 frig/h c/u, sino que se incrementa en un 25% o sea que rendirán 1250 frig/h c/u.

De modo que el rendimiento efectivo de la unidad condensadora será de 4 x 1250 = 5000 frig/h, valor que está previsto en el diseño de su fabricación.

Si con las 1250 frig/h no se logra satisfacer la carga en algún local, se puede hacer funcionar una o dos unidades interiores únicamente y en este caso, se puede obtener en las unidades en funcionamiento la capacidad de 2000 frig/h.

Esta propiedad es muy importante en las aplicaciones residenciales, donde por un lado no se necesita operar a la carga máxima todo el tiempo y por otro, es poco usual que se necesiten operar simultáneamente todas las unidades evaporadoras interiores en virtud de las distintas horas de ocupación.

SELECCIÓN DE EQUIPOS COMPACTOS DE EXPANSION DIRECTA

Para la selección de los equipamientos de más de 3 TR los datos básicos requeridos surgen del cálculo de las cargas de aire acondicionado siendo:

- QT: calor total a extraer (kcal/h).
- QST: calor sensible total a extraer (kcal/h).
- C: caudal de aire necesario (m³/min).
- FBP: factor de by-pass de la batería.

Para el diseño se requiere primero la *preselección del equipo* en las condiciones normales de operación denominadas *nominales* o estándar, los que luego deben ser verificados en las condiciones particulares de funcionamiento con la ayuda de las tablas de ingeniería que deben proporcionar los fabricantes.

Preselección del equipo

Generalmente para establecer las capacidades nominales de los equipamientos, los fabricantes suelen referirlas a las Normas ARI

Standart (American Refrigerate Institute) que establecen las condiciones de operación tipificadas, en base a las cuales se efectúa la *preselección del equipo*. Esas condiciones típicas generalmente son las siguientes:

Temperaturas del aire de entrada al evaporador:

- Temperatura de bulbo seco: 26,7°C.
- Temperatura de bulbo húmedo: 19°C.

Temperatura del aire exterior de entrada
al condensador

- Temperatura de bulbo seco: 35°C.

Eventualmente se especifican las temperaturas de condensación del refrigerante así:

- Equipos enfriados por aire: 50°C.
- Equipos enfriados por agua: 40°C.

Caudales de aire

Normalmente se suministran en las tablas de información de ingeniería, tres posibilidades de variaciones de caudal que pueden suministrar los equipos para las condiciones operación, con sus respectivos *factores de by-pass*.

Verificación

Una vez preseleccionado el equipo, teniendo en cuenta que generalmente las condiciones reales de funcionamiento difieren de las tipificadas, debe efectuarse la verificación de los siguientes parámetros.

Temperatura de bulbo seco del aire
de entrada al evaporador

En caso que esa temperatura no coincidiera con la condición típica TBS de 26,7°C, debe efectuarse *un ajuste del calor sensible del equipo* con la siguiente fórmula:

$$QST^* = QST + 17 \; C \; (\; 1\text{-} \; FBP) \; (TBS - 26{,}7)$$

Donde:

QST*: calor sensible real de rendimiento del equipo (frig/h).

QST: calor sensible establecido para condiciones estándar.

17:   valor constante.

C: caudal de aire del equipo (m³/min).

FBP: factor de by-pass del serpentín del equipo (dado en tablas)

TBS: temperatura del aire de mezcla que entra al evaporador de acuerdo a las condiciones del análisis de cargas (°C)

26,7: temperatura del aire de mezcla que entra en el evaporador de acuerdo a las condiciones estándar (°C).

Debe tenerse en cuenta en los cálculos el signo del ajuste a realizar, si las condiciones reales de mezcla del aire que entra en el evaporador son menores que la estándar de 26,7°C.

*Temperatura de bulbo húmedo del aire
de entrada al evaporador*

En caso que la temperatura el aire no coincidiera con la condición típica TBH de 19°C, en las tablas de capacidades suministradas por los fabricantes se establecen los distintos valores para ajustarla a las condiciones reales de operación.

*Temperatura del aire de entrada al condensador
o temperatura de condensación*

En caso que la temperatura del aire exterior no coincidiera con los 35°C especificada como estándar o las de condensación del refrigerante con las condiciones típicas indicadas precedentemente, en las tablas de capacidades suministradas por los fabricantes se establecen los distintos valores para ajustarla a las condiciones reales de operación.

Los valores de temperatura de condensación se estiman en la práctica con un incremento aproximado de 15°C sobre la temperatura de bulbo seco de diseño del aire exterior para los equipos enfriados por aire y sobre la temperatura de bulbo húmedo en los enfriados por agua.

Caudales de aire y factor de by-pass

Debe verificarse que el equipo cumpla con los caudales requeridos en el proyecto, para las condiciones reales de operación del equipo y que el factor de by-pass del serpentín del equipo se aproxime al valor de cálculo.

Ejemplo de selección de un equipo roof-top

Supóngase seleccionar el equipo roof-top que se muestra en la figura 4-VII, para el local de oficinas administrativas en el que se ha efectuado el cálculo de las cargas de verano en el Capítulo III, sobre la base de las siguientes condiciones de diseño:

* Interior 25°C y 50% HR.
* Exterior 35°C y 50% HR.
* Aire nuevo de ventilación 20%.

Realizado el cálculo de las cargas de aire acondicionado en el Capítulo III, se habían determinado los siguientes valores:

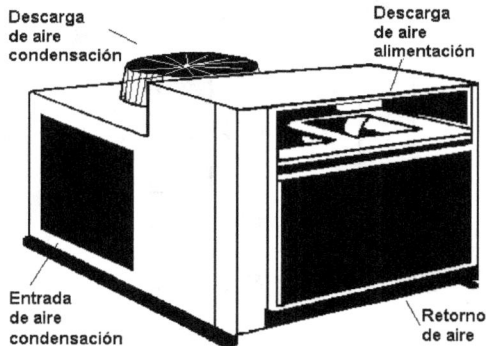

Figura 4-VII. Detalle de equipo roof-top

* Carga total de enfriamiento QT: 14308 kcal/h.
* Carga de calor sensible total QST: 11842 kcal/h.
* Caudal de aire C: 60 m³/min.
* Factor de by pass: 0,14.

Preselección del equipo

El modelo de tabla de ingeniería que se muestra en la planilla del cuadro 2-VII, estipula los datos físicos y capacidades nominales para un equipo roof-top, cuyo serpentín recibe aire en una *condición estándar* de entrada al evaporador de TBS: 27°C y TBH: 19°C y una temperatura del aire de condensación de 35°C.

CUADRO 2-VII .MODELO TIPICO DE PLANILLA PARA SELECCIONAR EQUIPOS ROOF-TOP

Modelos	RT 3	RT 5	RT 7,5	RT10
Capacidad nominal (miles frig/h)	9	15	22	30
Consumo nominal (KW)	5,0	6,5	9,5	11,5
Caudal nominal ventilador (m³/min)	35	55	85	110
Presión disponible ventilador (mmca)	8	10	12	15
Medidas: ancho x largo x alto (m)	1 1,1 x 1,2 x 0,75	1,1 x 1,2 x 0,75	1,1 x 1,60 x 1,20	1,5 x 1,70 x 1,20

Capacidades de refrigeración (miles frig/h)

Caudal de aire del ventilador del evaporador (m3/min) y Factor de by-pass ( )

Temp.Entrada aire condensador °C	TBH Entrada de aire evaporador °C	RT 3						RT 5						RT 7,5						RT10					
		30 (0.12)		35 (0,13)		40 (0.14)		45 (0.12)		55 (0,13)		60 (0.14)		70 (0.12)		85 (0.14)		100 (0,16)		85 (0.12)		110 (0.14)		140 (0,16)	
		total	sens.	total	sens.	total	sens.	total	sens.	total	sens.	total	sens.	total	sens.	total	sens.	total	sens.	total	sens.	total	sens.	total	sens.
30	22	9,3	4,2	10,0	4,5	10,2	4,7	15,7	6,8	16,7	7,5	17,2	8,0	23,3	10,5	25,3	11,7	27,0	12,5	30,8	13,0	33,0	14,5	34,5	15,7
	19	8,7	5,8	9,2	6,8	9,5	7,2	14,5	9,2	15,5	10,5	16,0	12,0	21,7	13,7	22,8	15,2	24,0	17,0	28,5	17,9	30,0	19,5	31,7	22,2
	17	8,2	6,5	8,7	7,7	9,2	9,0	14,0	11,0	14,8	13,0	15,5	15,4	20,5	15,4	22,3	18,5	23,0	19,0	27,0	19,5	29,4	23,7	30,2	27,6
35	22	9,0	4,0	9,5	4,2	9,8	4,5	15,0	6,5	15,9	7,0	16,5	7,7	22,2	10,2	24,0	11,2	25,0	12,0	29,3	12,5	31,4	13,7	33,0	15,0
	19	8,5	5,3	9,0	6,6	9,2	7,0	14,0	8,8	15,0	10,0	15,3	11,8	20,7	13,0	22,0	14,7	23,4	15,5	27,2	16,2	29,2	18,7	30,8	21,5
	17	8,0	6,2	8,5	7,5	9,0	8,8	13,3	10,5	14,2	12,6	15,0	13,0	19,5	15,0	21,3	17,4	22,2	18,0	26,0	19,0	27,9	22,5	29,0	26,5
40	22	8,5	3,7	9,0	4,0	9,3	4,3	14,5	6,3	15,3	6,8	15,7	7,3	21,5	10,0	23,0	10,7	23,7	11,4	28,5	12,3	30,0	13,0	31,3	14,5
	19	8,0	5,0	8,5	5,8	8,7	6,5	13,5	8,4	14,3	9,7	14,7	11,0	20,0	12,5	21,3	14,3	22,5	15,0	26,2	15,7	28,2	18,2	29,7	21,0
	17	7,5	6,0	8,0	6,5	8,5	8,3	12,7	10,0	13,7	11,0	14,5	12,5	18,8	14,5	20,4	15,8	21,4	17,3	25,0	18,3	27,0	21,5	28,0	25,5

Sobre la base de esa tabla, para las condiciones de funcionamiento estándar corresponde preseleccionar en principio una unidad RT5, con una *capacidad nominal* total QT de 15000 frig/h o sea 5 toneladas de refrigeración.

Verificación

Para realizar la verificación se utilizan capacidades de enfriamiento adoptando generalmente los valores más cercanos, pudiéndose eventualmente interpolarse los valores.

Condiciones reales del aire de entrada al evaporador del equipo: son las de mezcla del aire del retorno del local y el exterior y se habían obtenido con el ábaco psicrométrico con los valores que se muestran en el esquema de la figura 5-VII, sobre la recta que une el punto de condición del local A de 25°C y 50%HR y el exterior E de 35°C y 40%HR, en las proporciones de la mezcla, en este caso el 20% de aire exterior.

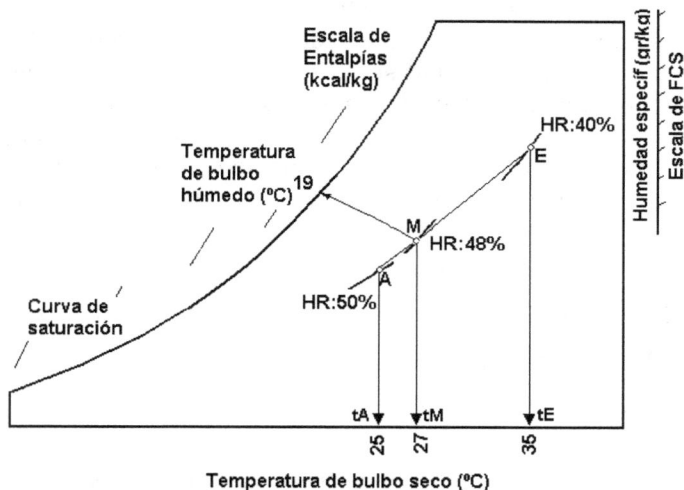

Figura 5-VII. Determinación de la TBS y TBH de la mezcla

De esa manera, el punto de mezcla hallado era TBS: 27°C Y 48% HR y la temperatura de bulbo húmedo TBH: 19°C, se lee sobre la curva de saturación.

Como la temperatura de bulbo seco de entrada TBS de 27°C prácticamente coincide con la nominal de 26,7°C para la que fue confeccionada la tabla, no se considera necesario efectuar ajuste en la capacidad de extracción de calor sensible del equipo.

De esa manera, utilizando la tabla de *capacidades de enfriamiento* en la columna correspondiente al caudal de aire calculado de 60 m³/min del equipo RT5, con la temperatura de bulbo húmedo del aire de mezcla requerido a la entrada del evaporador de 19°C y con la temperatura de aire de condensación de 35°C, se determinan los valores que se comparan con los de cálculo, en la tabla del cuadro 3-VII.

CUADRO 3-VII. RESUMEN DE LOS RESULTADOS OBTENIDOS

Datos	De tabla	De cálculo
QT - Capacidad total	15300 kcal/h	14308 kcal/h
QST - Capacidad total sensible	11800 kcal/h	11842 kcal/h
C - Caudal de aire	60 m³/min	60 m³/min
Factor de by-pass	0,14	0,14

Se observa que el equipo RT5 cumple con los requerimientos, con un déficit insignificante de calor sensible.

Cabe consignar que en caso que no verifique, antes de preseleccionar un equipamiento de capacidad superior, se deben agotar todas las instancias para reducir las necesidades, evaluando detenidamente las particularidades de cada una de las cargas conjuntamente con el proyecto de arquitectura, tratando de mejorar las aislaciones, protecciones solares, etc., con objeto de tratar de disminuir las ganancias térmicas

SELECCIÓN DE EQUIPO DE EXPANSION INDIRECTA

Fan coil individuales

La preselección de las unidades de tratamiento de aire, ya sea los fan-coil individuales como los centrales, se efectúan *en función de los caudales de aire a circular*, verificando luego que el serpentín satisfaga la carga total o sensible requerida.

Para la selección de estos equipos los factores que se deben conocer del cálculo de las cargas de acondicionamiento son los siguientes:

- Caudal de aire a circular.
- Carga total de la habitación.

- Carga total de calor sensible.
- TBS y TBH del aire exterior.
- Temperatura del agua de alimentación y la cantidad de aire exterior a mezclar con el de recirculación.

El tamaño de la unidad requerida se preselecciona en base al caudal de aire, empleando la *tabla de capacidad nominal* que se muestra en el cuadro 4-VII, teniendo en cuenta que los modelos estén dentro de los rangos de calores sensibles, tomando como condición de entrada al serpentín de 26,7°C de temperatura de bulbo seco y 19°C de bulbo húmedo.

CUADRO 4-VII. CAPACIDADES NOMINALES Y DIMENSIONES FAN-COIL

Modelo	Caudal de aire (m³/min)	Rango de calor sensible (kcal/h)	Dimensiones (mm) Largo	
200	5,7	500 a 1400	950	
300	8,5	1250 a 2200	1100	
400	11,2	1800 a 2800	1200	
600	17	2500 a 3800	1400	

Una vez preseleccionado el modelo del equipo en base al caudal de aire encuadrado en el rango de calor sensible de cálculo, se debe efectuar la verificación determinando la real extracción de calor sensible y total de la unidad.

Ejemplo

Supóngase resolver el mismo ejemplo anterior, donde las condiciones de diseño eran:

- Interior 25°C y 50% HR.
- Exterior 35°C y 50% HR.
- Aire nuevo de ventilación 20%.
- Carga total de enfriamiento: QT: 14308 kcal/h.
- Calor sensible total: QST: 11842 kcal/h.
- Caudal de aire   C: 60 m³/min.

Para la *preselección* del fan-coil se considera la instalación de cuatro equipos en el local acondicionado del Capítulo III, de forma que estén dentro de los caudales de aire y los rangos de valores de calor sensible de la tabla de capacidades. De esa manera:

- C = 60/4 = 15 m³/min.
- QST = 11842/4 = 2960 kcal/h.
- QT = 14308/4 = 3577 kcal/h.

Teniendo en cuenta los valores de caudal y rango de sensible total de la tabla se preseleccionan 4 equipos M: 600 que satisfacen las condiciones anteriores de acuerdo a lo siguiente:

- Modelo 600.
- C: 17 m³/min.
- QST: 2500 - 3800 kcal/h.

Luego se efectúa la *verificación* en la tabla de capacidades de refrigeración del cuadro 5-VII.

Las capacidades están agrupadas en tres columnas que representan condiciones de temperatura de entrada de aire al serpentín, pudiéndose interpolar el caudal de agua y las temperaturas de entrada del agua y del aire en el serpentín.

Teniendo en cuenta la condición de aire de entrada de la mezcla del 80% del aire de retorno del local y el 20% de aire nuevo, el punto de mezcla determinado en el ábaco psicrométrico según se ha consignado en la figura 5-VII anterior, es de TBS: 27°C y TBH: 19°C. Por otra parte se adopta:

- Temperatura de entrada de agua: 7°C.
- Temperatura de salida del agua: 12,5°C.

De esa manera y considerando el calor y peso específico la unidad, se tiene que el caudal de agua Ca total vale:

$$Ca = QT/\Delta t = QT/5,5°C = 14308/5,5 = 2600 \text{ l/h}$$

Dado que se han preseleccionado 4 equipos, corresponde un caudal de agua Ca para cada uno de:

$$Ca = 2600/4 = 650 \text{ l/h} = 10,8 \text{ l/min c/u}$$

En la tabla de capacidades de refrigeración con:

- Modelo 600.
- Temperatura aire mezcla: TBS: 27°C y TBH: 19°C. Columna II.
- Temperatura de agua de entrada: 7°C.
- Ca: Caudal de agua: Se adopta directamente sin interpolar, el valor de tabla 11,4 l/min en lugar de 10,8 l/min.

CUADRO 5-VII. PLANILLA MODELO PARA CÁLCULO DE FAN- COIL

Modelo	Caudal (l/min)	I TBS = 25°C TBH = 18°C		II TBS = 26,7°C TBH = 19°C		III TBS = 29°C TBH = 20°C	
		QST	QT	QST	QT	QST	QT
Agua de entrada 5°C							
200	3,8	1.130	1.510	1.180	1.680	1.270	1.850
	5,7	1.210	1.720	1.270	1.900	1.360	2.100
	7,6	1.260	1.860	1.320	2.050	1.430	2.280
300	5,7	1.720	2.260	1.840	2.550	2.000	2.800
	7,6	1.810	2.550	1.910	2.750	2.070	3.030
	11,4	1.900	2.800	2.020	3.040	2.180	3.360
400	7,6	2.300	3.150	2.350	3.440	2.600	3.760
	11,4	2.410	3.500	2.500	3.900	2.750	4.250
	15,2	2.500	3.750	2.580	4.110	2.830	4.450
600	11,4	3.200	4.450	3.310	4.920	3.610	5.320
	15,2	3.320	4.800	3.450	5.280	3.760	5.700
	22,8	3.450	5.100	3.610	5.680	3.920	6.200
Agua de entrada 7°C							
200	3,8	1.030	1.250	1.070	1.390	1.170	1.520
	5,7	1.090	1.410	1.150	1.590	1.250	1.760
	7,6	1.140	1.520	1.200	1.740	1.300	1.890
300	5,7	1.600	1.890	1.640	2.070	1.840	2.300
	7,6	1.670	2.020	1.710	2.270	1.940	2.520
	11,4	1.730	2.270	1.820	2.520	2.000	2.830
400	7,6	2.070	2.520	2.150	2.780	2.370	3.100
	11,4	2.170	2.830	2.250	3.160	2.520	3.540
	15,2	2.250	3.000	2.320	3.390	2.600	3.760
600	11,4	2.900	3.760	3.030	4.160	3.330	4.600
	15,2	3.030	4.050	3.150	4.520	3.450	4.920
	22,8	3.150	4.320	3.280	4.900	3.620	5.320
Agua de entrada 10°C							
200	3,8	935	1.000	960	1.090	1.060	1.240
	5,7	970	1.060	1.020	1.220	1.120	1.410
	7,6	990	1.140	1.060	1.340	1.170	1.520
300	5,7	1.390	1.410	1.500	1.640	1.690	1.940
	7,6	1.490	1.540	1.560	1.790	1.740	2.050
	11,4	1.550	1.660	1.630	1.970	1.820	2.270
400	7,6	1.840	1.920	1.940	2.250	2.160	2.550
	11,4	1.920	2.140	2.020	2.500	2.270	2.880
	15,2	1.970	2.270	2.070	2.630	2.340	3.030
600	11,4	2.630	3.030	2.750	3.450	3.050	3.810
	15,2	2.700	3.280	2.850	3.750	3.180	4.150
	22,8	2.800	3.540	2.970	4.050	3.300	4.520

Referencias: QST: Calor sensible total y QT: Calor total
TBS: Temperatura de bulbo seco y TBH: Temperatura de bulbo húmedo

Se determinaron los valores indicados en el cuadro 6-VII.

CUADRO 6-VII. RESUMEN DE LOS RESULTADOS OBTENIDOS

Datos	De tabla	De cálculo
QT: capacidad total	4160 kcal/h	3577 kcal/h
QST: capacidad sensible total	3030 kcal/h	2960 kcal/h
C: caudal de aire	17 m³/min	15 m³/min

Se verifica que cumple con las condiciones de cálculo.

Unidad enfriadora de agua

En el cuadro 7-VII se muestra una unidad enfriadora de agua con condensación por aire incorporada del tipo compacto, para uso residencial y una planilla para su selección cuyas capacidades se establecen en KW térmicos.

Se supone que la unidad enfriadora abastecerá los equipos fan-coil del ejemplo precedente.

Los datos que se requieren son los siguientes:

• Temperatura de bulbo seco de entrada de aire al condensador: 35°C.
• Carga total de enfriamiento:
  QT = 14308 frig/h/860 kWfrig/h=16,6 KW térmicos.
• Temperatura de salida del agua de la unidad enfriadora: 7°C.
• Salto térmico de temperatura de entrada y salida de agua: 5,5°C.

Preselección

Se emplea para el cálculo el modelo de unidad en función de la capacidad frigorífica en *KW térmicos* nominal o estándar de las máquinas que están diseñadas para la temperatura del aire de entrada al condensador de 35°C y la de salida de agua de 7°C, estando confeccionadas para un salto térmico de entrada y salida de agua de 5,5°C.

Una vez prediseñada la máquina deben ajustarse a las reales condiciones de operación por lo que las tablas indican los ajustes por diferentes condiciones del aire de condensación y temperatura de agua en operación.

CUADRO 7-VII. SELECCIÓN UNIDADES ENFRIADORAS DE AGUA

Modelo	UE 5	UE 10
Capacidad nominal (KW térmicos)	16,6	35
Consumo nominal (KW eléctricos)	5,5	13
Medidas: ancho x largo x alto (m)	0.80 x 0,80 x 0,90	0.90 x 0.90 x 1.20

Capacidades de refrigeración (KW térmicos)

Entrad. aire condensad.	QT (KW term) COP KW(eléct)	UE 5						UE 10					
		Temperatura de salida de agua (°C)											
°C		5	6	7	8	9	10	5	6	7	8	9	10
30	QT	16,2	16,9	17,7	18,2	18,9	18,7	33,8	35	36,2	37,4	38,7	40,0
	COP	3,1	3,3	3,4	3,5	3,6	3,5	2,8	2,9	2,9	2,9	3,0	3,0
	KW	5,2	5,2	5,2	5,2	5,3	5,3	12,2	12,2	12,5	12,7	12,9	13,2
35	QT	14,9	15,4	16,6	17,1	17,4	18,2	31,5	32,7	33,8	35,0	36,2	37,4
	COP	2,7	2,8	3,0	3,1	3,1	3,3	2,5	2,6	2,6	2,6	2,7	2,7
	KW	5,5	5,5	5,5	5,5	5,6	5,6	12,6	12,8	13	13,3	13,6	13,8
40	QT	14,7	15,1	15,3	15,7	16,1	16,6	30,0	30.4	31,5	32,6	33,8	35,0
	COP	2,6	2,6	2,7	2,8	2,8	2,9	2,3	2,3	2,3	2,3	2,4	2,4
	KW	5,7	5,7	5,7	5,7	5,8	5,8	13,1	13,3	13,6	13,9	14,1	14,4

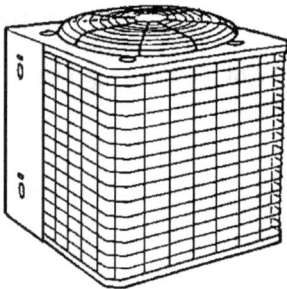

Contrapresión del agua evaporador

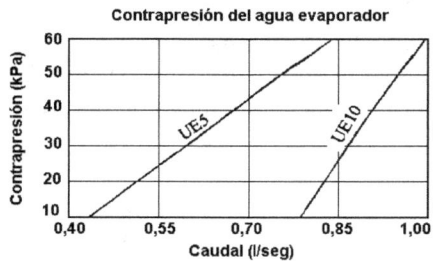

Esta tabla permite analizar el *COP, coeficiente de performance* energético de la máquina, que vale:

COP = KW térmicos/KW eléctricos

En general debe buscarse en el diseño el mayor valor de COP, pudiéndose considerar inaceptables máquinas operando con un valor menor de 2,5.

De acuerdo a la tabla de capacidades nominales indicadas corresponde seleccionar en principio una unidad UE5, con una capacidad nominal total de refrigeración QT de 16,6 KW térmicos que en principio satisfacería las necesidades requeridas.

Verificación

Con la temperatura del agua de salida de la unidad fijada en 7°C y la temperatura del aire de condensación de 35°C, se observa en la tabla que el rendimiento real de la máquina es igual que la nominal de 16,6 KW térmicos dado que sus condiciones de funcionamiento coinciden con las del diseño estándar, por lo que cumple con lo requerido.

Dado que el consumo eléctrico es de 5,5 KW el COP de esta unidad enfriadora en las condiciones de operación fijada es de 3.

CAPÍTULO VIII

SELECCIÓN DE EQUIPOS
DE CALEFACCIÓN

CALEFACCION POR AGUA CALIENTE

Balance térmico

El balance térmico de una instalación de calefacción por agua caliente por radiadores o pisos radianes es muy similar al procedimiento descripto para calcular la cargas de invierno de aire acondicionado en el Capítulo III.

De esa manera, como se muestra en la figura 1-VIII consiste en determinar las pérdidas de calor en régimen estacionario que se producen por las paredes, vidrios, techos, pisos que componen el contorno del local, pero en este caso deben considerarse directamente las pérdidas de calor por el aire frío que se *infiltra* a través de las aberturas.

En efecto, en las instalaciones de aire acondicionado la entrada de aire exterior se produce en forma controlada por el mismo equipo creando una pequeña sobrepresión en los locales y la infiltración raramente se calcula, mientras que en este caso el aire que penetra por las aberturas es el que contribuye en cierta medida a la ventilación de de los locales.

El cálculo de la cantidad de calor surge de la ecuación ya vista:

$$QT = Qt + Qse$$

Donde:

QT: pérdida de calor total del local (kcal/h).
Qt: pérdida de calor por transmisión (kcal/h).
Qse: pérdida de calor sensible por infiltración de aire (kcal/h).

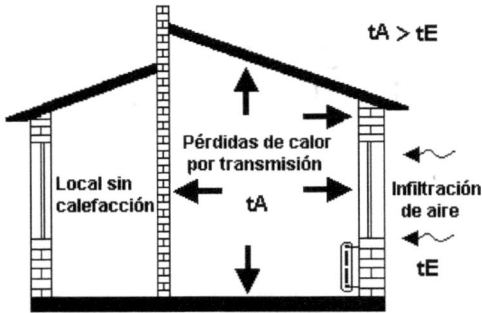

Figura 1-VIII Detalle de pérdidas de calor en invierno

Pérdidas de calor por transmisión

En este caso, el cálculo sigue los lineamientos ya indicados al analizar las cargas de aire acondicionado de invierno en el Capítulo III anterior, empleándose las siguientes fórmulas:

$q_o = K A (t_A - t_E)$
$Q_o = \Sigma q_o$
$Q_t = Q_o (1 + Z_d + Z_h + Z_c)$

Donde

qo: pérdida de calor por transmisión de cada superficie del contorno del local, en régimen estacionario (kcal/h).
K: coeficiente total de transmisión del calor (kcal/hm^2°C).
A: área de cada elemento (m^2).
tA: temperatura del aire interior (°C).
tE: temperatura del aire exterior (°C).
Qo: pérdida de calor total por transmisión de las superficies del contorno del local, en régimen estacionario. (kcal/h).
Zd: mejoramiento por interrupción del servicio (%).
    (Cuadro 10-III anterior - Capítulo III).
Zh: mejoramiento por orientación. (Ver figura 12-III) (%).
Zc: mejoramiento por pérdidas en cañerías 5 a 10 (%). Este coeficiente puede despreciarse si son equipos autocontenidos o el tramo de cañerías es muy pequeño y están en el interior bien aisladas.

Temperaturas interiores: Se puede adoptar para calefacción:

* Radiadores: 20°C.
* Paneles radiantes: 18 a 19°C.

Temperaturas exteriores: Se han fijado en el cuadro 1-III, Capítulo III.

Pérdida de calor por infiltración

La cantidad de aire que penetra en un local, a través de puertas y ventanas, dependen de su hermeticidad y de la diferencia de presión entre el interior y exterior del edificio debido a la acción del viento. Esa cantidad de calor sensible necesaria para compensar las pérdidas debido al aire exterior que penetra en un local, viene dada por la fórmula ya deducida en el Capítulo III.

$$Qse = 17 \; Cae \; (tA - tE)$$

Donde:

Qse: cantidad de calor para compensar la infiltración de aire exterior (kcal/h).
17: factor que se adopta como constante en los cálculos prácticos y que fuera deducido en el Capítulo II anterior.
Cae: caudal de aire exterior de infiltración (m^3/min).
tA: temperatura del aire interior (°C).
tE: temperatura del aire exterior (°C).

Si se quiere expresar el caudal de aire en m^3/h en lugar de m^3/min, debe dividirse en la ecuación anterior por 60, de modo que la misma queda en forma aproximada:

$$Qse = 0,3 \; Cae \; (tA - tE)$$

El caudal de aire exterior Cae en m^3/h que penetra a través de las aberturas se establece por ensayos y depende de las características constructivas, del grado de hermeticidad y de la velocidad del viento que incide sobre ellas.

Como en general no se dispone de esa información, suele en la práctica realizarse una estimación del caudal de infiltración en función de establecer un *número de renovaciones horarias del volumen del local* que permita una aireación mínima en los locales, de acuerdo a los valores prácticos indicados en la tabla del cuadro 1-VIII, teniendo en cuenta las paredes exteriores.

Por tal motivo, la cantidad de aire que fluye por ese concepto se calcula con la fórmula:

Cae $(m^3/h) = n°$ renovaciones/hora x V (volumen del local) (m^3).

De esa manera, reemplazando ese caudal en la ecuación anterior queda de la forma:

$$Qse = 0,3 . n° (r/h) . V . (tA - tE)$$

CUADRO 1-VIII. RENOVACIONES DE AIRE DEL VOLUMEN
DEL LOCAL POR INFILTRACIÓN.

Clase de local	N° (renovación por hora de aire del local)
Sin paredes exteriores	0,5
Una pared exterior con ventana normal	1
Dos paredes exteriores con ventana normal o una con ventana grande	1,5
Con más paredes exteriores	2

En locales de circulación o ventilados como hall, baños, cocinas, etc., se adoptan 2 renovaciones horarias. En general, no debe sobrepasarse en ningún local ese valor de 2 renovaciones horarias.

Ejemplo de balance térmico para calefacción

Se trata de determinar la cantidad de calor de pérdida de un local, cuyas características se indican en la figura 2-VIII.

Los datos son:

- Temperatura interior 20°C.
- Temperatura exterior de cálculo, para Buenos Aires: 0°C.
- Altura del local: 2,70 m.
- Zd: Clase de servicio I, ininterrumpido: 7 % (Cuadro 10-III).
- Zh: Orientación local E: 0 %.
- Zc: Pérdidas por cañerías: 10%.

Coeficientes de transferencia total K (Cuadro 2-I)

- Pared exterior de ladrillos macizos de 0,30 m: 1,62 kcal/hm²°C.
- Pared interior de ladrillos huecos de 0,10 m: 2,40 kcal/hm²°C.

- Ventana corrediza con marco de aluminio: 5 kcal/hm^2°C.
- Piso sobre tierra: 1 kcal/hm^2°C.
- Techo exterior de losa, contrapiso y baldosas: 1,5 kcal/hm^2°C.

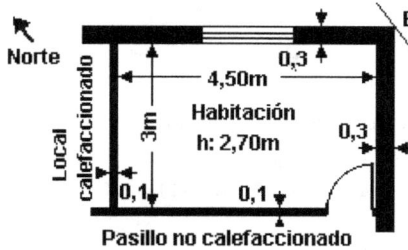

Figura 2-VIII. Planta de local ejemplo balance térmico

Condiciones del cálculo

- Se estiman los locales no calefaccionados como el pasillo, a una temperatura promedio interior-exterior: (20-0)/2 =10°C.
- No se consideran como de pérdidas de calor las superficies entre locales calefaccionados.
- Como simplificación en los cálculos se estiman las puertas interiores incluidas dentro de la superficie de la pared, por lo tanto no se las considera en el cálculo.
- Para piso sobre tierra se establece un coeficiente K práctico igual a 1 y su temperatura se fija en 10°C.
- El número de renovaciones por hora debido a la infiltración de aire se determina en base al cuadro 1-VIII anterior, para dos paredes exteriores, corresponde 1,5 renovaciones por hora.
- En el cálculo de calefacción, no se consideran los aportes de calor favorable del interior de los locales como el caso de personas, iluminación, etc., de modo que se estima el local en la condición más desfavorable.

Desarrollo del cálculo

Pérdidas de calor sensible por transmisión (Qt)

$$qo = A\,K\,(tA\text{-}tE)$$

E(30)(NE) (4,5 x 2,7)-(2 x 2,1)= 7.95 x 1,62 x 20	=	258 kcal/h
Vi (NE) (2 x 2,1)= 4,2 x 5 x 20	=	420 kcal/h
E(30)(SE) (3 x 2,7)= 8,1 x 1,62 x 20	=	262 kcal/h
I(10) (4,5 x 2,7) = 12,15x 2,4 x 10	=	292 kcal/h
Piso (4,5 x 3)= 13,5 x 1 x 10	=	135 kcal/h
Techo (4,5 x 3)= 13,5 x 1,5 x 20	=	405 kcal/h
Q_0= $\sum$ qo		1772 kcal/h

Suplementos:

Zd: tipo I:	7%
Zh: orientación E:	0%
Zc: pérdidas cañerías:	10%
Porcentaje total:	17%

Qt: Pérdida de calor por transmisión: $1,17 \times 1772 = 2073$ kcal/h

'Pérdidas de calor sensible por aire exterior (Qse)

$Qse = 0,3\ N°(r/h)\ V\ (\ tA - tE)$

$Qse = 0,3 \times 1,5 \times 4,5 \times 3 \times 2,7 \times (20 - 0) = 328$ kcal/h

Pérdidas de calor total (QT)

La cantidad de calor total QT de pérdida del local, es de:

$$QT = Qt + Qse = 2073 + 328 = 2401\ \text{kcal/h}$$

Para el cálculo del balance térmico, suelen utilizarse planillas de cálculo que permiten orientar su realización, como la que se indica en la figura 3-VIII, la que se ha completado con el ejemplo realizado.

			Planilla de cálculo de balance térmico									
Local	Desig.	Orient	Dimensión	Area	K	Δt	qo	Mejoramiento (%)				QT=
			m	m	$\frac{kcal}{hm^2°C}$	°C	kcal/h	Zd	Zh	Zc	Tot.	Qt + Qe kcal/h
Habitación	E30	NE	(4,5 x 2,7) - (2 x 2,1)	7,95	1,62	20	258					
	V	NE	2 x 2,1	4,2	5	20	420					
	E30	SE	3 x 2,7	8,1	1,62	20	262					
	I₁₀	—	4,5 x 2,7	12,15	2,4	10	292					
	Piso	—	4,5 x 3	13,5	1	10	135					
	Te	—	4,5 x 3	13,5	1,5	20	405	Tipo I E				
							Qo=1772	7	0	10	17	Qt: 2073
			Qe = 0,3 N°(r/h)V(ti-te)= 0,3 x1,5 x 4,5 x 3 x 2,7x 20									Qe: 328
			Pérdida de calor total									QT: 2401

Figura 3-VIII. Planilla resumen del balance térmico

La determinación de la cantidad de calor de pérdida es muy importante, porque sirve de base para el diseño de los dispositivos de calentamiento y para el dimensionamiento completo de la instalación de calefacción.

Sistemas de calefacción por agua caliente

En una instalación de calefacción por agua caliente, pueden emplearse dos tipos de montajes básicos:

* Central.
* Semicentral o individual.

En el *central* la instalación de calefacción está proyectada para todo el edificio mediante una caldera emplazada en una sala de máquinas, desde donde se distribuye el agua caliente mediante cañerías y bomba, a las unidades terminales de cada una de habitaciones de los diversos departamentos del edificio.

En el *semicentral* también llamado *individual,* el montaje es independiente por unidad locativa, instalándose una caldera en cada uno de los departamentos, desde donde se distribuye el agua caliente mediante cañerías y bomba, a las unidades terminales de cada una de las habitaciones.

En la figura 4-VIII, se muestran en forma comparativa los dos tipos de montajes de una instalación de calefacción por agua caliente con radiadores, aplicados a un mismo tipo de edificio.

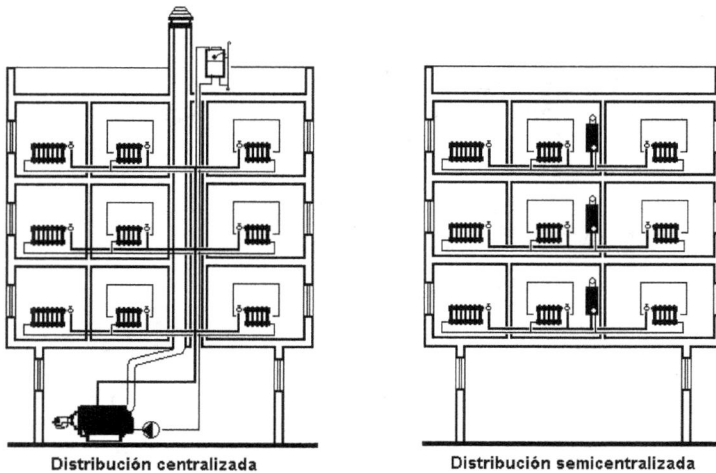

Distribución centralizada   Distribución semicentralizada

Figura 4-VIII. Esquema comparativo de montajes de calefacción

En la instalación central el calentamiento del edificio se efectúa en forma uniforme, dado que el uso de la calefacción no depende de cada propietario. En general el hecho de utilizar una sola caldera grande en lugar de muchas pequeñas, origina menos pérdidas de calor por transmisión y mejor rendimiento, por lo que es térmicamente más eficiente.

Por otra parte, no se requieren espacios en las unidades locativas y no es necesario incrementar las redes de distribución de gas natural como combustible en el edificio, dado que la conexión es única para la caldera ubicada en la sala de máquinas. Si se necesitara emplear combustible líquido, sería necesario un tanque para el almacenamiento de combustible en cada uno de los departamentos.

A pesar de ello, la instalación semicentralizada o individual es muy usada, dado que es muy simple y práctica y el usuario tiene la facultad de hacer funcionar o no la instalación y controlarla a su voluntad, efectuando el mantenimiento y operación en forma directa. Puede regular sus propios gastos e inversiones de acuerdo a sus necesidades, desvinculándose de los problemas del consorcio y los gastos comunes.

De todas formas, en el caso de edificios públicos, oficinas, industriales, comerciales, de salud, hotelería, educación, etc., deben tenerse presente las ventajas de centralizar la planta de calefacción en el edificio.

CÁLCULO DE CALDERAS

En general, una vez determinada la capacidad de calor necesaria para la instalación y elegido el tipo de caldera, se efectúa la selección en función de los valores de cantidad de calor suministrado por los distintos fabricantes.

La cantidad de calor necesaria para la instalación se calcula mediante la siguiente fórmula:

$$Qc = QT\,(1 + a)$$

Donde:

Qc: cantidad de calor que deberá suministrar la caldera (kcal/h).

QT: cantidad de calor de los dispositivos de calentamiento (kcal/h).

a: pérdida por puesta en régimen de la caldera (calentamiento del agua) y perdidas de calor por transmisión (eficiencia de aislación) Se estima en general este coeficiente en un 20%).

En general las calderas actuales se proveen con el quemador incorporado y su determinación lo realizan los fabricantes. En el caso de tener que seleccionar *el quemador* para el montaje separado, debe adicionarse al valor Qc el porcentaje de pérdida por rendimiento de la caldera debido al calor eliminado por los gases de la combustión.

El rendimiento de la caldera se define por la relación:

$$\eta = Qc/Gh \cdot Pc$$

Siendo:

η: rendimiento de la caldera (se lo expresa en %).
Qc: cantidad de calor suministrada por la caldera (kcal/h).
Gh: cantidad de combustible líquido por hora (kg/h o m³/h para gas).
Pc: poder calorífico del combustible (kcal/kg o kcal/m³)

Los valores consignados en el cuadro 2-VIII, corresponden al *poder calorífico inferior* de varios combustibles utilizados, que es el que interesa en la práctica a las reales condiciones de combustión de las calderas convencionales, en virtud que no se tiene en cuenta el calor del vapor de agua de los humos que se eliminan por las chimeneas.

CUADRO 2-VIII. PODER CALORÍFICO Y PESO ESPECÍFICO
DE COMBUSTIBLES

Combustibles	Poder calorífico	Peso específico
Sólidos		*(kg / m³)*
Leña dura	3000 a 4400 kcal/kg	200
Turba	4400 kcal/kg	250
Lignitos	4500 kcal/kg	750
Hulla	7500 kcal/kg	800
Antracita	7800 kcal/kg	850
Coque	6600 kcal/kg	350
Líquidos		*(kg / l)*
Gas oil	10900 kcal/kg	0,80
Diesel oil	10700 kcal/kg	0,85
Mezcla (fuel-diesel)	10500 kcal/kg	0,87
Fuel oil	10300 kcal/kg	0,9 a 1
Gaseosos		*(kg / m³)*
Gas natural	9000 kcal/m³	0,60
Gas envasado (grado 1)	22380 kcal/m³	1,52
Gas envasado (grado 3)	27842 kcal/m³	1,90

Por ejemplo supóngase que una caldera de 100.000 kcal/h, consume 14 m³/hora de gas natural. Como el poder calorífico del gas natural es 9.000 kcal/m³, el rendimiento será de:

$$\eta = 100.000/(14 \times 9000) = 0,79 \cong 80\%$$

TIPOS DE CALDERAS

Se pueden mencionar los siguientes tipos de calderas que son generalmente utilizadas en estas instalaciones de calefacción por agua caliente:

- Caldera humotubular presurizada para instalaciones centrales.
- Calderas murales o bajo mesada para instalaciones residenciales o semicentrales en edificios colectivos.

Calderas humotubulares presurizadas

Consiste en un *hogar presurizado* sumergido en agua que constituye la *superficie directa* donde se produce la combustión. Luego, se invierte la dirección de la llama en el fondo de la caldera que retroceden lamiendo las paredes de la hornalla, ingresando los gases de la combustión en la *superficie indirecta*, que consiste en un haz de tubos concéntricos que nacen en el frente del hogar, como se observa en el corte de la figura 5-VIII.

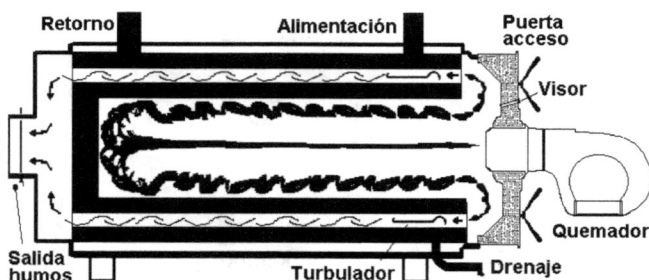

Figura 5-VIII. Corte de una caldera humotubular presurizada

Estos tubos contienen unos elementos denominados *turbuladores* que producen una rotación helicoidal de los gases de la combustión, con objeto de mejorar la transferencia de calor y finalmente los humos llegan a la parte posterior, donde son evacuados al exterior por la chimenea.

El quemador normalmente es a gas natural y está montado en la tapa frontal accesible a la hornalla y a los tubos. Cuenta con dispositivos de seguridad y un ventilador para producir cierta presión en el hogar para la circulación de los gases de la combustión, debido a que el tiraje natural generado por los humos de la chimenea no resulta suficiente y por ello a estas calderas se las denomina *presurizadas*, lográndose rendimientos mayores del 97% del poder calorífico del combustible En el cuadro 3-VIII se indican algunas capacidades y dimensiones típicas.

CUADRO 3-VIII. CAPACIDADES Y DIMENSIONES APROXIMADAS
DE CALDERAS HUMOTUBULARES PRESURIZADAS

Capacidad (kcal/h)	Dimensiones (en metros)		
	Ancho	Largo	Alto
70.000	0,65	1,33	0.92
90.000	0,65	1,33	0,92
110.000	0,70	1,59	0,97
130.000	0,70	1,59	0,97
150.000	0,75	1,79	1,07
200.000	0,75	1,79	1,07
250.000	0,80	1,85	1,12
330.000	0,90	2,05	1.19
400.000	0,90	2.05	1,19
550.000	1,00	2,17	1,32
700.000	1.00	2,59	1,37
850.000	1,12	2,97	1,49
1.000.000	1,12	3,00	1,49

Calderas murales

En estas calderas el agua circula en el interior de un serpentín de tubos de cobre, arrollado a una chapa especialmente tratada que es sometida al fuego directo y a los humos de la combustión de un quemador del tipo atmosférico. Tienen una rápida puesta en régimen y se las suele denominar por sus características *caldera-calefón*, porque están concebidas siguiendo los lineamientos del calefón tradicional.

Vienen completas con su aislamiento así como la bomba y el tanque de expansión cerrado. Se las fabrica para tiro natural o forzado con ventilador y contienen todos los controles, incluso dispositivos automáticos para programar el funcionamiento y se las provee para calefacción sola o mixta para calefacción y agua caliente. Sus características se detallan esquemáticamente en la figura 6-VIII y sus capacidades en el cuadro 4-VIII.

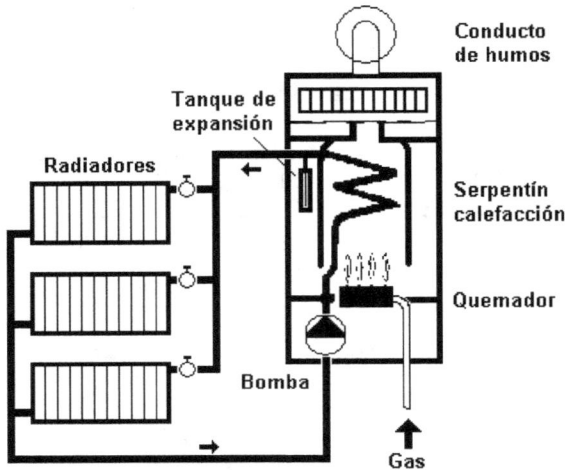

Figura 6-VIII. Detalle de caldera mural

CUADRO 4-VIII. CAPACIDADES Y DIMESIONES APROXIMADAS
DE CALDERAS MURALES

Capacidad (kcal / h)	Dimensiones en metros			Caudal agua caliente (l / min)
	Ancho	Alto	Profundidad	
16800	0.45	0,80	0,35	11,3
21600	0,45	0,80	0,35	14,4
25000	0,50	0.80	0,35	16

Calderas de pie bajo mesada

En la figura 7-VIII, se muestra un modelo de caldera bajo mesada humotubular, denominadas comúnmente *tipo cocina* porque están diseñadas con una altura de 85 cm para emplazarlas en las mesadas, con una capacidad como para abastecer un departamento o una casa residencial.

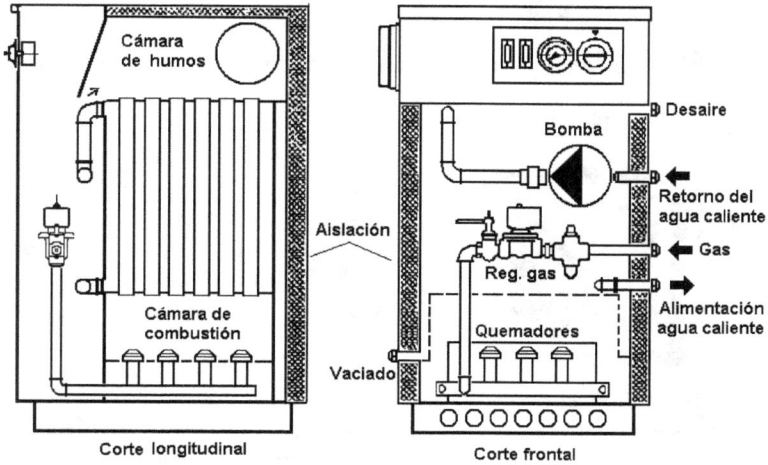

Figura 7-VIII. Detalle caldera bajo mesada

Estas calderas al igual que las murales, vienen con bomba y tanque de expansión incorporado y se las puede proveer para calefacción y agua caliente para consumo domiciliario simultáneo, o con tanque de acumulación, consignándose las medidas típicas en la tabla del cuadro 5-VIII.

También se las fabrica del tipo celular o en cuerpo de fundición de hierro, las que vienen provistas de control electrónico de funcionamiento y seguridad, pudiendo suministrarse para gas o combustible líquido.

CUADRO 5-VIII. CAPACIDADES Y DIMESIONES APROXIMADAS
DE CALDERAS BAJO MESADA

Capacidad (kcal / h)	Dimensiones en metros		
	Ancho	Alto	Profundidad
10000	0.40	0,85	0,60
15000	0,50	0.85	0,60
20000	0,50	0.85	0,60
25000	0,66	0.85	0,60
30000	0,66	0.85	0,60
40000	0,81	0.85	0,60
50000	0,85	0,85	0,60

CÁLCULO DE CHIMENEAS DE CALEFACCIÓN

Las chimeneas empotradas en el edificio deben construirse con una cámara de aire a fin que el calor no afecte su estructura, tal cual como se muestra en la figura 8-VIII.

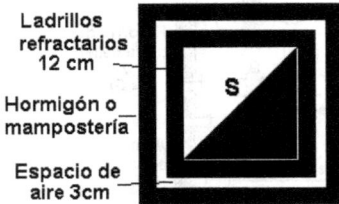

Ladrillos refractarios 12 cm

Hormigón o mampostería

Espacio de aire 3cm

Figura 8-VIII. Chimenea de calefacción

En las calderas en depresión el el aire circula por la acción aspirante engendrada por la chimenea, denominado generalmente *tiro de la chimenea*, que se produce en forma natural por la columna de gases calientes más livianos que ingresan en ella

Dicho tiraje debe ser lo suficientemente intenso como para mover la cantidad de aire requerida para la combustión y los gases quemados, venciendo todas las resistencias que se oponen a su paso. Para la determinación de la sección interior de la chimenea se parte de la fórmula:

$$S = \alpha \; Qc/\sqrt{h}$$

Donde:

S: sección (cm^2).

Qc: cantidad de calor de la caldera (kcal/h).

h: altura de la chimenea, desde la boca de descarga hasta el nivel superior del sombrerete (m).

α: coeficiente práctico, según el combustible utilizado.

Se suelen aplicar los siguientes coeficientes α:

• Gas: 0,018.
• Combustibles líquidos: 0,025.
• Combustibles sólidos: 0,033.

La sección calculada con esta fórmula, se aumenta en un 10% por razones de *seguridad y se recomienda que la relación de lados no se sobrepase 1,5 veces*, debiendo descargarse los humos a los 4 vientos.

Por ejemplo, supóngase una caldera para gas natural de 40000 kcal/h y una altura del conducto de humos h de 4 metros, la sección de la chimenea valdrá:

$$S = \alpha \; Qc/\sqrt{h} = 0,018 \times 40000/\sqrt{4} = 360 \text{ cm}^2$$

Considerando un 10% más: S = 1,1 x 360 = ~ 400 cm^2

Se puede adoptar una chimenea de 20 x 20 cm.

CÁLCULO DE DISPOSITIVOS
DE CALENTAMIENTO

Radiadores de calefacción

Los radiadores constituyen elementos destinados a ceder el calor en los locales, vinculados a la caldera mediante cañerías por las que circula agua caliente y están compuestos por secciones, en la cantidad necesaria para satisfacer las necesidades. Se los clasifica por el material que se los construye en *hierro fundido, acero o aluminio.*

Los *radiadores de hierro fundido* son de vida prácticamente ilimitada, con secciones constituidas por columnas que se unen unas con otras mediante elementos roscados. Los más comunes son los de 4 columnas, cuyas características se consignan en la figura 9-VIII y el cuadro 6-VIII.

Se los fabrica también del tipo *mural*, consistiendo en una placa de poca profundidad que se ubica generalmente en baños. Se emplean también del tipo *extrachato o semichato* de 1 columna de espesores reducidos y diversos tipos de modelos según los fabricantes.

Son muy resistentes a la corrosión y de gran resistencia mecánica, por lo que es indicado para el uso en hospitales, escuelas y cualquier lugar donde pueda sufrir golpes.

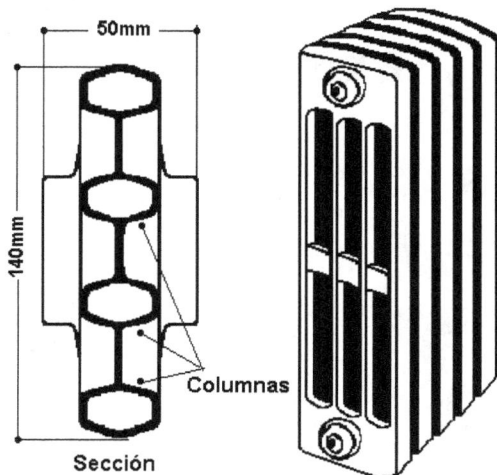

Figura 9-VIII. Corte y vista radiador hierro fundido 4 columnas

CUADRO 6-VIII. CARACTERÍSTICAS DE SECCIÓN DE RADIADOR DE HIERRO
FUNDIDO DE 4 COLUMNAS

Modelos	Altura total (mm)	Profund (mm)	Ancho sección (mm)	Cantid. agua (litros)	Peso sección (kg)	Emisión de calor (kcal / h)
46	460	140	50	0,60	4,3	63
61	610	140	50	0,70	5,9	85,5
76	760	140	50	0,80	5,4	108

Los *radiadores de acero* se fabrican en modelos similares a los de hierro fundido, generalmente se proveen ya armados en las secciones necesarias y tienen una buena terminación mediante pinturas epoxi horneadas, pero la corrosión en ellos es mayor.

Los *radiadores de aluminio* se los fabrica por extrucción o por fundición que son de mejor calidad. Son los más utilizados por ser más livianos que los de hierro fundido debido al bajo peso específico del material constitutivo y a la obtención de paredes de columnas sumamente delgadas.

Generalmente uno de los motivos que decide su utilización es el aspecto estético, ya que se proveen en colores con una superficie suave y uniforme y sus características típicas se indican en la figura 10-VIII y el cuadro 7-VIII.

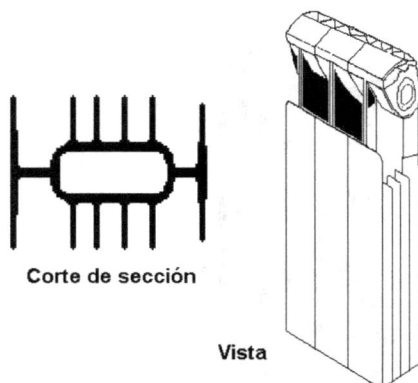

Corte de sección

Vista

Figura 10-VIII Corte sección
y vista radiador de aluminio

Ubicación

La mejor ubicación de un radiador es bajo una ventana o sobre una pared fría. En la figura 11-VIII se muestran dos locales de iguales características, pero en uno se ubica el radiador bajo la ventana y en el otro sobre la pared interior.

CUADRO 7-VIII. CARACTERÍSTICAS DE SECCIÓN
DE RADIADORES DE ALUMINIO

Modelos	Altura total (mm)	Profund. (mm)	Ancho sección (mm)	Cantid. agua (litros)	Peso sección (kg)	Emisión de calor (kcal/h)
350	420	90	80	0,30	1,1	110
500	570	90	80	0,40	1,5	150
600	670	90	80	0,50	1,7	170
700	770	90	80	0,60	1,9	190

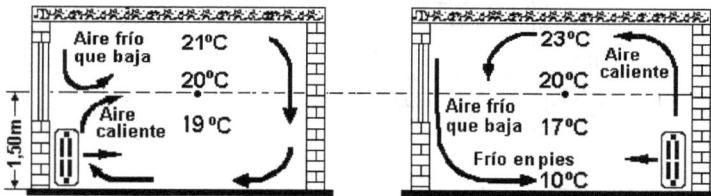

Figura 11-VIII. Radiador bajo ventana y sobre pared interior

Se observa que si bien puede lograrse igual temperatura del aire en el centro de los locales en un plano de vida a 1,50 m sobre el nivel del piso, en el local donde el radiador se ubica bajo la ventana, se origina una distribución más uniforme de la temperatura entre el piso y el techo.

En el caso del radiador ubicado en la pared interior, se produce una corriente de aire frío en la zona inferior del local, con una mayor diferencia de temperatura entre el aire superior e inferior. Por otra parte ejerce una enérgica compensación fisiológica al calor del cuerpo humano, cedido por radiación a las superficies frías de ventanas y paredes exteriores.

El tamaño de los radiadores no debe ser excesivo, en general no más de 25 secciones, porque además de ser pesado, puede producir una concentración de calor elevada en ese punto del local.

Por ello, en el diseño debe analizarse con detenimiento la distribución de radiadores en el ambiente, *tratando de ubicarlos sobre los puntos de mayor pérdida de calor*, con un alcance máximo que en general no debe ser mayor de 5 m.

Cálculo de radiadores

La determinación de la cantidad de calor que emiten los radiadores de calefacción se realiza mediante análisis normalizados de laboratorio, de manera que los fabricantes deben expresar la cantidad de calor que emiten en función de condiciones específicas de ensayo. En general, para un radiador por agua caliente *emplazado a la vista en un ambiente*, las condiciones típicas de funcionamiento se indican en la figura 12-VIII.

- Temperatura media del radiador: tp: 80ºC.
- Temperatura del aire que lo rodea: ta: 20ºC.

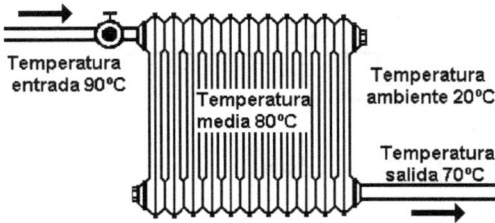

Figura 12-VIII. Condiciones típicas de ensayo de radiadores

Por lo tanto: tp − ta = 60ºC.

En la última columna en las tablas de los cuadros 6 y 7-VIII anteriores se han establecido las cantidades de calor emitido por cada sección en función de esos parámetros. De modo que si las condiciones reales de diseño son distintas, es necesario efectuar un ajuste a las capacidades, teniendo en cuenta las variaciones de:

- Temperaturas de trabajo.
- Formas de emplazamiento.

Por lo tanto, la capacidad real de cada sección de calefactor puede expresarse por la ecuación:

$$q^* = q \cdot c \cdot c_1$$

Donde:

q*: capacidad real de emisión de calor de cada sección del radiador (kcal/h).
q: capacidad del radiador en las condiciones típicas tp-ta=60ºC y emplazamiento normal a la vista en el local (kcal/h).
c: coeficiente de corrección por diferente temperatura de utilización.
c_1: coeficiente de corrección por diferente emplazamiento.

Coeficiente de corrección por diferente temperatura de utilización

El coeficiente de corrección c puede expresarse por la ecuación:

$$c = \Delta t^n / 60$$

Donde:

Δt: salto térmico real (tp – ta) de la instalación (°C).
n: exponente característico de cada unidad terminal de acuerdo a ensayos de
     laboratorios, que generalmente se adopta igual a 1,3.

De esa manera, se ha construido el gráfico de la figura 13-VIII, en
la que se indica la curva exponencial del valor de c, en función del salto
térmico real de proyecto, que permite en forma sencilla evaluar la corrección. Se observa que para tp-ta = 60°C, corresponde c = 1.

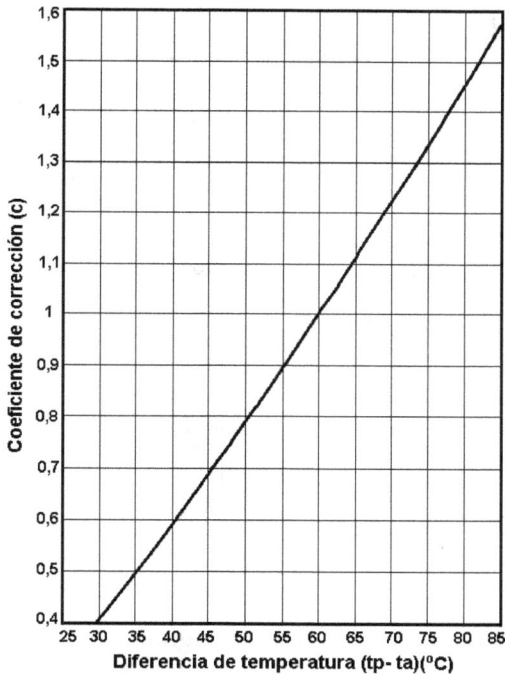

Figura 13-VIII. Coeficiente de corrección c por temperatura

Coeficiente de corrección por emplazamiento

Las capacidades normalizadas se establecen para condiciones de
emplazamiento normal, que consiste en *un radiador a la vista en el local*, separado generalmente de 4 cm de la pared y 7 cm del piso para el
de hierro fundido y de 2,5 y 12 cm respectivamente para el de aluminio,
pudiendo variar para cada modelo y tipo de radiador según indicación
del fabricante.

Pueden considerarse para las aplicaciones prácticas, los coeficientes de corrección c_1, establecidos en la figura 14-VIII.

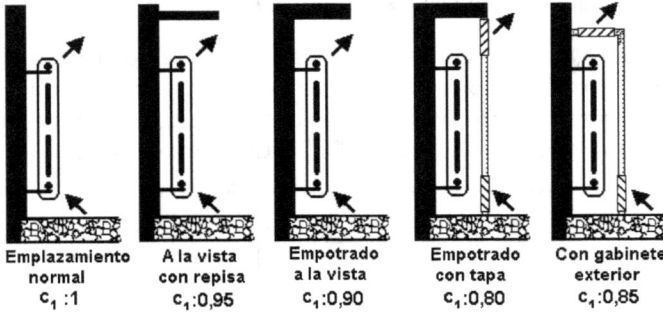

Emplazamiento normal c_1 :1	A la vista con repisa c_1:0,95	Empotrado a la vista c_1:0,90	Empotrado con tapa c_1:0,80	Con gabinete exterior c_1:0,85

Figura 14-VIII. Coeficientes de corrección c_1 por emplazamiento

Una vez establecida la capacidad real total de calor q^* que emite cada sección de radiador, se determina la cantidad de secciones necesarias con la ecuación:

$$N^\circ \text{ secciones} = Q \text{ balance}/q^*$$

Obviamente el número de secciones debe ser entero, por lo que, salvo *el caso que el primer decimal sea cero*, se adopta siempre el valor mayor.

Ejemplos de cálculo

Radiador de aluminio

Supóngase calcular un radiador de aluminio para el local de la figura 2-VIII anterior, en el que se ha efectuado el balance térmico de calefacción, habiéndose determinado la necesidad de suministrar una cantidad de calor de 2401 kcal/h.

Se supone emplear un radiador de aluminio modelo 700, de acuerdo a la figura 10-VIII, emplazado en el local en forma empotrada a la vista. En la tabla del cuadro 7-VIII, surge que la capacidad de cada sección para tp-ta = 60°C y emplazamiento normal, es de 190 kcal/h.

Como fluido calefactor se utiliza agua caliente con una temperatura de entrada de 90°C y de salida 80°C, por lo que la temperatura promedio del fluido es:

$$tp = (te+ts)/2 = (90+80)/2 = 85°C.$$

La temperatura del aire interior del local, que sirvió de base para el balance térmico es de 20°C, por lo que, la capacidad de calor real de cada sección del radiador es de:

$$q^* = q. \, c \, . \, c_1$$

q =190 kcal/h sección para el modelo 700 (cuadro 7-VIII).
c = 1,11: se determina en función de (tp-ta). Como tp= 85°C y ta = 20°C, para:
tp – ta = 65°C y la curva de la figura 13-VIII.
c_1= 0.90: de acuerdo a la figura 14-VIII anterior para empotrado a la vista.

De modo que:

$$q^* = q. \, c \, . \, c_1 = 190 \text{ x } 1,11 \text{ x } 0,9 \cong 190 \text{ kcal/h sección}$$

Por lo tanto:

N° secciones = Q balance/q^* = 2401/190 = 12,6 = 13 secciones

Se adopta entonces, un radiador de aluminio de 13 secciones y modelo 700. Considerando de acuerdo al cuadro 7-VIII anterior que el ancho de cada sección es de 8 cm, el ancho total será de 8 x 13 = 104 cm.

Radiador de hierro fundido

Supóngase calcular un radiador de hierro fundido, para un requerimiento de calor de 2401 kcal/h, similar al ejemplo precedente.

Se supone emplear un radiador de hierro fundido de 4 columnas y 76 cm de altura de acuerdo a la figura 9-VIII, emplazado en el local en forma empotrada a la vista. En la tabla del cuadro 6-VIII, surge que la capacidad de cada sección para tp-ta = 60°C y emplazamiento normal, es de 108 kcal/h.

Como en el caso anterior se utiliza agua caliente con una temperatura de entrada de 90°C y de salida 80°C, por lo que la temperatura promedio del fluido es de 85°C y la temperatura del aire de 20°C, de modo que la capacidad de calor real de cada sección del radiador es de:

$$q^* = q. \, c \, . \, c_1$$

q = 108 kcal/h sección (Cuadro 6-VIII).
c = 1,11: se determina en función de (tp-ta). Como tp = 85°C y ta = 20°C, para:
tp–ta = 65°C y la curva de la figura. 13-VIII.
c_1= 0.90: de acuerdo a la figura 14-VIII para empotrado a la vista.

De modo que:

$$q^* = q.\,c\,.\,c_1 = 108 \times 1{,}11 \times 0{,}9 \cong 108 \text{ kcal/h sección}$$

Por lo tanto:

$$N^\circ \text{ secciones} = Q \text{ balance}/q^* = 2401/108 = 22{,}2 = 23 \text{ secciones}$$

Se adopta entonces, un radiador de hierro fundido de 23 secciones, cuatro columnas y 76 cm de altura. El ancho total considerando de acuerdo al cuadro anterior 6-VIII que cada sección tiene 5 cm de ancho, es de 5 x 23 =115 cm.

PISOS RADIANTES

Básicamente un piso radiante está constituido por tres partes fundamentales, como se muestra en la figura 15-VIII.

- Generación de calor: con caldera para calentar agua de 35 a 50°C.
- Distribución del agua caliente: mediante bomba circuladora por cañerías aisladas, hasta los colectores de distribución.
- Emisión de calor: desde las superficies del piso del ambiente a una temperatura de 26 a 29°C, apoyado sobre una placa de hormigón ejecutada sobre una base aislante flotante de 20 mm, en la cual se empotran los serpentines de agua caliente, conformados generalmente por cañerías plásticas de 16 a 20 mm de diámetro exterior, separadas de 10 a 35 cm. Los serpentines pueden ser del tipo continuo o espiral o eventualmente mixtos.

En estos sistemas la temperatura de diseño puede suponerse de 18 a 19°C debido a que la superficie caliente tiende a compensar la pérdida de calor radiante de las personas, lográndose el confort con menor temperatura del aire.

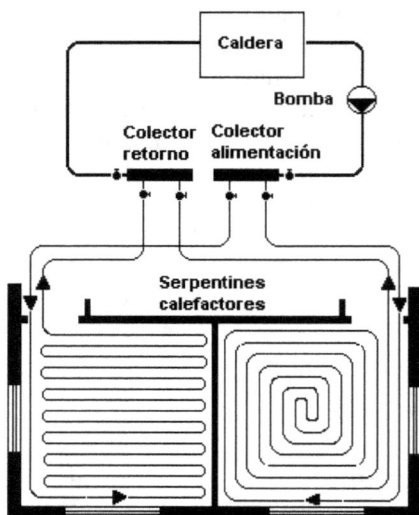

Figura 15-VIII.
Elementos básicos

Cálculo

Supóngase un piso radiante con un serpentín por la cual circula agua caliente, empotrado dentro de una placa de hormigón emplazada sobre un aislamiento térmico, como se ve en la figura 16-VIII.

Puede calcularse la transmisión de calor emitida, de acuerdo a la ecuación:

$$Q = kr\ L\ (th - tA)$$

Donde:

Figura 16-VIII. Transmisión de calor de un piso radiante

Q: cantidad de calor emitida por el piso radiante (kcal/h).
kr: coeficiente de calor emitido por metro de longitud de serpentín (kcal/hm°C).
L: longitud del serpentín empotrado (m).
th: temperatura promedio del agua de calefacción (°C).
tA: temperatura del aire ambiente (°C).

Se puede establecer que la longitud del serpentín vale:

$$L = A/l$$

Donde:

A: área del panel de piso calefactor (m^2).
l: separación entre ejes de los caños empotrados (m).

De modo que reemplazando L y despejando de la ecuación anterior, se tiene que la separación de los caños l que conforman el serpentín vale:

$$l = kr\ A\ (th - tA)/Q$$

La magnitud de Q surge del balance térmico del local a calefaccionar, suponiendo una temperatura del aire interior de diseño tA de 18 a 19°C.

El valor de la temperatura promedio del agua th, vale:

$$th = (te + ts)/2$$

Donde:

te: temperatura del agua a la entrada del serpentín (°C).
ts: temperatura del agua a la salida del serpentín (°C).

El salto térmico entre la temperatura del agua de entrada y salida se fija generalmente en 10°C y sirve para determinar el caudal de agua a circular por el sistema.

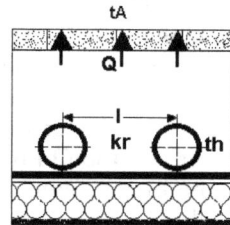

En cuanto a la temperatura promedio del agua, no debe sobrepasar los 50°C para evitar dilataciones excesivas, que pueden provocar problemas en las estructuras donde se empotran los serpentines y además en el caso de paneles de piso se puedan originar temperaturas superficiales que superen los límites admisibles de 26 a 29°C.

La temperatura promedio del agua de calefacción th, se la supone constante en toda la instalación y se la fija entre 35 a 50°C, adoptándose normalmente 40°C.

El *coeficiente kr* de calor que emite el caño hacia la superficie del piso va a depender del material, diámetro exterior y el espesor del recubrimiento y del tipo de piso a emplazar. Se ha verificado que la conductibilidad propia y específica del material del caño en si, no es determinante con relación a todo el conjunto de resistencias térmicas que componen un piso radiante.

Teniendo en cuenta lo indicado, pueden establecerse los valores prácticos de kr indicados en el cuadro 8-VIII, para los caños normalmente utilizados para pisos radiantes, considerando una placa de hormigón de espesor aproximado a 3 veces el diámetro exterior del caño, sobre el cual se aplica un piso como cerámico, baldosas o mármol.

CUADRO 8-VIII. COEFICIENTE kr (kcal/hm°C)
PISO DE CERÁMICO, BALDOSAS O MÁRMOL

Material	*Diámetro Nominal (")*	*Diámetro exterior del caño (mm)*	*Coeficiente kr (kcal / hm°C)*
Polietileno reticulado	3/4	20	0,95
o copolímero	1/2	16	0,85
Latón o cobre	3/4	23	1,10
	1/2	17	0,89
Factores de corrección			
Piso de parquet o plásticos:	0,90		
Pisos de alfombra :	0,80		

En caso de emplearse pisos de los otros grupos característicos, debe considerarse los factores de corrección que figura en la tabla.

Diseño del serpentín

Una vez determinada el área, tipo de piso y caño a emplear, con el coeficiente de emisión kr y la fijación del salto de temperatura entre el agua y el aire, puede determinarse con la cantidad de calor a emitir, la separación de los caños del serpentín. En general, por razones constructivas suele redondearse la separación de caños en módulos de 5 cm.

Debe constatarse que la separación no sea menor de 10 cm porque ello implica que la temperatura del piso es elevada y es muy dificultoso el doblado, especialmente en los serpentines continuos y además, no mayor de 35 cm para lograr que la distribución de temperatura del piso sea lo más uniforme posible. Lo ideal *es que la separación esté comprendida entre 15 a 30 cm.*

En caso que la separación según el cálculo sea menor que 15 cm, antes de reducir la separación a 10 cm, conviene analizar la posibilidad de aislar mejor el local para reducir las pérdidas de calor Q.

Otra solución, es tratar de aprovechar las áreas perimetrales bajo ventanas o paredes frías que no sean transitadas e incrementar allí la cantidad de caños con separaciones de 10 cm, aumentando de esa manera la emisión de calor en esas zonas, tal como se muestra en la figura 17-VIII y si ello no es viable, se deben utilizar paneles suplementarios de pared o techo o eventualmente radiadores de calefacción.

Debe destacarse que los sistemas de calefacción por pisos radiantes requieren una buena aislación de los locales, dado que si se necesitan complementos en cada uno de ellos, el edificio no es apto para este tipo de calefacción.

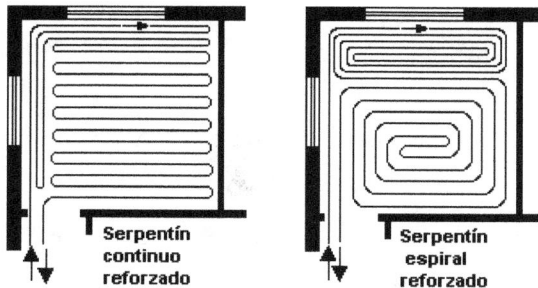

Serpentín continuo reforzado   **Serpentín espiral reforzado**

Fig.17-VIII. Refuerzos perimetrales en los serpentines

Tanto en el serpentín continuo como en el espiral, se deben emplazar las cañerías para que ingrese el agua caliente hacia donde se produce la mayor pérdida de calor en los locales, es decir sobre la parte cercana a las ventanas o paredes frías exteriores, a fin de lograr como objetivo primordial una uniformidad de temperatura en la placa emisora. De esa manera, a medida que el agua avanza por el serpentín y disminuye su temperatura, debe ir atacando las zonas menos frías de los locales.

La longitud del serpentín a emplazar bajo el piso de acuerdo a lo indicado precedentemente vale $L = A/l$, de modo que la longitud total es de:

$$L_T = L + 2 L_c$$

Donde:

L_T: longitud total del caño hasta los colectores (m).
L: longitud del serpentín (m).
Lc: longitud conexión del serpentín a los colectores retorno (m).

Debe destacarse que no es conveniente que la longitud máxima de los circuitos de agua caliente supere *los 75 m para caños de 16 mm (1/2")* y *100 m para los de 20 mm (3/4"),* para evitar que se originen caídas de presión importantes que incrementen el consumo eléctrico de la bomba circuladora

Ejemplo de cálculo de un serpentín

Supóngase diseñar un serpentín en espiral de un piso radiante para un local de 4 x 3 x 2,70 m de altura, que tiene una pérdida de calor de 1560 kcal/h. Se considera piso de parquet con caño plástico de polietileno reticulado de 20 mm de diámetro exterior.

Los datos del proyecto son los siguientes:

- tA: temperatura del aire del local: 18°C.
- th: temperatura promedio del agua de calefacción: 40°C, o sea una temperatura de entrada 45°C y 35°C de salida.
- A: área del panel: 12 m².

La separación de los caños se calcula con la fórmula anterior:

$$l = kr\ A\ (th\text{-}ti)/Q$$

El coeficiente kr de acuerdo a la tabla del cuadro 8-VIII anterior vale 0,95 kcal/hm°C, el que debe ser corregido porque se trata de un piso de parquet con el coeficiente de ajuste 0,90.

De modo que kr vale: 0,95 x 0,9 = 0,855 kcal/hm°C

De esa manera: l = 0,855 x 12(40-18)/1560 ≅ 0,15 m

Verifica, porque está comprendido entre los valores óptimos de 15 a 30 cm. La longitud propia del serpentín vale:

$$L = A/l = 12/0,15 = 80\ m$$

Considerando una distancia Lc = 2 m desde el serpentín a los colectores de alimentación y retorno respectivamente, la longitud total vale:

$$L_T = L + 2 \, L_c = 80 + 2 \times 2 = 84 \text{ m}$$

Verifica dado que es menor de 100 m.

De esa forma, para el diámetro exterior del caño de polietileno reticulado fijado de 20 mm, la separación es de 15 cm y sobre la base de ello, se efectúa el proyecto de la distribución de un serpentín en espiral en el piso del local, según se detalla en forma esquemática en la figura 18-VIII.

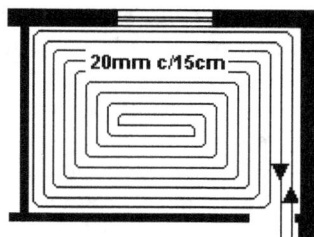

Figura 18-VIII. Detalle del piso radiante

Como la placa de hormigón, debe tener un espesor aproximado a 3 veces el diámetro exterior del caño, su valor será de: 3 x 20 mm = 60 mm = 6 cm.

En la figura 19-VII se muestra un corte con esquemático de las características del panel calculado.

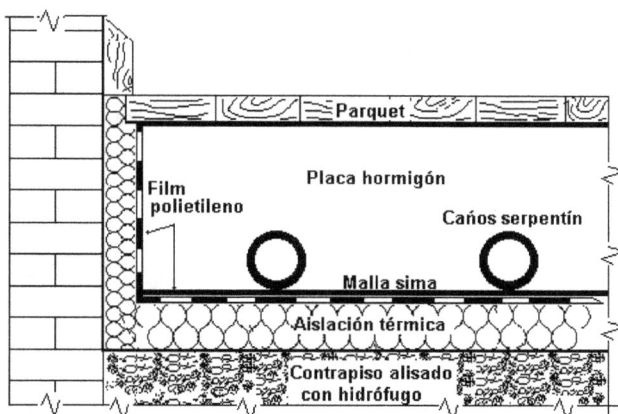

Fig. 19-VIII. Corte esquemático del piso radiante

CALEFACCIÓN POR AIRE CALIENTE

Las instalaciones de aire caliente suelen estar unificada con las de refrigeración cumpliendo las funciones coordinadamente durante todo el año, en la misma unidad de tratamiento de aire o equipo de aire acondicionado, generalmente utilizando una batería de calefacción por agua caliente o la misma unidad de refrigeración funcionando como calefacción mecánica revirtiendo el ciclo de la bomba de calor en invierno, tal cual lo descripto precedentemente.

Sin embargo, el sistema de calefacción por aire caliente puede también ser *independiente*, utilizando un equipo especial de calentamiento a gas, de acuerdo a lo indicado en la figura 20-VIII.

Estos equipos si bien han sido diseñados para funcionar sólo en invierno, están concebidos con la idea que *constituyan la etapa inicial de un proyecto futuro de aire acondicionado integral en el edificio.*

Constan de un intercambiador a gas natural montado en un gabinete exterior de chapa, conteniendo un ventilador centrífugo y controles. De esa manera, el equipo distribuye el aire caliente a los locales por una red de conductos de alimentación y retorno, como se detalla en la figura 21-VIII.

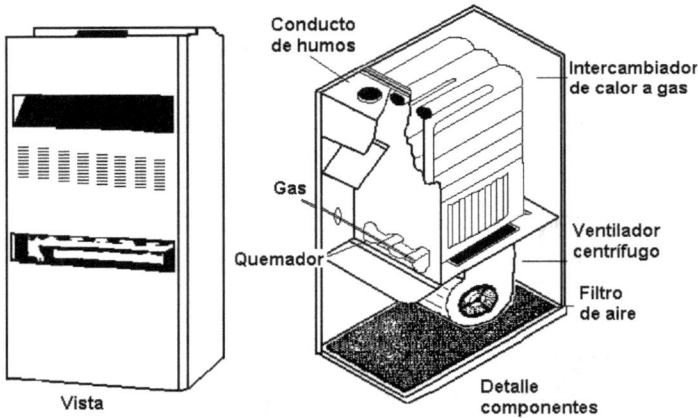

Figura 20-VIII. Equipo de aire caliente a gas

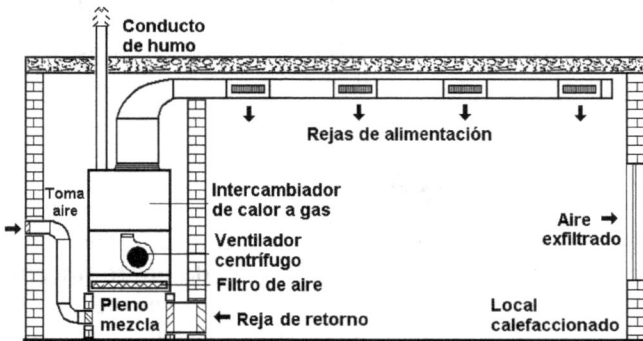

Figura 21-VIII. Esquema de funcionamiento de equipo de aire caliente

El aire se absorbe en la parte inferior donde se encuentra el pleno de mezcla con los filtros y es impulsado por el ventilador a los intercambiadores a gas constituido por células selladas que canalizan los gases de la combustión hacia el conductos de humo.

De esa manera, el sistema de combustión es completamente independiente de la circulación del aire a los locales, que se calienta sobre las paredes exteriores de las celdas de chapa.

Estos equipos generalmente son proyectados para aprovecharlos en un futuro para el acondicionamiento de verano, montando sobre el gabinete a la salida del ventilador una sección evaporadora diseñada por los fabricantes a esos efectos, la que se vincula con una unidad condensadora exterior, tal cual se muestra en la figura 22-VIII.

Hay que considerar en tal caso, que los conductos de distribución deben ser calculados para verano y que el ventilador centrífugo tiene que estar preparado para aumentar el caudal de aire incrementando su número de vueltas o RPM.

Diseñando la sección de la toma de aire exterior en base al caudal total circulante, el equipo puede ser utilizado para ventilación en la época de verano mientras no se instale el equipo de refrigeración. En tal ca-

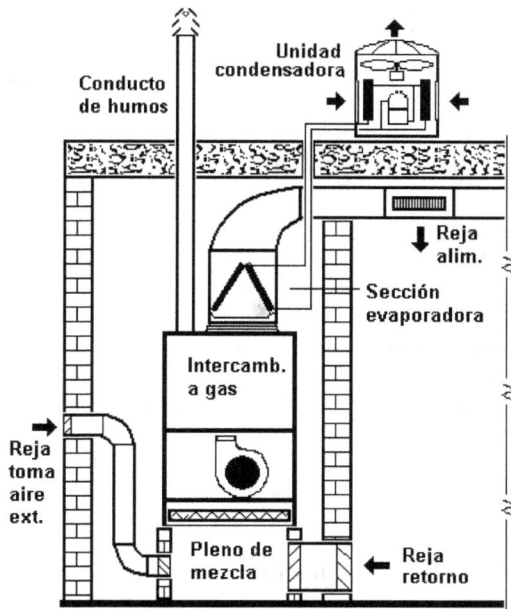

Figura 22-VIII. Equipo con unidad de refrigeración

so, debe cerrarse la reja de retorno y prever una persiana en el local para la descarga al exterior del aire contaminado.

En caso de ser necesario, se puede agregar un *humectador* en el conducto de descarga, con objeto de controlar la humedad relativa en los locales.

Comparado con las instalaciones de calefacción por agua caliente *son de poca inercia térmica* debido al bajo calor específico del aire, por lo que su puesta en régimen es más rápida que los sistemas de radiadores y más aún, de los pisos radiantes.

En el cuadro 9-VIII se indican las capacidades y dimensiones promedio de estos equipos.

CUADRO 9-VIII. EQUIPOS CALEFACTORES DE AIRE CALIENTE

Capacidad kcal / h	Caudal (m³ / min)	Diám gas (mm)	Dimensiones (m)			
			Alto	Ancho	Prof.	Diam.Chim.
16000	24	13	1,40	0,40	0,40	0,10
25000	30	13	1,40	0,50	0,50	0,15
30000	40	13	1,40	0,60	0,60	0,16
40000	40	13	1,50	0,70	0,70	0,18
60000	80	19	1,50	1,10	0,70	0,20
80000	120	19	1,60	1,20	0,80	0,22

Cálculo de equipos de aire caliente

La carga total de calefacción de un equipo de aire caliente QT está formada por dos elementos fundamentales, tal cual se explicara en el Capítulo III:

- Qt: Calor necesario para compensar las pérdidas por transmisión.
- Qaes: Calor necesario para compensar el aire frío exterior que penetra en forma permanente en el equipo, para cumplimentar los requisitos de ventilación.

Calor de transmisión

El cálculo sigue los mismos lineamientos del balance térmico de invierno para determinar las pérdidas de calor por transmisión en los locales.

En general se suelen tomar como condiciones interiores de temperatura 21 a 22°C.

Calor de ventilación

Se calcula en función de las características de los locales y generalmente se adopta un porcentaje del caudal de aire de circulación. Suele tomarse para oficinas un 20 a 25% y para viviendas del 10 al 15%, debiéndose verificar que no sea inferior a los requisitos mínimos de ventilación que puede estimarse en 0,5 m³/min por persona.

En este caso, a diferencia de los que se utilizan para aire acondicionado de verano, se establece el caudal circulatorio *fijando la temperatura de impulsión* a los locales. Se había determinado que el caudal de aire del equipo puede calcularse con la siguiente fórmula:

$$C = Qt/17(tI - tA)$$

Donde:

C: caudal de aire del equipo (m³/min).
Qt: cantidad de calor que se pierde por transmisión.
17: factor que se adopta como constante.
tI: temperatura de impulsión (°C).
tA: temperatura del aire del local (°C).

La temperatura de impulsión en el local no debe superar los 60°C para que no llegue a ser molesto, inyectándose normalmente entre 40 y 50° de modo de mantener un salto térmico de 20 a 30°C con la temperatura del aire de acuerdo a las características del local.

Si la distancia de las rejas o difusores al lugar de permanencia es razonable, puede suponerse que el salto térmico entre la entrada de aire de 30°C de modo que la ecuación anterior quedaría de la forma:

$$C = Qt/17(tI - tA) = Qt/(17 \times 30)$$

O sea:

$$C = Qt/510$$

Una vez determinado el caudal de circulación puede estimarse el caudal de ventilación como porcentaje del mismo.

$$Cae = a\% \, C$$

Donde:

Cae: caudal de aire nuevo de ventilación.
a%: porcentaje de aire nuevo.
Debe verificarse que: Ca ≥ 0,5 m³/min persona.

El calor sensible requerido para la ventilación vale:

$$Qsae = 17 \, Cae \, (tA - tE)$$

Donde:

Qsae : calor sensible a agregar al aire exterior (kcal/h).
tA: temperatura del ambiente interior(°C).
tE: temperatura del aire exterior (°C).

La cantidad de calor total del equipo de aire caliente vale:
QT = Qt + Qsae y a esa cantidad de calor se le adiciona normalmente un margen de seguridad de un 20 % por pérdidas de calor.

Ejemplo de cálculo

Supóngase dimensionar un equipo compacto autocontenido por aire caliente a gas, destinado a calefaccionar un taller mecánico. La temperatura interior de diseño se establece en 22°C y la exterior 0°C. Efectuado el cálculo de las cargas de invierno de acuerdo al procedimiento explicado en el Capítulo III, se determinaron las pérdidas de calor sensible interiores por transmisión en Qt: 12000 kcal/h.

El caudal de aire a circular empleando la fórmula práctica indicada precedentemente vale:

$$C = Qt/510 = 12000/510 = 23,5 \ m^3/min$$

Se considera que el caudal de aire nuevo para ventilación es el 15% del caudal de aire circulado, de modo que:

$$Cae = a\% \ C = 0,15 \ x \ 23,5 \cong 3,5 \ m^3/min$$

El caudal mínimo, suponiendo en el local trabajan 6 personas es de:

$$Cae = 6 \ x \ 0,5 \ m^3/min \ persona = 3 \ m^3/min$$

De modo que, se adopta el valor mayor Cae: 3,5 m³/min.

La cantidad de calor sensible para calentar ese aire, vale:

$$Q_{sae} = 17 \ Cae \ (t_a - t_e) = 17 \ x \ 3,5 \ x \ (22 - 0) \cong 1310 \ kcal/h$$

La cantidad de calor total necesaria, es de:

$$QT = Qt + Qsae = 12000 + 1310 = 13310 \ kcal/h$$

Adoptando un margen de seguridad del 20%

$$QT = 1,2 \ x \ 13310 \cong 16000 \ kcal/h$$

Por lo que se elige en la tabla de capacidad, del cuadro 9-VIII anterior, un equipo de 16000 kcal/h, con un caudal de 24 m³/min.

CAPÍTULO IX

VENTILACIÓN MECÁNICA

Necesidad de la ventilación

La ventilación es un proceso destinado a mejorar la calidad del aire interior de un local mediante su renovación permanente, reemplazándolo con igual cantidad de aire puro obtenido del exterior.

La necesidad de una instalación de ventilación mecánica es para asegurar una uniforme distribución del aire nuevo en los locales y mantener sus condiciones de pureza, estando determinadas fundamentalmente por las siguientes causas:

- Exhalaciones orgánicas como el anhídrido carbónico y vapor de agua originadas por la respiración y transpiración humanas.
- Producción de olores y humo de tabaco.
- Generación de calor por parte del cuerpo humano y por los artefactos de iluminación.
- Aumento de temperatura por transformación de cualquier forma de energía en calor.
- Disipación de gases de la combustión dentro del local por parte de artefactos de calefacción.
- Emanación de gases y contaminantes así como partículas en suspensión provenientes de procesos industriales.

Por tal motivo, las fábricas o locales donde se aglomera el público donde hay producción de olores, polvo y materiales en suspensión, vapores, humos y gases, aire demasiado caliente o húmedo, deben estar dotados de estas instalaciones que pueden o encontrarse incluidas dentro de las de aire acondicionado o ser independientes y exclusivas para ese fin.

VENTILADORES

El ventilador es una máquina accionada por un motor que convierte su energía de rotación en incremento de presión, destinado a mover un caudal de aire determinado y se los clasifica según la descarga del aire en *centrífugos o axiales*.

Ventiladores centrífugos

En el ventilador *centrífugo* el aire circula radialmente por medio de un *rotor o turbina*, el que se halla incluido dentro de un envolvente en forma de caracol, siendo descargado por acción centrífuga y de allí surge el nombre que lo caracteriza. El aire se mueve según una trayectoria que adquiere un giro de 90 grados, de modo que entra con dirección coincidente con la del eje de giro del rotor y sale perpendicularmente a ésta, pudiendo el rotor estar directamente acoplado al motor eléctrico o vinculado mediante poleas y correas.

Se utiliza en la mayoría de las aplicaciones de aire acondicionado y ventilación en virtud de su amplio margen de funcionamiento, alto rendimiento y presiones relativamente elevadas. Puede ser de simple entrada de aire (SASE), como se muestra en la figura 1-IX, o de doble entrada (DADE).

Los primeros se colocan fuera de la cabina acondicionadora o unidad de tratamiento de aire, mientras que los segundos se ubican dentro de ella.

La principal característica de los ventiladores centrífugos es la inclinación de las paletas de su rotor, que básicamente pueden ser tres: *curvadas hacia adelante, radiales, y curvadas hacia atrás* cuyas características y la resultante provocada del impulso por la forma de las aletas y sentido de rotación se detalla en la figura 2-IX.

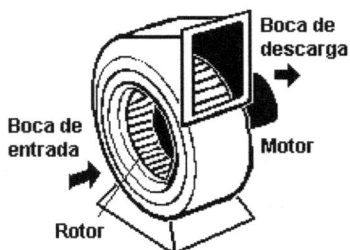

Figura 1-IX. Ventilador centrífugo

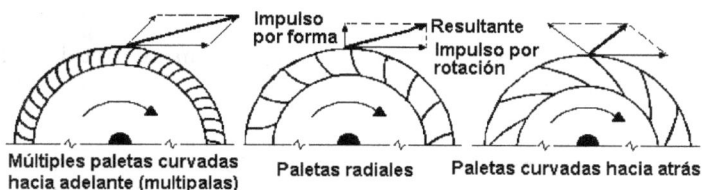

Figura 2-IX. Aletas de rotores ventiladores centrífugos

Los ventiladores centrífugos con *rotor de palas curvadas hacia adelante*, se los denominan *multipalas*, porque están constituido por paletas angostas curvadas hacia delante y por ser muy silenciosos se los utilizan preferentemente en equipos compactos de aire acondicionado.

Se observa en la figura 3-IX que la variación de potencia en relación al caudal es muy sensible, de modo que si la contrapresión del sistema de aire acondicionado es menor que la calculada, la po*tencia absorbida por el motor sube* rápidamente.

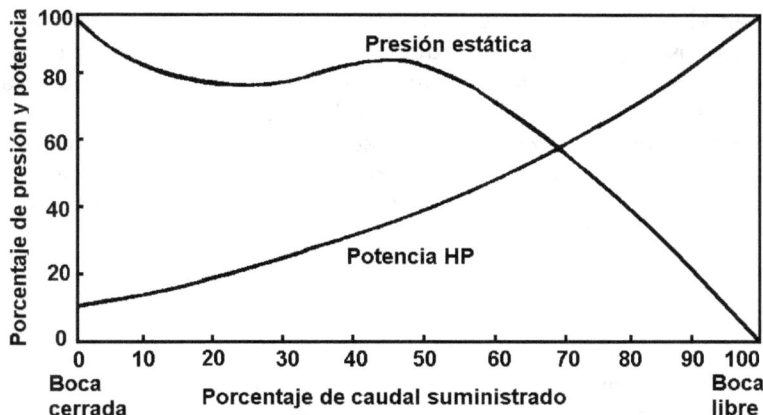

Figura 3-IX. Curva caudal-presión-potencia con rotores multipalas

Por lo expuesto debe evitarse en el funcionamiento reducciones bruscas de presión y en lo posible conviene tomar un cierto margen de seguridad con el motor del ventilador.

Los ventiladores centrífugos con las *paletas inclinadas hacia atrás* respecto a la dirección del movimiento, permiten una buena regulación del caudal suministrado y son *autolimitantes de potencia*, por cuanto si el caudal aumenta por una disminución de la resistencia en el sistema, la potencia sube hasta un valor máximo y luego disminuye, tal cual se observa en el gráfico de la figura 4-IX.

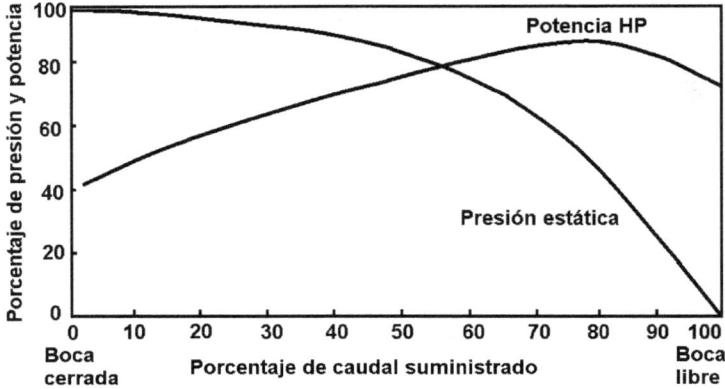

Figura 4-IX. Curva caudal-presión-potencia con rotores con palas hacia atrás

Tienen el inconveniente con respecto a los multipalas que son un poco más ruidosos, por lo que son utilizados generalmente en grandes instalaciones. Se los suele denominar AV o *alta velocidad* y dentro de este tipo están los del tipo *airfoil* de perfil de alas de avión.

Los ventiladores de *aletas radiales* son de característica de funcionamiento parecida a los multipalas, pero algo más ruidosos, empleándose generalmente para ventilación industrial en lugares con partículas en suspensión, por su característica de ser *autolimpiables.*

Ventiladores axiales

En los ventiladores axiales son aquellos que mueven el aire en una dirección coincidente con la del eje de giro del rotor o hélice, provocando un flujo axial y se clasifican en dos tipos básicos por sus características funcionales, según se ve en la figura 5-IX, pudiendo ser *helicoidades o axiales propiamente dicho.*

Los *helicoidales* se denominan así porque el flujo de aire de descarga tiene una trayectoria helicoidal en forma de tirabuzón, debido a la forma de sus paletas que son de diseño ancho.

Tienen escasa capacidad de generar presión y su entorno de trabajo es de 5 a 10 mmca, empleándose generalmente para *extracción de aire a boca libre,* sin conductos u otras aplicaciones donde se requiera poca resistencia al pasaje de aire.

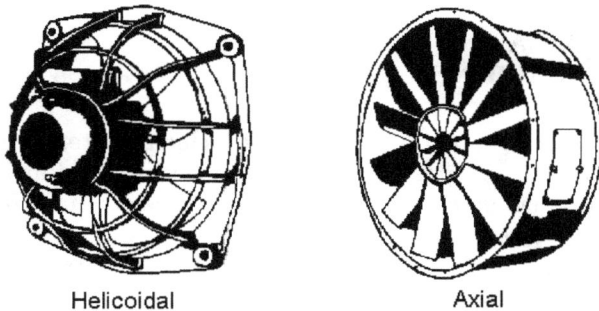

Helicoidal   Axial

Figura 5-IX. Vista de ventilador helicoidal y axial

Los *axiales,* tienen un diseño de palas más angostas y alcanzan presiones mayores, pero en general el diseño de los ventiladores de flujo axial está destinado a mover grandes caudales a bajas presiones, obteniéndose en estos casos los mejores rendimientos, *no siendo recomendados para vencer elevadas presiones*, porque requieren para ello velocidades periféricas altas, que los convierten en ruidosos y con baja eficiencia.

Los diversos márgenes de capacidades y niveles de ruido, están en función de las revoluciones por minuto del ventilador. En general, como norma práctica conviene que las revoluciones no superen las 900 RPM si se desea un ventilador axial relativamente silencioso y donde es determinante el nivel de ruidos, deben montarse sobre elementos antivibratorios.

En el cuadro 1-IX, se indican las características, capacidades y consumos eléctricos aproximados de ventiladores axiales.

CUADRO 1-IX. CARACTERÍSTICAS DE VENTILADORES
AXIALES

Diámetro (cm)	RPM	Caudal(m^3/min)	Potencia (Watt)
25	1400	14	60
30	900	20	50
	1400	30	80
40	900	40	90
	1400	55	150
45	900	65	130
	1400	100	370
60	900	160	500

CARACTERÍSTICA
DE LAS INSTALACIONES

En el diseño de una instalación de ventilación debe tenerse en consideración los puntos de entrada y salida de aire y su distribución en el local, así como un fácil acceso a los ventiladores para efectuar las tareas de mantenimiento y reparación.

El emplazamiento de la toma de aire no debe elegirse arbitrariamente, sino que debe determinarse por observaciones y experiencia. En los locales que se requiera una buena ventilación en verano deben ubicarse en las orientaciones este, sur, sureste o noroeste, a fin de evitar el ingreso de aire muy caliente.

Como norma deben evitarse colocar las tomas de aire a nivel del piso para evitar la penetración de polvo y en muchos casos se trata previamente el aire que ingresa con filtros. No se deben ubicar en la proximidad de chimeneas, cocinas, retretes, baños, calles con tránsito automotor, etc., o en la proximidad de anuncios o elementos luminosos que atraigan insectos. Además, es conveniente que las persianas fijas lleven del lado interno una protección *antipájaro* de alambre tejido, para evitar la entrada de roedores, insectos, etc.

Los resultados más satisfactorios se obtienen *cuando los extractores se colocan opuestos a las entradas de aire*, de modo que el aire introducido produzca *un barrido* del volumen de aire del local. Sin embargo, la distancia entre el extractor y las entradas de aire no deben ser muy grande por cuanto el aire se va viciando a medida que recorre el espacio, recomendándose que *la distancia máxima entre la entrada y salida no sea mayor de 20 metros*.

Además, debe evitarse en lo posible instalar extractores cerca de ventanas o puertas, dado que si ellas quedan abiertas el extractor tomará el aire desde allí y no ventilará el local correctamente, como se destaca en la figura 6-IX .

Clasificación de las instalaciones

Según el método o forma de renovación del aire utilizado las instalaciones de ventilación se pueden clasificar en:

- Sistema de extracción o depresión.
- Sistema de impulsión o sobrepresión.
- Sistema mixtos.

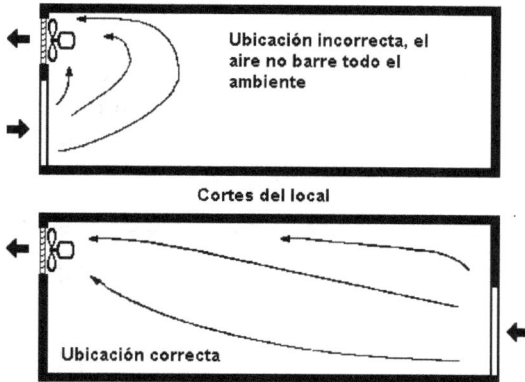

Figura 6-IX. Ubicación correcta e incorrecta del ventilador

En el sistema de *extracción*, que es el más común, los ventiladores toman el aire del espacio y lo desalojan hacia fuera, siendo reemplazado por igual cantidad de aire exterior que entra por las tomas de aire practicadas al efecto, como se observa en las distintas alternativas indicadas en la figura 7-IX.

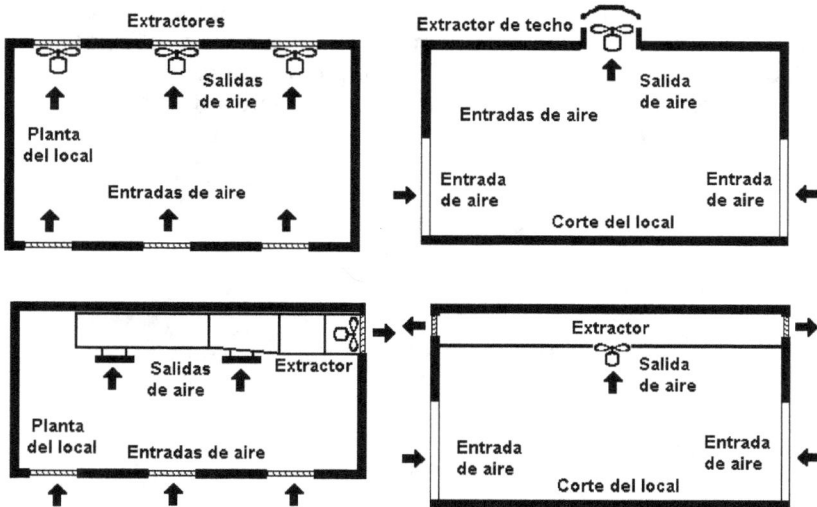

Figura 7-IX. Alternativas sistema de ventilación por extracción

Se origina *una leve depresión* en el local por lo que se aplica para cuando se desea que el aire del recinto no pase a las habitaciones vecinas. Es el caso de cocinas, baños y lugares con emanaciones nocivas.

En el método por *impulsión* el ventilador toma el aire de afuera y lo impulsa hacia la habitación o local. Esta manera de ventilar genera una pequeña *sobrepresión* en el local lo que obliga al aire a salir a través de las persianas de descarga como se observa en la figura 8-IX.

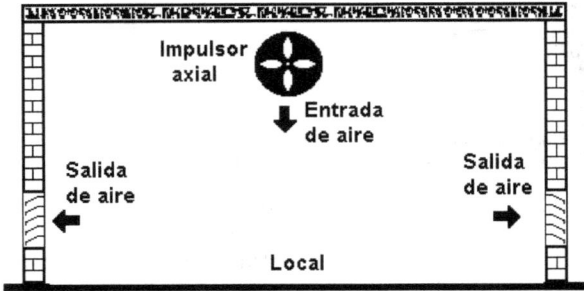

Figura 8-IX. Sistema de ventilación por impulsión

Se aplica cuando se quiere que el aire no penetre en el local por fisuras o juntas de ventanas o puertas, por problemas de polvo o contaminantes. Por ejemplo un local de transformadores debe ventilarse por impulsión si es lindero a uno de baterías de plomo-ácido.

En el sistema *mixto* se combinan las condiciones de extracción e impulsión a fin de lograr una mayor eficiencia y seguridad en el barrido del aire como se observa en la figura 9-IX.

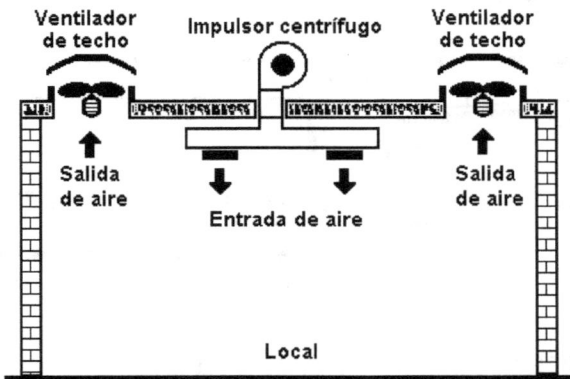

Figura 9-IX. Sistema de ventilación mixto

CALCULO DE LAS NECESIDADES DE VENTILACIÓN

El cálculo de un sistema de ventilación mecánica está supeditado a varios aspectos teniendo en cuenta la característica del local, entre los que se pueden mencionar:

- Temperatura límite admisible.
- Contenido máximo de anhídrido carbónico (CO_2).
- Renovaciones horarias del local o caudal de aire mínimo por persona.

Cálculo de la ventilación en base de una temperatura límite

Se puede plantear que la cantidad de calor que elimina el sistema de ventilación por hora vale, de acuerdo a la ecuación ya deducida anteriormente:

$$C = Q/17 \ (tA - tE)$$

Donde:

C: caudal de aire a circular (m^3/min).
Q: cantidad de calor a extraer (kcal/h).
17: factor que se supone constante.
tA: temperatura del aire que se quiere mantener en el interior del local en verano (°C).
tE: temperatura del aire exterior en verano.

Estimando el caudal de ventilación en m^3/h en lugar de m^3/min, puede considerarse en forma aproximada:

$$C = 0,3 \ Q \ (tA-tE)$$

Se debe considerar la disipación de calor de personas, iluminación, máquinas, etc.

La temperatura mínima que se puede obtener en el local es la del aire exterior.

Cálculo de la ventilación en base al contenido máximo de anhídrido carbónico

Una de las causas más generalizadas de alteración de la condición del aire de un local, es la ganancia de anhídrido carbónico expelido por las personas como consecuencia del proceso respiratorio, lo que supone la paralela disminución de su contenido de oxígeno.

En general, cada persona, en reposo, desprende un volumen de aproximadamente el 4 % en CO_2 de volumen total respirado, siendo el contenido promedio del aire exterior en una gran ciudad del 0,04 %. Puede establecerse que la proporción máxima no debe exceder del 0,14 % del volumen del aire.

El caudal de aire a introducir se determina por la fórmula:

$$C = n . c/(al - av)$$

Siendo:

C: caudal de ventilación (m^3/h).
n: número de personas.
c: caudal medio de anhídrido carbónico eliminado por las personas (m^3/h persona).
al: porcentaje de CO_2 admisible como límite en el local (%).
av: porcentaje de anhídrido carbónico que contiene el aire de ventilación exterior (%).

Considerando que una persona adulta normal respira alrededor de 0,5 m^3/h, y adoptando los porcentajes mencionados precedentemente, el caudal de aire de ventilación por persona valdrá:

$$C = 1 \text{ x } 0,5 \text{ } m^3/h \text{ x } 4\%/(0,14 \% - 0,04\%) = 20 \text{ } m^3/h$$

De esa manera, la cantidad necesaria de aire por persona para que el contenido de anhídrido carbónico no supere los límites tolerables, debe ser de 20 m^3/h o sea 0,33 m^3/min.

Estos valores corresponden si el local está ocupado continuamente solo con personas. Generalmente, teniendo en cuenta en los locales un cierto grado de polución, se establecen caudales mínimos de aire nuevo algo mayores, cuyos valores han sido consignados en la tabla del cuadro 9-III anterior.

En la práctica, suele adoptarse en los proyectos un caudal de aire de ventilación mínimo de 0,5 m^3/min por persona, para los casos comunes.

Cálculo de la ventilación en función de renovaciones horarias o caudales de aire mínimos por persona

Una manera práctica para la estimación de las cantidades de aire a ventilar es el *método de las renovaciones horarias*. Se estima de acuerdo al uso del local la cantidad de veces que es necesario renovar el volumen del local por hora, complementado en algunos locales con los caudales de aire por personas mínimos, valores consignados en la tabla del cuadro 2-IX.

De esa forma:

$$C = N° \text{ renovaciones/h} . V$$

Donde:

C: caudal de aire ventilación (m³/h).
N° renovaciones/h: de acuerdo al local (cuadro 2-IX).
V: volumen del local (m³).

Ejemplo

Una oficina general administrativa tiene 200 m³. Se estima que están trabajando en ella 10 personas.

CUADRO 2-IX. RENOVACIONES DE AIRE PARA VENTILACIÓN

Locales	*(Renov / h)*	*(m³ / h pers)*
Fábricas trabajos sedentarios	6	
Fábricas trabajos activos	10	
Bibliotecas	6	30
Exposiciones	16	
Estudio de radiodifusión		30
Locales de sanidad	10	
Baños y sanitarios	10	
Salas de baile, discotecas		90
Teatros cines auditorios		40
Estudios de grabación	20	
Fundiciones	10	
Talleres de imprenta	6	
Transformadores	12	
Calderas	20	
Sala de máquinas	12	
Taller mecánico automotores	8	
Garajes	6	
Restaurante o lugares afines	12	20
Oficinas en general	6	30
Oficinas privadas	6	40
Cocinas	20	

De acuerdo con la tabla corresponde:

- 6 renovaciones por hora.
- 30 m^3/h por persona.

O sea que el aire de ventilación necesario será:

$$C \text{ (m}^3\text{/h)} = \text{renovaciones/h x volumen local}$$
$$C = 6 \times 200 = 1200 \text{ m}^3\text{/h.}$$

De acuerdo al número de personas, son necesarios como mínimo:

$$C = 30 \times 10 = 300 \text{ m}^3\text{/h.}$$

De esa manera se adopta un caudal de ventilación de 1200 m^3/h. Consultando la tabla de capacidades del cuadro 1-IX anterior, para un caudal de 1200/60 = 20 m^3/min, puede adoptarse un ventilador axial de 30 cm de diámetro y 900 RPM, que satisface ese caudal a boca libre.

VENTILACION LOCALIZADA

El propósito de cualquier sistema de extracción localizada es eliminar emanaciones de polvo, humo, vapores, gases tóxicos y diversas partículas de distintos procesos que pueden constituir un riesgo a la contaminación, *en el mismo lugar que se produce en el ambiente*. Por ello, el método más práctico y económico de captación y eliminación de los contaminantes es el empleo de *campanas de extracción*.

La campana debe contar con una velocidad de aire adecuada para provocar el arrastre de las emanaciones y las conduzca al exterior mediante un conducto de evacuación y un ventilador de extracción que debe tener el caudal y contrapresión adecuado. En algunos casos las partículas sólidas y grasas deben separarse de la corriente de aire antes de que se descargue a la atmósfera, para lo cual la campana debe contar con un *separador o un filtro*.

La campana debe eliminar los elementos que provocan la contaminación permitiendo la realización de tareas con comodidad. En general, cuanto más cerca se ubique la boca del foco contaminante mayor será la absorción.

Velocidad de captación y transporte

Cuando se analiza el proceso de captación deben tenerse en cuenta las siguientes velocidades, según se indica en el esquema de la figura 10-IX.

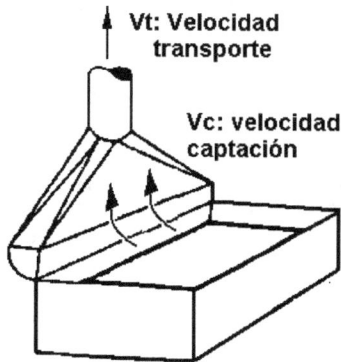

Figura 10-IX. Velocidades en campana de extracción

- *Vc: velocidad de captación:* es la velocidad que debe tener el aire para arrastrar los vapores humos, polvos, etc., desde el punto más distante de la campana.
- *Vt: velocidad de transporte:* es la velocidad que debe tener el aire en el conducto de aspiración al exterior, para evitar que las partículas sólidas arrastradas por el aire sedimenten.

La velocidad de captación Vc y la de transporte Vt debe ser suficiente para arrastrar las partículas sólidas que se desprenden en el proceso. Estas velocidades son diferentes y dependen de la naturaleza de las partículas según se indica en las tablas de los cuadros 3 y 4-IX.

Campana de gases y vapores

Las características particulares de cada campana van a depender de los tipos o gases o vapores a extraer. Se muestra en la figura 11-IX la forma típica general que puede servir de guía para el diseño una campana para extraer gases y vapores, la que puede estar adosada a una pared.

CUADRO 3-IX. VELOCIDADES MÍNIMAS DE CAPTACIÓN

Elementos a extraer	Característica de la fuente de contaminación	Ejemplos	Velocidad de captación Vc (m/min)
Gases y vapores	Desprendimiento con velocidades casi nulas y aire quieto	Cocinas. Desengrasado. Evaporación en tanques	15 a 30
	Desprendimiento a baja velocidad en aire tranquilo	Soldadura. Decapado. Talleres de galvanotecnia	30 a 60
	Generación activa en zonas de movimiento rápido del aire	Cabinas De pintura	60 a 150
Partículas sólidas en suspensión	Generación activa en zonas de movimiento rápido del aire	Trituradoras	60 a 150
	Desprendimiento a alta velocidad en zonas de muy rápido movimiento del aire	Esmerilado. Rectificado	150 a 600

CUADRO 4-IX. VELOCIDADES MÍNIMAS DE TRANSPORTE

Tipo de material	Velocidad de transporte Vt (m/min)
Aire graso	600
Polvo de yute o goma	600
Harina	780
Aserrín de madera	900
Polvo metálico del rectificado	900
Viruta de madera	1080
Virutas de latón finas	1200
Partículas de carbón	1260

Es conveniente que las dimensiones en planta sobrepasen en 0,4 H al elemento a proteger y el ángulo con la horizontal no sea menor que 35°, para favorecer la adecuada captación del contaminante y asegurar

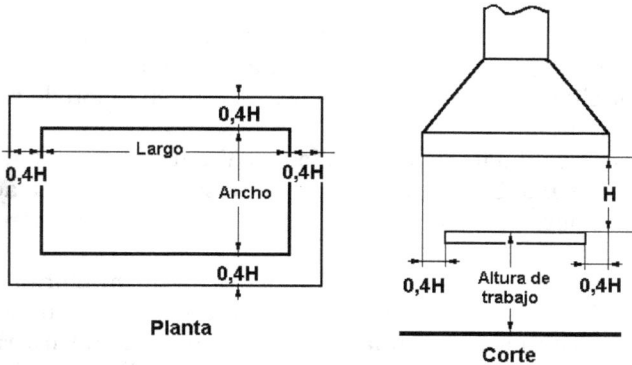

Figura 11-IX. Campana de extracción de vapores y gases

una buena circulación hacia la boca de salida de la campana. El área de captación puede determinarse con la expresión:

$$Ac = p \cdot H$$

Donde:

Ac: área de captación de la campana (m^2).
p: perímetro libre lateral de la campana (m).
H: altura de la campana a la fuente de emisión (m).

De ese modo, el caudal necesario se puede determinar con la fórmula:

$$C = Ac \cdot Vc$$

En la que:

C: caudal de aire necesario (m^3/min).
Vc: velocidad de captación (m/min).

Por lo tanto, fijando la velocidad de captación Vc en la campana, se puede determinar el caudal de extracción de aire necesario que permite diseñar el ventilador y los conductos de extracción, con la expresión:

$$C = p \cdot H \cdot Vc$$

Ejemplo de diseño de campana de cocina

La extracción de aire de vapores grasos de cocina como consecuencia de la preparación de alimentos, requiere que la campana encierre el foco o fuente de contaminación y la salida de humos debe encontrarse en lo posible en el centro geométrico de la misma y además se hace necesario el empleo de filtros metálicos para evitar la condensación de vapores grasos en las tuberías.

Los filtros generalmente son colocados en V para abarcar toda el área disponible, debiendo instalarse de modo que sean fácilmente accesibles y deben considerarse en la determinación de la contrapresión del ventilador.

Supóngase una cocina de un restaurante que tiene en planta una dimensión de 1 x 0,60 m x 0,85 m de altura, ubicada en el centro del local, y la campana se ubica para una cómoda tarea a una altura H de 0,60 m, con una inclinación de 45°, de acuerdo a lo indicado en la figura 12-IX, donde se ha detallado el área de cubertura lateral de la campana de: 0,4 H = 0,24 m.

El perímetro de la campana es de:

$$p = 2 \ (1,48 + 1,08) = 5,12 \text{ m.}$$

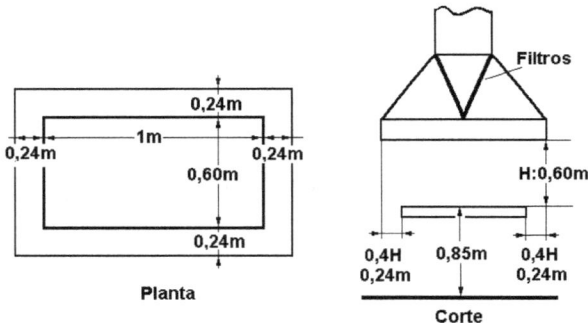

Figura 12-IX. Ejemplo campana de cocina

Se adopta de acuerdo a la tabla del cuadro anterior 2-IX, una velocidad de captación Vc de 20 m/min, de modo que el *caudal de aire necesario del ventilador*, vale:

$$C = p \ . \ H \ Vc = 5,12 \text{ x } 0,60 \text{ x } 20 \cong 62 \text{ m}^3/\text{min}$$

Considerando una velocidad de transporte de 600 m/min según tabla del cuadro anterior 3-IX, la dimensión del conducto de extracción vale:

$$A = C/V = 62 \ (\text{m}^3/\text{min})/600 \ (\text{m/min}) \cong 0,10 \text{ m}^2$$

'Se adopta un conducto de 35 cm de diámetro.

CAPÍTULO X

DIMENSIONAMIENTO
DE ELEMENTOS AUXILIARES

CÁLCULO DE SUPERFICIES
DE INTERCAMBIO DE CALOR

Para el dimensionamiento de las superficies de intercambio de calor, se parte de la ecuación fundamental de la transmisión:

$$Q = K.A.\Delta tm$$

Siendo:

Q: cantidad de calor (kcal/h).
A: área o superficie de intercambio (m^2).
K: coeficiente de transferencia de calor (kcal/h m^2°C).
Δtm: diferencia eficaz de temperatura (°C).

La ecuación fundamental de la transmisión de calor es válida cuando la temperatura de los fluidos a ambos lados de la pared de separación (t_1 y t_2), pueden considerarse como constantes.

Sin embargo la temperatura de los fluidos que circulan a lo largo de la superficie de transferencia es variable y ello se tiene en cuenta introduciendo la *diferencia de temperatura eficaz* (Δtm), que viene determinada por la temperatura de entrada y salida de ambos fluidos a lo largo de la superficie de intercambio.

La marcha de esa temperatura difiere según como circulan los fluidos de intercambio de calor, denominándose de acuerdo a lo siguiente:

* Equicorriente: en el mismo sentido.
* Contracorriente: en sentido contrario.
* Corriente cruzada: en sentido perpendicular.

Para determinar las temperaturas de los fluidos puede adoptarse la siguiente notación:

* Fluido primario más caliente: subíndice 1.
* Fluido secundario más frío: subíndice 2.
* Temperatura de entrada del fluido: subíndice (e).
* Temperatura de salida del fluido: subíndice (s).

Se define como Δ a la diferencia máxima de temperatura y δ a la diferencia mínima en °C. En los detalles de transferencia de calor en circulación en equicorriente y contracorriente de la figura 1-X, se deduce que las temperaturas de los fluidos primarios y secundarios son las siguientes:

$$t_{1e} = 150°C \qquad\qquad t_{1s} = 110°C$$
$$t_{2e} = 70°C \qquad\qquad t_{2s} = 90°C$$

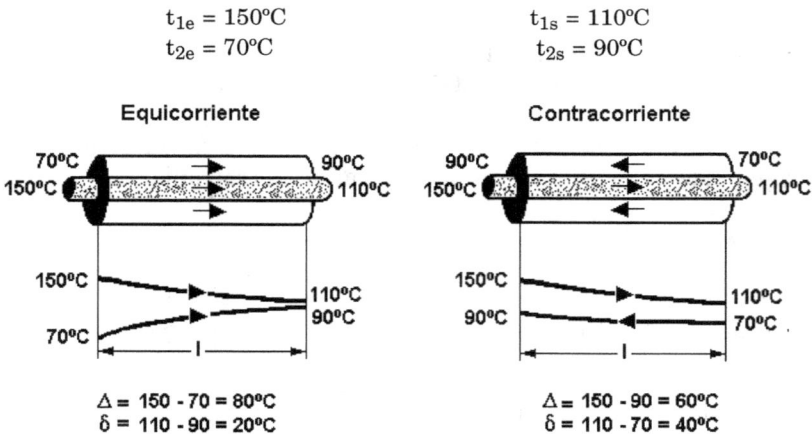

Figura 1-X. Ejemplos circulación en equicorriente y contracorriente

Para establecer Δtm, se puede aplicar la fórmula de Grashof:

$$\Delta tm = (\Delta - \delta)/\ln(\Delta/\delta)$$

En la práctica de estas instalaciones, como las variaciones de temperaturas entre ambos fluidos no son demasiado grandes, puede determinarse el valor Δtm, mediante la siguiente ecuación simplificada, según se muestra en la figura 2-X.

$$\Delta tm = [(t_{1e} + t_{2e})/2] - [(t_{2e} + t_{2s})/2]$$

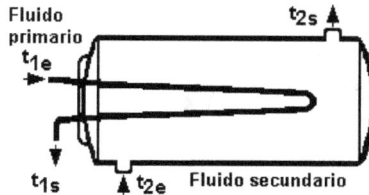

Figura. 2-X. Nomenclatura de temperaturas

Coeficiente de transferencia de calor K

En el caso de la transmisión de calor en un tubo, por ser pequeño el espesor de la pared con relación al diámetro, se puede usar la ecuación de la pared plana, aplicando los coeficientes tal cual lo indicado en la figura 3-X.

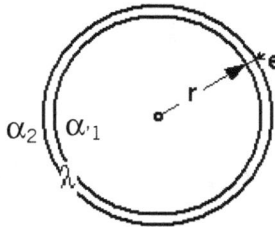

Figura 3-X. Coeficientes de transmisión de calor en un tubo

$$K = 1/[(1/\alpha_1) + (e/\lambda) + (1/\alpha_2)]$$

Siendo:

K: coeficiente de transmisión total de calor (kcal/h m^2°C).
α_1: coeficiente de paso de calor interior del tubo (kcal/hm^2°C).
α_2: coeficiente de paso de calor exterior del tubo (kcal/hm^2°C).
λ: coeficiente por conducción a través del caño (kcal/hm°C).
e: espesor del caño (m).

La determinación de todos estos coeficientes para hallar el valor de K es muy compleja y sobre él influyen muchas variables cuya determinación es experimental, por lo que en la práctica su estimación se efectúa adoptando ciertos márgenes de seguridad.

Para el caso de tanques intermediarios o intercambiadores de calor, destinados a la transmisión de calor de agua caliente como fluido primario a través de un tubo de cobre, a agua caliente como fluido secundario, se suele asignar un valor del coeficiente total de calor K de 400 kcal/h m^2 °C.

Cálculo de tanques intermediarios

El tanque intermediario debe acumular una cantidad tal de agua caliente, de modo que en la hora pico de consumo no deje de obtenerse agua a la temperatura requerida, como se indica en la figura 4-X y el cuadro 1-X.

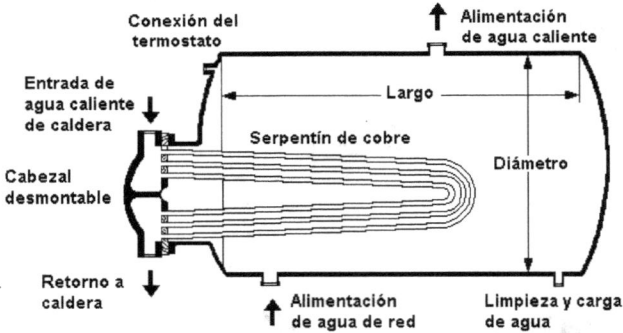

Figura 4-X. Tanque intermediario

En general, en el tanque intermediario el agua se calienta hasta 60°C y se la utiliza generalmente a 40°C, mezclándola con cierta proporción de agua fría a temperaturas de 10 a 15°C.

La determinación del período máximo de consumo y la cantidad de agua necesaria no es fácil hacerlas con precisión, por lo que suelen emplearse los valores prácticos indicados en la tabla del cuadro 2-X.

CUADRO 1-X. DIMENSIONES APROXIMADAS
TANQUE INTERMEDIARIO

Capacidad (litros)	Diámetro (mm)	Largo (mm)
150	500	750
200	500	1000
250	560	1000
300	610	1000
400	660	1200
500	730	1200
600	800	1200
700	800	1400
800	800	1600
900	800	1800
1000	800	2000
1500	960	2000
1750	960	2400
2000	960	2720

CUADRO 2-X. CAPACIDADES DE TANQUES INTERMEDIARIOS

Intermediarios individuales	Departamentos reducidos 80 litros Departamentos comunes 100litros Casas de familia 150 litros y se aumenta 50 litros por baño
Intermediarios centrales	Departamentos 80 litros Casas de familia 100 litros

En edificios públicos, hospitales, escritorios, etc., el cálculo se efectúa sobre la base de 20 litros por canilla o artefacto provista por ella

Cantidad de calor a suministrar

Para determinar la cantidad de calor a suministrar por la caldera para elevar la temperatura de agua del tanque intermediario, se puede aplicar la fórmula ya vista anteriormente en la que el calor específico y el peso específico se consideran la unidad:

$$Q = C (ts - te)$$

Donde:

Q: cantidad de calor (kcal/h).
C: caudal a circular (l/h).
ts: temperatura de salida de agua del tanque (°C).
te: temperatura de entrada del agua del tanque (°C).

Dado que el agua del tanque se debe mezclar con el agua fría de la red para consumirse a la temperatura ideal, suele suponerse en la práctica que se utiliza la mitad del volumen de agua caliente del tanque intermediario por hora. O sea se supone que el caudal circulante debe renovar cada dos horas el volumen del tanque intermediario y por lo tanto la fórmula queda de la forma:

$$C = V/2$$

De modo que:

$$Q = (V/2) (ts - te)$$

Si se adopta una temperatura de calentamiento del agua del tanque o salida ts en 60°C y una temperatura de entrada de agua de provisión te en 10°C, el salto térmico es de 50°C y por lo tanto queda, reemplazando valores:

$$Q = 25 V (kcal/h).$$

Ejemplo

Supóngase que debe calentarse el agua de un tanque intermediario hasta 60°C, entrando el agua de provisión de la red en 10°C y su capacidad de acuerdo a las necesidades del edificio se estableció en 1500 litros.

Las dimensiones del tanque serán 0,96 m de diámetro por 2,00 m de largo de acuerdo a lo consignado en el cuadro l-X anterior. La cantidad de calor requerida de acuerdo a la fórmula anterior vale:

$$Q = 25 V = 25 \times 1500 = 37600 \text{ kcal/h}.$$

Adoptando un margen de seguridad del 10% por suciedad en el serpentín, la cantidad de calor valdrá:

$$Q = 41250 \text{ kcal/h}.$$

Cálculo de la caldera

En caso de utilizarse una caldera que suministre calor al tanque, debe agregarse un 20 % más para tener en cuenta la puesta en régimen y las pérdidas por mala aislación, de acuerdo a lo indicado en el capítulo VIII. Así:

$$Q_{cald} = 41250 + 20\% \approx 50000 \text{ kcal/h}.$$

Cálculo de la superficie de intercambio

Se utiliza como *fluido primario* agua caliente circulación forzada, a una temperatura de entrada de 90°C (t_{1e}) y de salida de 80°C (t_{1s}). El fluido *secundario* es el agua caliente de consumo que entra de la red de distribución a 10°C (t_{2e}), debiéndose calentar para suministrarla a 60°C (t_{2s}), tal cual se indica en la figura 5-X.

La cantidad de calor necesaria era de 41.250 kcal/h y de acuerdo a la ecuación simplificada analizada anteriormente, la temperatura media eficaz vale:

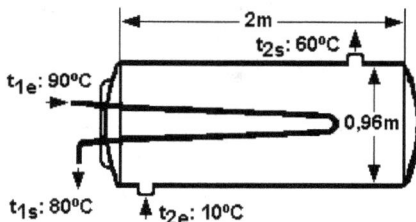

Figura 5-X. Detalles de temperaturas en tanque intermediario

$$\Delta tm = [(t_{1e} + t_{2e})/2] - [(t_{2e} + t_{2s})/2]$$

De modo que:

$$\Delta tm = [(90 + 80)/2] - [(60 + 10)/2] = 50°C$$

De acuerdo a lo ya indicado se puede establecer:

$$Q = K A \, \Delta tm$$

Donde:

Q: cantidad de calor que requiere el serpentín (41250 kcal/h).
A: área del serpentín (m^2).
Δtm: diferencia de temperatura eficaz (50°C).
K: coeficiente de transmisión total del serpentín (kcal/hm^2°C).
Se adopta para transferencia agua-agua: 400 kcal/hm^2°C.

De esa manera, el área del serpentín valdrá:

$$A = Q/K \, \Delta tm = 41250/400 \times 50 = 2,06 \text{ m}^2$$

Con cierta seguridad puede adoptarse 2,10 m^2.

Cálculo de la longitud del serpentín

El área del serpentín vale:

$$A = p. \, L$$

Siendo:

A: área exterior del serpentín (m^2)
p: perímetro exterior del caño (m).
L: longitud (m).

Para las cañerías de cobre pueden considerarse los perímetros indicados en la tabla del cuadro 3-X.

CUADRO 3-X. PERÍMETRO
CAÑOS DE COBRE

Diámetro mm	(")	Perímetro (m)
13	(1/2)	0,067
19	(3/4)	0,083
25	(1)	0,104
32	(1 1/4)	0,132

Fijando de diámetro 25 mm (1"): p= 0,104 m

A = p. L, o sea que la longitud de caño del serpentín vale:

$$L = A/p = 2,10 \text{ m}^2/0,104 \text{ m} \approx 20 \text{ m}$$

CÁLCULO DE BATERÍAS

Se parte de la ecuación fundamental de la transmisión del calor:

$$Q_T = K \, A \, \Delta tm \, H$$

Donde:

Q_T: calor total que cede o extrae la batería al aire que circula (kcal/h).
A: área transversal de la batería o serpentín (m^2).
K: coeficiente total de transmisión de calor (kcal/hm^2°C,hilera).
Δtm: diferencia de temperatura eficaz (°C)
H: número de hileras (n°).

Determinación de la diferencia
de temperatura eficaz (Δtm)

Para determinar dicha variación de temperatura, puede emplear-se la fórmula logarítmica de Grashof mencionada anteriormente, pero en las aplicaciones prácticas, como la temperatura del fluido que circu-la por las baterías es variable, para simplificar los cálculos *se emplea la diferencia de temperatura eficaz Δtm,* con la fórmula indicada preceden-temente al calcular el tanque intermediario.

En el caso de cálculo de baterías, en las instalaciones de calefac-ción el fluido primario es el agua caliente y el secundario es aire. Por el contrario en instalaciones de refrigeración, el fluido primario es el aire y el secundario el fluido refrigerante empleado.

Área transversal de la batería

En la figura 6-X se muestra una batería típica para aire acondi-cionado constituidas por tubos de cobre electrolítico de 5/8" y aletas de cobre o aluminio a razón de 8 aletas por pulgada o sea 3 aletas por cm y en el cuadro 4-X sus dimensiones respectivas.

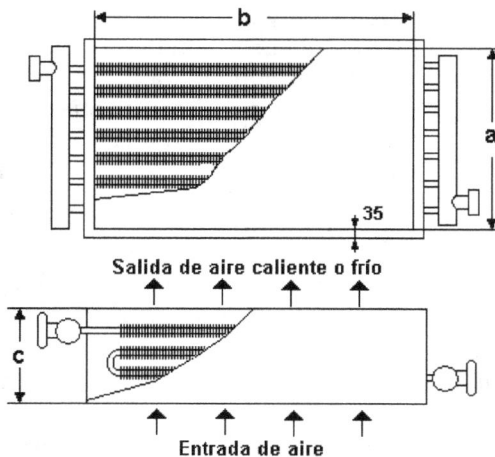

Figura 6-X. Detalles de una batería de aire acondicionado

Para el diseño del área transversal, se suele suponer una velocidad del aire V en m/min al pasar por una sección libre igual a la frontal de la batería, que es denominada *velocidad del aire a través de la batería,* adoptándose generalmente los siguientes valores:

- Calefacción: 200 m/min.
- Refrigeración: 150 m/min.

CUADRO 4-X. DIMENSIONES DE UNA BATERÍA DE ALETAS

N° de tubos	Ancho (a)mm	Área transversal de la batería (m²) Largo (b) mm						
		600	750	900	1050	1200	1350	1500
12	450	0,27	0,34	0,41	0,47	0,54	0,61	0,67
15	558	0,34	0,42	0,50	0,59	0,67	0,75	0,84
18	666	0,40	0,50	0,60	0,70	0,80	0,90	1,00
21	774	0,46	0,58	0,70	0,81	0,93	1,04	1,16
24	882	0,53	0,66	0,79	0,93	1,06	1,19	1,32
30	1098	0,66	0,82	0,99	1,15	1,32	1,48	1,65

Profundidad de la batería

N°de hileras	1	2	3	4	5	6	8
(c) mm	160	192	192	192	226	260	328

Para aire frío suele fijarse una velocidad algo menor, para permitir una adecuada deshumidificación y evitar el arrastre de gotas.

Es conveniente aclarar que se puede obtener una mejora en el rendimiento de la batería con una velocidad del aire alta, pero como contrapartida se produce un aumento de la resistencia que se opone al paso del aire, originándose un mayor consumo de potencia de los ventiladores y un mayor nivel de ruidos.

Coeficiente de transmisión K

La transmisión del calor entre el fluido que circula por el interior de un tubo con aletas (agua o refrigerante) y el aire que lo rodea exteriormente, es el resultado de numerosas transmisiones sucesivas. Por sencillez en el cálculo se adopta un coeficiente total de transmisión K (kcal/hm²°Chilera).

Dicho coeficiente, por ejemplo para calefacción, depende de los siguientes procesos de transmisión de calor, indicados en la figura 7-X.

- Del fluido a la superficie interior del tubo por convección (α_1).
- A través de la pared del tubo de espesor e por conducción (λ).
- Del tubo a la aleta por conducción (λ).
- A través del cuerpo de la aleta por conducción (λ).
- De la superficie exterior del tubo y las aletas al aire por convección y radiación (α_2).

El calor transmitido o absorbido por las dos caras de las aletas debe recorrerla en forma radial a su espesor. Se utilizan en general aletas de aluminio o cobre, adheridas al caño de cobre.

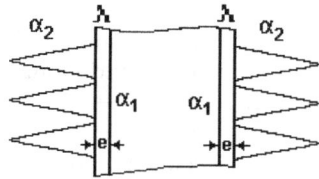

Figura 7-X. Transmisión de calor a través de un serpentín aletado

A fin de aumentar el coeficiente de intercambio es necesario conseguir un buen contacto entre la aleta y el tubo, el que debe ser mantenido durante la vida útil de la instalación. Si ello no ocurre se producen resistencias importantes a la transmisión, lo que va en detrimento del rendimiento de la batería. Uno de los sistemas más eficaces es el estañado por inmersión para tubos y aletas de cobre que origina una perfecta adherencia, impidiendo el aflojamiento de la aleta al tubo por la circulación del aire.

Sin embargo, el aire no tiene una velocidad uniforme en contacto con toda la superficie transmisora, ni la temperatura de dicha superficie es la misma en todos los puntos. Como el cálculo analítico exacto tendría un difícil planteamiento, en la práctica se recurre a confiar en datos que se obtienen de los análisis que suministran los fabricantes de baterías.

En resumen, el coeficiente K de transmisión de las baterías varía dentro de grandes límites, según el material, la disposición y construcción de los tubos y aletas. Su determinación se efectúa entonces en forma experimental y su aplicación es válida solo para las baterías fabricadas con las mismas características.

Considerando las velocidades de circulación del aire a través de la batería indicadas precedentemente, puede adoptarse un valor práctico de K de *800 kcal/hm²°Chilera* a los fines del predimensionamiento.

Determinación del número de hileras

Conocidos todos los valores de la ecuación fundamental de la transmisión de calor vista al principio, se puede despejar el valor del número de hileras de la batería, redondeando en un número entero superior, salvo que el primer decimal sea 0.

$$H = QT/K \, \Delta tm \, A$$

CÁLCULO DE UNA BATERÍA DE CALEFACCIÓN

Supóngase diseñar una batería de calefacción de las características indicadas en la figura 6-X y el cuadro 4-X anterior, que debe suministrar calor para producir el acondicionamiento del local calculado para las cargas de acondicionamiento de invierno en el Capítulo III.

Se utiliza en invierno el ventilador de un equipo acondicionador roof-top que se había diseñado para verano (frío solo), emplazando en el conducto de descarga la batería de calefacción, que es alimentada con cañerías de agua caliente provenientes de una la caldera de calefacción de acuerdo a los detalles que se consignan en la figura 8-X.

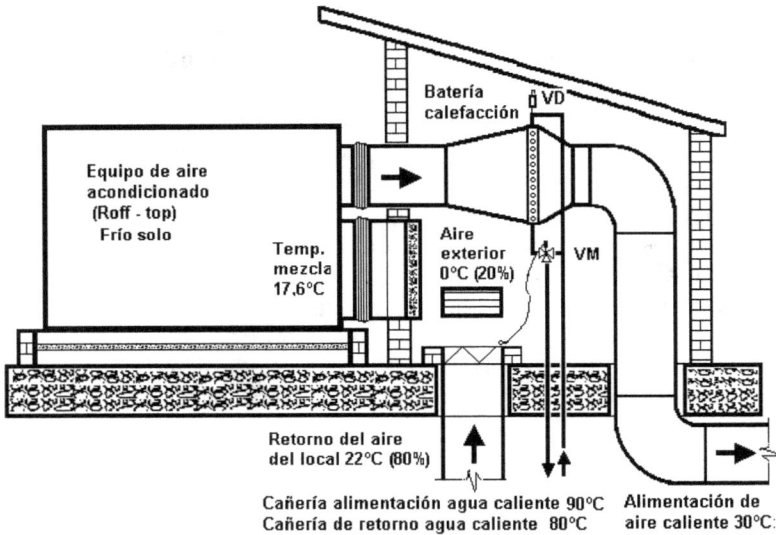

Figura 8-X. Detalle de emplazamiento de batería de calefacción

Es necesario, previo al diseño de la batería, determinar ciertos parámetros básicos para el dimensionamiento que surgen del cálculo de las cargas de acondicionamiento de invierno, efectuado anteriormente en el Capítulo III, que son los siguientes:

- Caudal de circulación (C) m³/min: 60 m³/min.
- Caudal de aire nuevo (Ca) m³/min (20%): 12 m³/min.
- Cantidad de calor total (QT) kcal/h: 12696 kcal/h.

El cálculo de la batería de calefacción por aire caliente se divide en dos partes fundamentales.

- Determinación del área transversal.
- Cálculo del número de hileras.

Determinación del área transversal de la batería

El área transversal de la batería A (m^2) se establece en función de la velocidad del aire (V) a través de la batería, que se adopta en 200 m/min de acuerdo a lo indicado precedentemente.
De modo que:

$$A = C \ (60 \ m^3/min)/200 \ (m/min) = 0{,}30 \ m^2$$

En la tabla de área frontal del cuadro 4-XII anterior, se determinan las dimensiones de la batería. En este caso, se elige una batería de 12 tubos de 0,75 m largo x 0,45 m de alto, con un área real A* = 0,34 m^2.

Cálculo del número de hileras

El número de hileras H vale de acuerdo a lo indicado precedentemente:

$$H = QT/K \ \Delta tm \ A*$$

En este caso A* es el área transversal real de la batería elegida en el paso anterior y vale 0,34 m^2. La cantidad de calor total QT es un dato del cálculo 12.696 kcal/h, por lo que para establecer el número de hileras, de acuerdo a la ecuación anterior es necesario calcular el valor de Δtm, o sea la diferencia de temperatura eficaz (°C).

Cálculo de la diferencia de temperatura eficaz (Δtm)

En esa batería de calefacción el fluido primario es agua y el secundario es el aire caliente, tal cual se indica en la figura 9-XII anterior.
Como la temperatura del fluido que circula por las baterías es variable, se usa la diferencia de temperatura media eficaz Δtm cuya fórmula se indicó precedentemente.

$$\Delta tm = [(t_{1e} + t_{2e})/2] - [(t_{2e} + t_{2s})/2]$$

Los valores de las temperaturas a emplear se detallan en la figura 9-X.

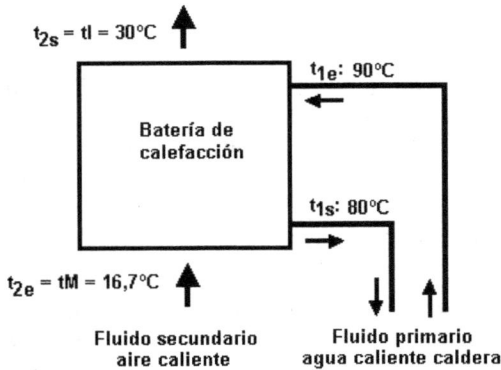

Figura 9-X. Detalle de las temperaturas de fluidos

Temperatura de entrada del fluido primario (t_1e): se fija el agua caliente de entrada a la batería a una temperatura de 90°C.

Temperatura de salida del fluido primario (t_{1s}): se considera que el agua caliente sale de la batería a una temperatura de 80°C, o sea que se fija un salto térmico de 10°C.

Temperatura de entrada del fluido secundario (t_2e): el aire que entra en la batería es la temperatura de mezcla tM entre el aire de retorno de los locales y el de entrada de aire nuevo en el sistema para satisfacer las necesidades de ventilación.

Se había considerado un porcentaje (a) del 20% de aire nuevo respecto al caudal de aire circulatorio a una temperatura (tE) de 0°C y un 80% de aire de retorno de los locales a una temperatura (tA) de 22°C. La temperatura de la mezcla puede hallarse en base a las proporciones en el ábaco psicrométrico como se describió en el Capítulo II anterior, pudiéndose determinar con la siguiente relación:

$$a\% = (tA - tM)/(tA - tE)$$

De modo que: tM = tA - a% (tA − tE)

O sea: t_2e = tM = 22 - 0,20 (22 -0) = 17,6°C

Temperatura de salida del fluido secundario (t_{2s}): el aire que sale de la batería es la temperatura del aire de impulsión (tI) a los locales calefaccionados. Si se diseña una instalación de aire caliente solo para invierno el valor de la temperatura de impulsión no debe ser mayor de 60°C y en general se fija para los cálculos en 40 a 50°C.

Para las instalaciones de verano-invierno como es este ejemplo, en general se adopta en invierno el mismo caudal 60 m³/min que es el de verano y que normalmente es bastante mayor que el necesario en invierno. En estos casos es necesario verificar cual es la temperatura de impulsión a los locales, tal como ya se ha explicado en el cálculo de las cargas de invierno en el Capítulo III, habiéndose calculado que era de 30°C que era el valor mínimo admisible.

Por lo tanto la diferencia de temperatura eficaz (Δtm) vale:

$$\Delta tm = [(t_{1e} + t_{1s})/2] - [(t_{2e} + t_{2s})/2] = [(90+80)/2] - [(17,6+30)/2] = 61,2°C$$

Determinación del número de hileras

Estimando el coeficiente de de transferencia de calor de la batería en 800 kca/hm²°CH y reemplazando los datos en la ecuación indicada precedentemente se tiene:

$$H = QT/K \, \Delta tm \, A^* = 12696/800 \times 61,2 \times 0,34 = 0,76 \cong 1 \text{ hilera}$$

Se adopta una batería de 1 hilera, 12 tubos de 0,75 m de largo y 0,45 de alto.

BIBLIOGRAFÍA

Bibliografía recomendada

CARRIER AIR CONDITIONING COMPANY, Manual de aire acondicionado, Editorial Marcombo S.A., España, 2009.

PIZZETTI, CARLO, Acondicionamiento de aire y refrigeración, Editorial Belisco, España, 1991.

RIETSCHELL-RAISS, Tratado de calefacción y acondicionamiento de aire, Editorial Labor, España, 1965.

HARRIS NORMAN, Equipos de aire acondicionado, Editorial Hasa, Buenos Aires, 1971.

LAMPE, PFEIL, SCHMITTLUTZ y TOKARZ, Instalaciones de ventilación y climatización en la planificación de otras, Editorial Blume, Madrid, España, 1977.

LAORDEN, J., Superficies de calefacción. Ventiladores. Cálculos de la carga de verano en un acondicionamiento de aire. Instituto Técnico de la construcción y del cemento, España, 1958/60.

MISSENARD, ANDRÉ, Calefacción, ventilación y acondicionamiento de aire, Editorial Paraninfo, España, 1963.

RUMOR y STROHMENGER, Calefacción, ventilación, acondicionamiento, instalaciones sanitarias, Editorial Cientificomédica, Barcelona, España, 1972.

ASHRAE. Fundamentals of HVAC SISTEMS.

HOWELL, SAUER, COAD. Principles of Heating, Ventilating an Aire Conditioning, ASHRAE, 1997.

Publicaciones del autor

INSTALACIONES DE AIRE ACONDICIONADO Y CALEFACCIÓN. Editorial Alsina.

SISTEMAS DE AIRE ACONDICIONADO. Editorial Alsina.

INSTALACIONES DE GAS. Editorial Alsina.

INSTALACIONES SANITARIAS. Editorial Cesarini.

INSTALACIONES ELECTRICAS EN EDIFICIOS. Editorial Cesarini.

PROTECCION DE EDIFICIOS CONTRA INCENDIO. Editorial Alsina.

ENERGIA SOLAR. Editorial Alsina.

ENERGIA FOTOVOLTAICA. Editorial Alsina.

INSTALACIONES EN EDIFICIOS. Editorial Alsina.

www.ingramcontent.com/pod-product-compliance
Lightning Source LLC
Chambersburg PA
CBHW061002280326
41935CB00009B/798